西南民族地区新型城镇化：
政策认知与"进城"意愿

——基于广西、云南、贵州三省区网络民众与农村居民的调查研究

朱光喜 朱 燕 彭 冲 著

中国财经出版传媒集团
经济科学出版社
Economic Science Press

图书在版编目（CIP）数据

西南民族地区新型城镇化：政策认知与"进城"意愿：基于广西、云南、贵州三省区网络民众与农村居民的调查研究/朱光喜，朱燕，彭冲著 . —北京：经济科学出版社，2017.10

ISBN 978-7-5141-8562-1

Ⅰ.①西… Ⅱ.①朱…②朱…③彭… Ⅲ.①民族地区-城市化-研究-广西②民族地区-城市化-研究-云南③民族地区-城市化-研究-贵州 Ⅳ.①F299.27

中国版本图书馆 CIP 数据核字（2017）第 258480 号

责任编辑：李晓杰
责任校对：刘　昕
责任印制：李　鹏

西南民族地区新型城镇化：政策认知与"进城"意愿
—— 基于广西、云南、贵州三省区网络民众与农村居民的调查研究
朱光喜　朱　燕　彭　冲　著
经济科学出版社出版、发行　新华书店经销
社址：北京市海淀区阜成路甲 28 号　邮编：100142
总编部电话：010-88191217　发行部电话：010-88191522
网址：www.esp.com.cn
电子邮件：esp@esp.com.cn
天猫网店：经济科学出版社旗舰店
网址：http://jjkxcbs.tmall.com
北京季蜂印刷有限公司印装
710×1000　16 开　18.25 印张　260000 字
2017 年 11 月第 1 版　2017 年 11 月第 1 次印刷
ISBN 978-7-5141-8562-1　定价：58.00 元
（图书出现印装问题，本社负责调换。电话：010-88191510）
（版权所有　侵权必究　举报电话：010-88191586
电子邮箱：dbts@esp.com.cn）

本书为广西高校中青年教师基础能力提升计划项目"广西农村居民对新型城镇化政策的认知与意愿研究"（编号：KY2016LX107）成果

本书受桂林理工大学屏风学者及创新团队计划基金、桂林理工大学公共管理与传媒学院公共管理学科建设基金资助

目录
contents

第一章 调查目的 ……………………………………………… 1

 第一节 调查背景 …………………………………………… 2
  一、我国城镇化进程基本状况 ……………………………… 2
  二、新型城镇化战略及其政策 ……………………………… 9
  三、民族地区新型城镇化效果 ……………………………… 13
 第二节 调查问题 …………………………………………… 15
  一、调查研究视角 ………………………………………… 15
  二、相关文献综述 ………………………………………… 20
  三、具体调查问题 ………………………………………… 27

第二章 调查方法 ……………………………………………… 29

 第一节 网络文本调查 ……………………………………… 30
  一、网络文本获取 ………………………………………… 30
  二、资料分析方法 ………………………………………… 34
 第二节 问卷访谈调查 ……………………………………… 36
  一、调查问卷设计 ………………………………………… 36

二、调查问卷发放 ……………………………………………… 49
　　三、调查对象情况 ……………………………………………… 52

第三章　西南民族地区网络民众对新型城镇化政策的评论 ……… 56

　第一节　西南民族地区网络民众对国家新型城镇化政策的
　　　　　评论 …………………………………………………… 57
　　一、对国家新型城镇化规划的评论 …………………………… 57
　　二、对国务院户籍改革政策的评论 …………………………… 63
　第二节　西南民族地区网络民众对本地新型城镇化政策的
　　　　　评论 …………………………………………………… 66
　　一、基本态度倾向 ……………………………………………… 71
　　二、关注核心议题 ……………………………………………… 72
　本章结论 …………………………………………………………… 74

第四章　西南民族地区农村居民对新型城镇化政策的认知 ……… 77

　第一节　西南民族地区农村居民对新型城镇化政策的认知
　　　　　意愿 …………………………………………………… 78
　　一、认知意愿的基本情况 ……………………………………… 78
　　二、认知意愿的影响因素 ……………………………………… 80
　第二节　西南民族地区农村居民对新型城镇化政策的认知
　　　　　途径 …………………………………………………… 89
　　一、政策认知的现实途径 ……………………………………… 89
　　二、政策认知的需求途径 ……………………………………… 94
　第三节　西南民族地区农村居民对新型城镇化政策的认知
　　　　　程度 …………………………………………………… 98
　　一、认知程度的基本情况 ……………………………………… 98
　　二、认知程度的影响因素 ……………………………………… 110
　本章结论 …………………………………………………………… 115

第五章　西南民族地区农村居民在新型城镇化中的"进城"意愿 …… 118

第一节　西南民族地区农村居民"进城"意愿的基本情况 …… 119
　　一、西南民族地区农村居民"进城"意愿 …… 119
　　二、西南民族地区农村居民不愿意"进城"的原因 …… 131
　　三、西南民族地区农村居民愿意"进城"的原因 …… 136
　　四、西南民族地区农村居民"进城"关心的问题 …… 138

第二节　西南民族地区农村居民"进城"意愿的影响因素 …… 142

第三节　西南民族地区农村居民"进城"地点及影响因素 …… 152
　　一、西南民族地区农村居民"进城"地点选择基本情况 …… 152
　　二、西南民族地区农村居民"进城"地点选择影响因素 …… 152

本章结论 …… 162

第六章　基本结论与政策建议 …… 165

第一节　基本结论 …… 165
　　一、西南民族地区网络民众对新型城镇化政策的评论 …… 166
　　二、西南民族地区农村居民对新型城镇化政策的认知 …… 167
　　三、西南民族地区农村居民在新型城镇化中的"进城"意愿 …… 168

第二节　政策建议 …… 170
　　一、加大新型城镇化政策宣传力度 …… 171
　　二、"产城"融合培育大中城市群 …… 171
　　三、积极发展地域和民族特色城镇 …… 172
　　四、加快促进农村经济产业转型升级 …… 173

五、完善农村居民"进城"公共服务 …………………… 173
　　六、切实改进和提升城市民族工作 …………………… 174

附录 …………………………………………………………… 175
国家新型城镇化规划（2014—2020年）（全文）………… 175
广西壮族自治区新型城镇化规划（2014—2020年）（节选）……… 225
云南省新型城镇化规划（2014—2020年）（节选）……… 239
贵州省山地特色新型城镇化规划（2016—2020年）（节选）……… 251
西南民族地区农村居民对新型城镇化政策的认知与"进城"
　　意愿调查问卷 …………………………………………… 264

参考文献 ……………………………………………………… 270
后记 …………………………………………………………… 283

第一章

调查目的

  城镇化是现代化的必由之路。改革开放以来，我国的城镇化水平有了很大的提高，但与发达国家及部分发展中国家相比，无论是城镇化速度还是城镇化质量依然存在比较明显的差距，尤其是我国西南民族地区因其特殊的地理位置、自然条件、经济结构、文化特征和历史因素，城镇化水平明显落后于全国水平。为此，党和国家在2014年提出了新型城镇化战略并制定了一系列实施政策，以此指导全国走上一条富有中国特色、高质量、健康发展的新型城镇化道路，要在经济社会发展新时期全面推进城镇化，尤其是"人"的城镇化进程。但是新型城镇化政策的实施效果不是单纯由政策的"供给侧"——政策制定方决定的，更重要的是取决于政策的"需求侧"——政策目标群体，其对政策的认知程度和"进城"意愿情况直接决定了政策效果，这在经济社会发展相对落后的民族地区表现得更为明显，社会民众和农村居民对新型城镇化政策的响应程度并没达到预期，由此也制约了民族地区新城城镇化发展进程。因此调查分析民族地区社会民众和农村居民对政策的认知程度和"进城"意愿情况具有重要意义。本章的内容是介绍调查研究的背景和问题。

西南民族地区新型城镇化：政策认知与"进城"意愿

第一节 调查背景

城镇化是伴随工业化发展、非农产业在城镇集聚、农村人口向城镇集中的自然历史过程，是人类社会发展的客观趋势，是国家现代化的重要标志。具体而言，城镇化是现代化的必由之路，是保持经济持续健康发展的强大引擎，是加快产业结构转型升级的重要抓手，是解决农业农村农民问题的重要途径，是推动区域协调发展的有力支撑①。

一、我国城镇化进程基本状况

由于新中国成立之初，经济社会发展的基础十分薄弱且地区之间发展极不平衡，以及在很长时间里基于国家工业化发展战略需要而实行的城乡分割和计划经济体制，我国的城镇化率长期处于比较低的水平，并且在有限的城镇化率水平下，城镇化的质量也有待提高。

（一）城镇化率长期比较低

新中国成立初期我国的工业基础非常薄弱，加快建立独立的工业体系对于国家和政权的稳定和巩固具有重要意义，同时也是实现国家经济现代化的基础性任务。在工业化的具体策略上，党和国家根据当时国内经济状况和所处的国际环境，选择模仿苏联经验实行重工业优先发展战略。而重工业是资本密集型产业，在没有外来资本进入的情况下只能依靠本国的有限资源。在这种情况下，要实现重工业优先发展的工业化，基本条件是要能够向城市尤其是大中工业城市集中全国主要资源。为了实现全国资源向城市和工业产业的倾斜，国家实行了严格的计划经济体

---

① 中共中央、国务院：《国家新型城镇化规划（2014－2020年）》，国务院网站：http://www.gov.cn/gongbao/content/2014/content_2644805.htm，2014年3月16日。

第一章 调查目的

制。为落实计划经济体制，国家建立了限制人口流动尤其是严格限制人口从农村迁往城镇的户籍制度，并且粮油、就业、住房、教育、社会保障等政策与户籍制度挂钩，从而形成城乡二元分立和区域分割的经济社会体制[①]，这种体制抑制了城镇化进程。

按照城镇常住人口占总人口的比例来作为衡量城镇化率的指标，我国城镇化水平长期处于非常低的水平（见图1.1）。1949～1978年30年时间里，城镇化率仅从10.64%增长到17.92%；1978年改革开放以后，随着市场经济体制的逐渐建立，尤其是1994年以后随着市场经济的深化发展以及近年来户籍制度的大力改革，城镇化率才有了较快的提高，2013年达到53.73%。

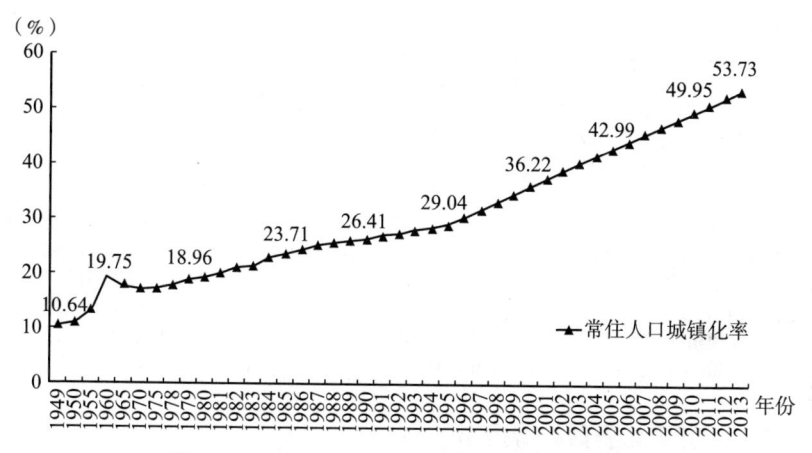

图1.1 1949～2013年我国常住人口城镇化率

数据来源：中华人民共和国国家统计局编：《中国统计年鉴2016》，中国统计出版社2016年版。

尽管我国与世界城镇化率的差距不断缩小，并在2013年前后基本达到世界平均城镇化率水平（见图1.2），但与发达国家相比仍然有很大差距。以2011年为例，我国城镇化率为51.27%，首次超过50%，但同年世界高收入国家的平均城镇化率达到80.50%，其中日本达到

---

① 朱光喜：《政策粘嵌：形成、功能与分离——基于中国"大户籍"政策变迁的研究》，经济科学出版社2015年版，第6～11页。

91.14%、美国达到82.38%，而同样是发展中国家的巴西和韩国则分别达到84.60%和83.20%[①]。

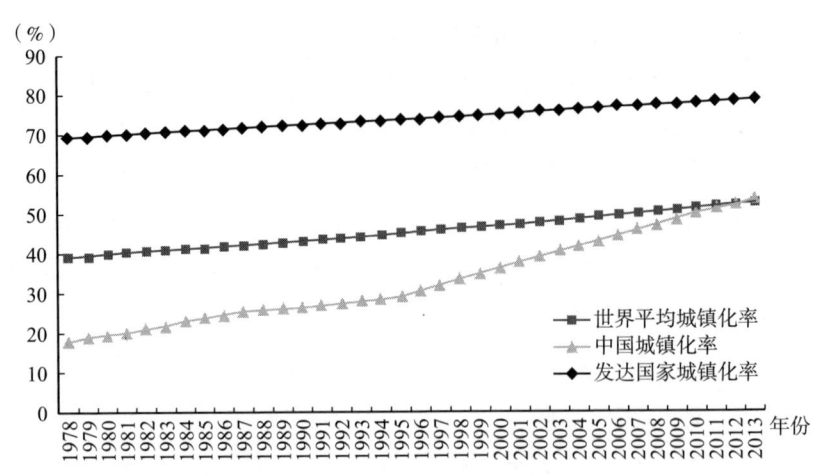

图1.2 1978~2013年我国常住人口城镇化率、世界平均城镇化率与发达国家城镇化率差距

数据来源：1978~2012年我国城镇化率和世界平均城镇化率数据来自中共中央、国务院：《国家新型城镇化规划（2014-2020年）》，国务院网站：http://www.gov.cn/gongbao/content/2014/content_2644805.htm，2014年3月16日；2013年我国城镇化数据来自国家统计局：《中国统计年鉴2016》，中国统计出版社2016年版；2013世界平均城镇化率数据、1978~2013年发达国家城镇化率数据来自苏楠：《1950-2025年中国与世界城镇化率比较》，凤凰网：http://news.ifeng.com/gundong/detail_2013_04/21/24457691_0.shtml，2013年4月21日。

（二）城镇化质量有待提高

城镇化质量是反映城镇化优劣程度的一个综合概念，包括在城镇化进程中各组成要素的发展质量、推进效率和协调程度，它是城镇化各构成要素和所涉及领域质量的集合，本质上包括城镇自身的发展质量、城镇化推进的效率和城乡协调发展程度三个方面[②]。我国城镇化的质量还不是很高，集中体现在户籍人口城镇化不足和区域间城镇化不均衡两个方面。

[①] World Bank. World Bank Open Data, https://data.worldbank.org/.

[②] 中国社会科学院《城镇化质量评估与提升路径研究》创新项目组：《中国城镇化质量综合评价报告》，载《经济研究参考》，2013年第31期，第3~32页。

第一章 调查目的

1. 户籍人口城镇化不足

城镇化质量的重要方面不仅仅是农村人口从农村迁到城镇的空间位置上的物理变化，更重要的是身份的市民化及相应基本公共服务的均等化。但是我国长期实行严格限制人口迁移的户籍制度，农村人口取得城镇户籍非常困难。尽管20世纪80年代后期以来农村进城务工人员规模剧增，有些甚至包括子女在内两代人长期生活在城市，但户口依然在农村，属于农业户口，无法享有与当地市民同等的公共服务和福利待遇。因此，这部分人实际上没有真正市民化。如果按照城镇户籍人口而不是常住人口占总人口的比例，即户籍人口城镇化率作为城镇化指标，就会发现其与常住人口城镇化率有非常的大的差距（见图1.3）。

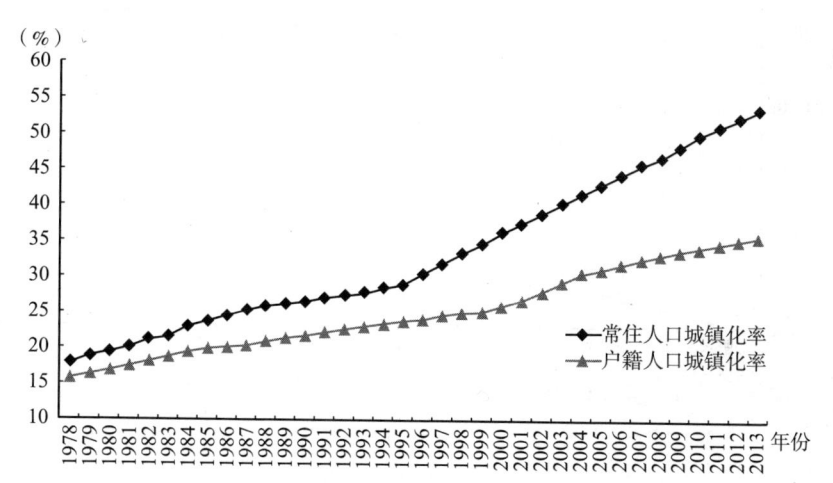

图1.3 1978~2013年我国常住人口城镇化率与户籍人口城镇化率间的差距

数据来源：1978~2012年我国常住人口城镇化率与户籍人口城镇化率数据来自中共中央、国务院：《国家新型城镇化规划（2014-2020年）》，国务院网站：http://www.gov.cn/gongbao/content/2014/content_2644805.htm，2014年3月16日；2013年我国常住人口城镇化率数据来自国家统计局：《中国统计年鉴2016》，中国统计出版社2016年版；2013年中国户籍人口城镇化率数据来自孙丹：《国家统计局数据显示2013年中国城镇化率为53.7%》，中国经济网：http://www.ce.cn/xwzx/gnsz/gdxw/201401/20/t20140120_2161403.shtml，2014年1月20日。

1978年以来，我国户籍人口城镇化率与常住人口城镇化率间的差距呈现扩大趋势，20世纪90年代中期以后尤其明显，到2013年户籍人口城镇化率为35.70%，而同年的常住人口城镇化率为53.73%，两者相差18.03%。鉴于这种情况,一些专家和社会舆论往往认为我国城镇化率被高估①。从人户分离的角度也能证实户籍人口城镇化的不足。"人户分离"是指户口普查登记时公民的常住地与户口所在地不一致的情况。如图1.4所示,1982年"人户分离"人口只有665万人,占总人口的比例为0.66%,而2010年第六次人口普查时,"人户分离"人口达到2.61亿人,占总人口的19.59%,2013年为2.89亿人,占总人口的21.25%,平均每5个人中至少有1人实际居住地与户籍地不一致,其中绝大部分是未被真正市民化的农村进城务工人员及其家属。

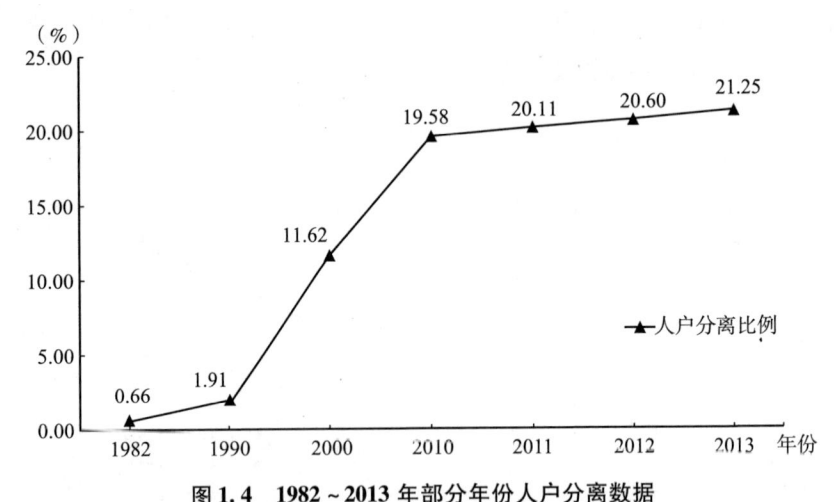

图1.4 1982~2013年部分年份人户分离数据

注:人户分离数据不包括香港人口、澳门人口、台湾人口、户口待定人口和国外工作或学习暂无常住户口的人口。

数据来源:1982年人户分离数据来自国务院人口普查办公室:《第三次全国人口普查手工汇总资料汇编》,中国统计出版社1983年版;1990年人户分离数据来自国务院人口普查办公室:《中国1990年人口普查资料》,中国统计出版社1993年版;2000年人户分离数据来自国务院人口普查办公室:《中国2000年人口普查资料》,中国统计出版社2002年版;2010年人户分离数据来自国务院人口普查办公室和国家统计局人口与就业统计司:《中国2010年人口普查资料》,中国统计出版社2012年版;2011~2013年人户分离数据来自国家统计局:《中国统计年鉴2016》,中国统计出版社2016年版。

---

① 例如:宇文远:《中国城镇化率被高估还是低估?》,腾讯财经网,2013年9月11日;刘利刚、周浩:《中国城镇化率被高估》,和讯网,2013年1月16日;张然:《中国真实城镇化率被高估10个百分点》,《京华时报》,2013年7月31日;蔡继明:《我国城镇化率被高估:2.5亿农民工算入城镇人口》,载《经济参考报》,2015年3月9日。

第一章 调查目的

2. 区域间城镇化不均衡

我国各省域之间经济社会发展差距明显。从四大区域的平均常住人口城镇化率来看，东部沿海地区最高，中部地区和东北地区其次，西部地区最低（见图1.5）。2013年，西部地区与东北、中部、东部地区的常住人口城镇化率分别相差3.83%、13.92%和21.48%。区域间城镇化的不均衡，特别是西部地区城镇化率的差距巨大，不符合区域协调发展的城镇化要求。

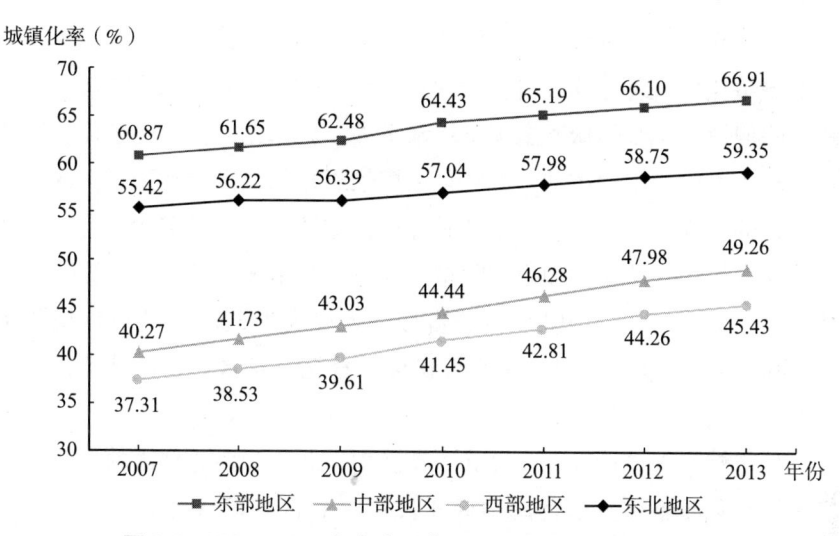

图1.5　2007~2013年东中西东北四大区域平均城镇化率

注：依据国家统计局标准，东部地区省域包括北京市、天津市、河北省、山东省、上海市、江苏省、浙江省、福建省、广东省、海南省，中部地区省域包括山西省、河南省、湖北省、安徽省、湖南省、江西省，西部地区省域包括内蒙古自治区、新疆维吾尔自治区、宁夏回族自治区、陕西省、甘肃省、青海省、重庆市、四川省、西藏自治区、广西壮族自治区、贵州省、云南省；东北地区省域包括黑龙江省、吉林省、辽宁省。各区域平均城镇化率依据所包含各省域的城镇化率计算。

数据来源：中华人民共和国国家统计局编：《中国统计年鉴2016》，中国统计出版社2016年版。

（三）民族地区城镇化滞后

我国是一个统一的多民族国家，共有55个少数民族，少数民族人口占全国总人口的8.5%，民族自治地方面积占全国国土总面积的

7

64%。少数民族人口聚居的地区一般称为少数民族地区，简称为民族地区。我国民族地区主要分布在西部区域尤其是边疆地区，主体部分是少数民族集中的内蒙古、宁夏、新疆、西藏、广西5个民族自治区和青海、云南、贵州3个民族省，以及其他省域中的自治州、自治县。尽管民族地区的民族数量、国土面积和矿产资源占我国大部分，但由于历史、地理、自然等多方面的原因，与其他地区相比其经济社会的发展都相对滞后[①]，直接体现就是上述我国城镇化进程中存在的问题在民族地区更为突出。

图1.6显示了民族8省区的城镇化水平。除内蒙古外，其他民族省区的城镇化率均低于全国平均水平，但内蒙古与东部地区也有明显差距。除城镇化率整体低于全国平均水平外，城镇化的质量也较低。民族地区缺乏大中城市的拉动，城镇化更多依靠特殊矿区、林区、垦区、牧区人口的支撑，这些人口在统计时计算为城镇人口，但实际上有的生活条件比农村地区还差。如果扣除这些人口，严格按城镇人口计算，城镇化水平更低。例如，2012年内蒙古城镇人口为1437.5万人，城镇化率达到57.74%，但扣除其中150万矿区、林区、垦区人口，城镇化率不到50%[②]，就不到全国平均水平。

按照常住人口计算，在民族8省区中，北方和西北地区的4个民族省区城镇化率整体高于西南地区4民族个省区。2013年，内蒙古、宁夏、青海、新疆常住人口城镇化率分别达到58.81%、52.01%、48.51%和44.47%，其中内蒙古、宁夏、青海3省区超过西部地区45.43%的平均城镇化率水平，新疆也接近这个水平；而广西、云南、贵州、西藏同年城镇化率则分别为44.81%、40.48%、37.83%和23.71%，全部在西部的平均水平以下，除广西外，其他3省区与西部地区平均城镇化率均有明显差距，尤其是西藏自治区，还不到30%。

---

① 马艳：《少数民族地区新型城镇化建设浅析》，载《人民论坛》，2015年第4期，第164~166页。
② 民宗：《切实提高民族地区城镇化建设水平》，载《人民政协报》，2013年12月9日。

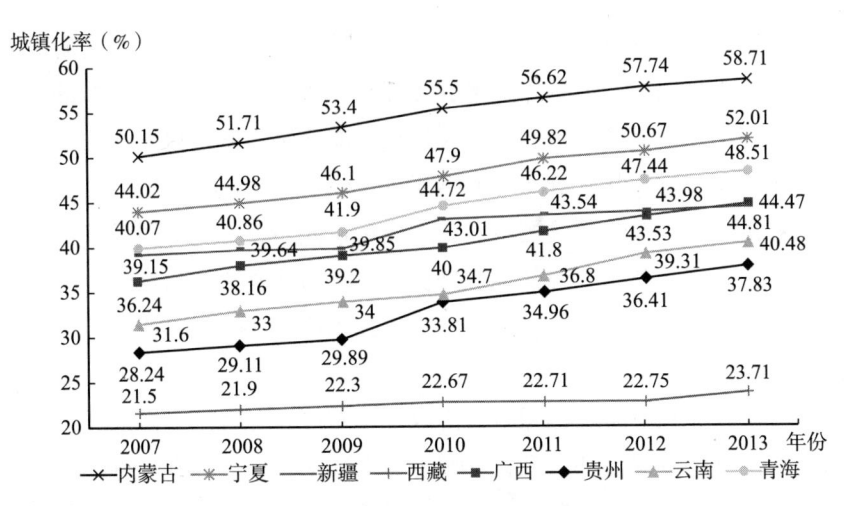

图 1.6　2007~2013年民族8省区城镇化率

数据来源：中华人民共和国国家统计局编：《中国统计年鉴2016》，中国统计出版社2016年版。

二、新型城镇化战略及其政策

2011年我国常住人口城镇化率首次超过50%，标志着我国由"农村社会"向"城市社会"转型，国家经济社会发展进入新的阶段。为了解决我国城镇化过程中存在的问题，提高城镇化的质量，以促进经济社会持续发展的现代化进程，党的十八大后我国提出了新型城镇化战略。

（一）新型城镇化战略的内涵

新型城镇化战略的内涵要从"战略"和"新型"两个层面来理解，"战略"体现的是地位的重要性，"新型"体现的是本质特征。

新型城镇化战略是国家经济社会发展的重大战略。我国改革开放已经将近40年，当前已经进入全面建成小康社会的决胜阶段，正处于经济转型升级、加快推进社会主义现代化的重要时期。在这种关键时期，如何为经济社会的健康持续发展提供强大动力是必须解决的问题。依据

西南民族地区新型城镇化：政策认知与"进城"意愿

世界各国现代化的规律和经验，高质量的城镇化是由经济大国走向经济强国的必由之路，因此要"必须深刻认识城镇化对经济社会发展的重大意义，牢牢把握城镇化蕴含的巨大机遇，准确研判城镇化发展的新趋势新特点，妥善应对城镇化面临的风险挑战"①。新型城镇化不是一般意义的经济发展策略，而是国家发展的战略性决策，"是我国现代化建设进程中的大战略和历史性任务，是扩大内需的长期动力和推动我国经济持续健康发展的'火车头'，是我国全面建成小康社会和从经济大国向经济强国迈进的'王牌'引擎"②。

新型城镇化战略是不同于以往城镇化模式的道路。根据世界主要国家城镇化发展普遍规律，我国仍处于城镇化率30%～70%的快速发展区间，但延续过去传统粗放的城镇化模式，会带来产业升级缓慢、资源环境恶化、社会矛盾增多等诸多风险，可能落入"中等收入陷阱"，进而影响现代化进程。随着内外部环境和条件的深刻变化，城镇化必须进入以提升质量为主的转型发展新阶段③。新型城镇化的"新型"体现在"以人为本，公平共享""四化④同步，城乡统筹""优化布局，集约高效""生态文明，绿色低碳""文化传统，彰显特色""市场主导，政府引导"和"统筹规划，分类指导"8个原则上⑤。新型城镇化的8个原则要实现的是以城乡统筹、区域协调为基本特点的高质量城镇化，其核心和本质是"人的城镇化"⑥。

（二）新型城镇化政策框架

新型城镇化战略的行动路线是新型城镇化政策。新型城镇化政策并

---

①③⑤ 中共中央、国务院：《国家新型城镇化规划（2014－2020年）》，国务院网站，http://www.gov.cn/gongbao/content/2014/content_2644805.htm，2014年3月16日。

② 张占斌：《新型城镇化的战略意义和改革难题》，载《国家行政学院学报》，2013年第1期，第48～54页。

④ "四化同步"是指推动信息化和工业化深度融合、工业化和城镇化良性互动、城镇化和农业现代化相互协调。

⑥ 国务院：《李克强强调：扎实推进以人为核心的新型城镇化》，国务院网站，http://www.gov.cn/guowuyuan/2014－09/16/content_2751462.htm，2014年9月16日。

不是统一的政策文件,而是由多层级、多方面文件构成的政策框架。多层级是指国家和地方层面均出台了相应级别的"新型城镇化规划"。根据国家层面规划的要求,中央政府负责统筹推进农业转移人口市民化的制度安排和政策制定,省级政府负责制定本行政区农业转移人口市民化总体安排和配套政策,市县政府负责制定本行政区城市和建制镇农业转移人口市民化的具体方案和实施细则。因而除了国家层面外,所有省级政府和部分省级以下地方政府也制定了自己的规划文件。多方面是指新型城镇化涉及户籍、土地、社保、就业、生态等多个领域,除了直接的规划性文件外,还有相关配套的政策文件。

国家层面的规划文件是中共中央、国务院于 2014 年 3 月发布的《国家新型城镇化规划(2014－2020 年)》,并定位为"指导全国城镇化健康发展的宏观性、战略性、基础性规划"。该规划在文本结构上包括 8 篇和 31 章内容,除规划背景、指导思想和发展目标外,重点围绕有序推进农业转移人口市民化、优化城镇化布局和形态、提高城市可持续发展能力、推动城乡发展一体化、改革完善城镇化发展体制机制、规划实施等问题进行了详细的安排,涵盖产业、交通、公共服务、人口、户籍、就业、土地、资金、生态环境等领域的问题。除综合性的新型城镇化规划外,还有针对最难点问题的专门政策文件,代表性的就是户籍改革政策。2014 年 7 月国务院发布《国务院关于进一步推进户籍制度改革的意见》,这次户籍改革文件的出台与 2011 年 2 月的《国务院办公厅关于积极稳妥推进户籍管理制度改革的通知》间隔只有 3 年多时间,其目的就是"为深入贯彻落实党的十八大、十八届三中全会和中央城镇化工作会议关于进一步推进户籍制度改革的要求"[①],并且提出"全面放开建制镇和小城市落户限制""有序放开中等城市落户限制""合理确定大城市落户条件""严格控制特大城市人口规模"和"有效解决户口迁移中的重点问题"的基本户籍迁移政策原则,实施城乡统一户口登

---

① 国务院:《国务院关于进一步推进户籍制度改革的意见》,国务院网站:http://www.gov.cn/zhengce/content/2014－07/30/content_8944.htm,2014 年 7 月 30 日。

记制度和居住证制度。

省级政府层面的政策框架与国家层面的政策基本框架一致。在具体规划文件上，省和自治区规划文件一般称为《＊＊省/自治区新型城镇化规划（201＊－2020年）》①，如《河南省新型城镇化规划（2014－2020年）》《广西壮族自治区新型城镇化规划（2014－2020年）》，也有个别省份采用的是多个文件组合的方式，例如内蒙古自治区先是出台了《内蒙古自治区党委、自治区人民政府关于推进新型城镇化的意见》，之后又制定了《内蒙古自治区"十三五"新型城镇化规划》；对于直辖市由于其城镇化率和质量本身很高，没有出台专门与国家政策配套的规划文件，而是采用了一般例行落实的方式，例如重庆市的《中共重庆市委、重庆市人民政府关于贯彻落实国家新型城镇化规划的实施意见》。省级新型城镇化规划文件内容上，首先是对国家层面政策的具体化和细化，例如《广西壮族自治区新型城镇化规划（2014－2020年）》分23章，除新型城镇化的背景和要求外，重点围绕农业人口市民化、城镇协调发展、优化城镇化空间格局、城镇规划建设与管理、产业融合、城乡发展一体化、改革体制机制、推进规划实施等方面进行了详细说明；同时省级规划文件尤其是民族地区的规划文件又结合当地实际情况，体现了各自特色性的方面，例如贵州省在反复论证的基础上于2016年正式出台《贵州省山地特色新型城镇化规划（2016－2020年）》，从名称上就体现出山区民族特点，而《云南省新型城镇化规划（2014－2020年）》则是有专门章节内容提出强化特色城镇建设、积极推进沿边和少数民族城镇村寨发展、突出地域民族文化方面的要求。此外，与综合性的规划配套，省级政府按照国家户籍改革政策的要求，在2014年下半年至2015年上半年基本都制定出台或完善了相应的"进一步推进户籍制度改革的实施意见"和"居住证管理办法"等文件。

---

① 由于各个省份的规划文件定稿出台的时间并不都是2014年，因而起点时间有的是2014年之后，例如贵州省是2016年，但截止时间基本都是与国家规划截止时间一致，为2020年。

第一章　调查目的

三、民族地区新型城镇化效果

推进新型城镇化是我国经济社会发展的重要战略，对于经济社会发展相对滞后的民族地区则更具有战略意义。2014年全国"两会"上，习近平同志指出，"增强团结的核心问题，就是要积极创造条件，千方百计加快少数民族和民族地区的经济社会发展，促进各民族共同繁荣发展"[1]。民族地区除了所在地区各级政府的新型城镇化规划政策外，还有专门性的相关政策。例如，2012年8月中共中央、国务院《关于进一步加强民族工作加快少数民族和民族地区经济社会发展的决定》提出要"把加快少数民族和民族地区发展摆到更加突出的战略位置"[2]；2016年12月国务院《"十三五"促进民族地区和人口较少民族发展规划》中要求在民族地区实施"以人为核心"和"以民族文化为载体"的新型城镇化，以实现"城镇化水平大幅提升"[3]。

新型城镇化政策于2014年正式实施，2014年、2015年、2016年全国常住人口城镇化率分别为54.77%、56.10%、57.35%，年度增长率分别为1.04%、1.33%、1.25%，户籍人口城镇化率分别为37.10%、39.90%、41.2%，年度增长率分别为1.40%、2.8%、1.3%，城镇化率持续稳定增长，并且常住人口城镇化率与户籍人口城镇化率间的差距从2013年的18.02%缩小到了16.15%，新型城镇化政策初步显示出效果。民族8省区的城镇化率虽然整体上在持续增长，但依然不均衡（见图1.7），宁夏、青海、新疆、广西4省区的增长率明显低于全国增长率。到2016年，除内蒙古外，其他省区城镇化率都没有达到全国平均

---

[1] 张晓松、清新、黄小希：《筑就民族团结进步的中国梦——十八大以来以习近平同志为总书记的党中央关心少数民族和民族地区纪实》，载《中国青年报》，2014年9月28日。

[2] 中共中央、国务院：《关于进一步加强民族工作加快少数民族和民族地区经济社会发展的决定》，国家民委网站：http://www.seac.gov.cn/art/2012/8/31/art_6081_164887.htm，2012年8月31日。

[3] 国务院：《"十三五"促进民族地区和人口较少民族发展规划》，国务院网站：http://www.gov.cn/zhengce/content/2017-01/24/content_5162950.htm，2017年1月24日。

水平，尤其是西南4省区与全国的差距依然很大，没有一个省区城镇化率超过50%。民族地区城镇化特别西南民族地区城镇化进程与《"十三五"促进民族地区和人口较少民族发展规划》中提出的"城镇化水平大幅提升"的目标有较大差距，政策效果不是非常明显。可以说，从全国范围来看，西南民族地区仍然处于城镇化的最落后位置。

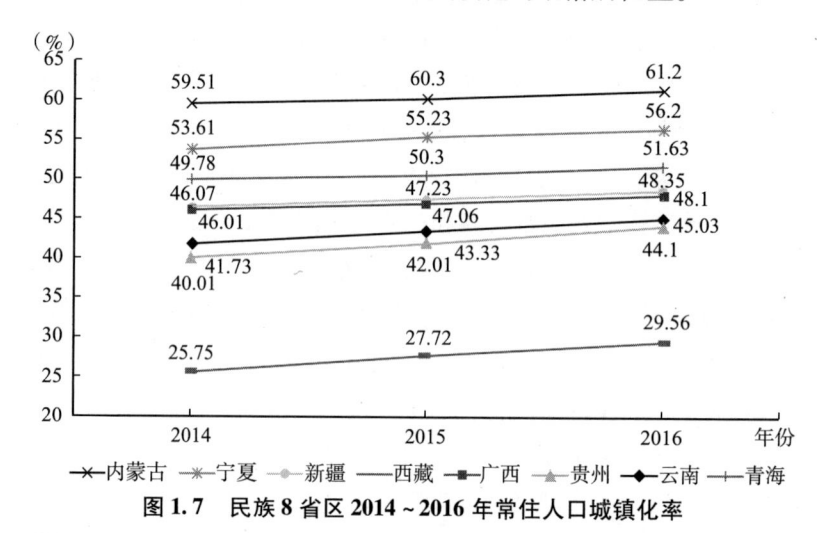

图1.7 民族8省区2014～2016年常住人口城镇化率

数据来源：2014～2015年民族8省区常住人口城镇化率数据来自国家统计局：《中国统计年鉴2016》，中国统计出版社2016年版；2016年内蒙古常住人口城镇化率数据来自内蒙古自治区统计局：《内蒙古自治区2016年国民经济和社会发展统计公报》，内蒙古新闻网：http://inews.nmgnews.com.cn/system/2017/03/07/012287862.shtml，2017年2月28日；2016年宁夏常住人口城镇化率数据来自宁夏回族自治区统计局：《宁夏回族自治区2016年国民经济和社会发展统计公报》，宁夏统计信息网：http://www.nx.gov.cn/zdsj/tjgb/150061.htm，2017年4月18日；2016年新疆常住人口城镇化率数据来自新疆维吾尔自治区统计局：《新疆维吾尔自治区2016年国民经济和社会发展统计公报》，天山网：http://www.xinjiang.gov.cn/2017/04/17/129362.html，2017年4月14日；2016年西藏常住人口城镇化率数据来自西藏自治区统计局：《2016年西藏自治区国民经济和社会发展统计公报》，中国西藏网：http://www.ksks001.com/narticle-5259002547817847358.html，2017年5月4日；2016年广西常住人口城镇化率数据来自广西壮族自治区统计局：《2016年广西壮族自治区国民经济和社会发展统计公报》，广西壮族自治区统计局网站：http://www.gxtj.gov.cn/tjsj/tjgb/qqgb/201704/t20170417_132996.html，2017年4月17日；2016年贵州省常住人口城镇化率数据来自贵州省统计局：《2016年贵州省国民经济和社会发展统计公报》，多彩贵州网：http://www.chinaguizhou.gov.cn/system/2017/03/22/015512968.shtml，2017年3月22日；2016年云南省常住人口城镇化率数据来自云南省统计局：《2016年云南省国民经济和社会发展统计公报》，云南省人民政府网站：http://www.yn.gov.cn/yn_zwlanmu/qy/tj/201705/t20170531_29459.hhtml，2017年5月31日；2016年青海省常住人口城镇化率数据来自青海省统计局：《2016年青海省国民经济和社会发展统计公报》，青海统计信息网：http://www.qhtjj.gov.cn/tjData/yearBulletin/201702/t20170228_46913.html，2017年2月28日。

第一章 调查目的

第二节 调查问题

民族地区尤其是西南民族地区新型城镇化水平近3年来并没有达到大幅提升的预期，按照目前的水平，离《国家新型城镇化规划（2014－2020年）》中设定的2020年达到常住人口城镇化率60%的目标还有很大的差距。尽管国家设定的60%的目标是全国平均而言，但民族地区要通过新型城镇化战略实现经济社会的"跨越式"发展，城镇化进程应该明显快于其他省域。即使是按照各自提出的目标，到2020年常住人口城镇化率广西达到54%、云南达到50%左右、贵州达到50%以上，也有较大的差距。如果要进一步优化政策效果，提高城镇化水平，就需要对现状和原因进行充分的调查研究。

一、调查研究视角

本研究从公共政策学中公共政策执行环节的政策目标群体的视角进行调查。公共政策学中的公共政策执行研究正是源于对众多公共政策执行效果不佳原因的关注和探讨，所谓公共政策执行就是指将政策观念形态的内容转化为现实效果，从而使既定的政策目标得以实现的过程[1]。公共政策执行过程自身有着复杂的环节，其中一个重要的环节，也是最容易被忽视的环节，就是作为公共政策"需求侧"的政策目标群体。为了清晰地体现这一视角的重要性，在此对公共政策执行理论的基本脉络进行简要的回顾[2]，并分析政策目标群体环节的重要意义。

早在1887年，威尔逊（Woodrow Wilson）在公共行政学的开山之

---

[1] 陈振明主编：《政策科学教程》，科学出版社2015年版，第129页。
[2] 本部分内容主要是在作者已发表论文的基础上修改而成。具体参见：朱光喜：《公共政策执行：目标群体的遵从收益与成本视角》，载《云南行政学院学报》，2011年第2期，第41~46页。

作《行政学研究》一文中就深刻指出："执行一部宪法要比制定一部宪法困难得多"[1]。其言下之意就是包括宪法在内的公共政策的执行不是一个简单的政府治理问题，与制定公共政策相比，执行公共政策会面临更多的困境。最开始专门研究公共政策执行问题的是美国学者普雷斯曼（Pressman）和威尔达夫斯基（Wildavsky）。他们在《执行：联邦政府的期望在奥克兰市的破灭》（*Implementation: How Great Expectation in Washington Are Dashed in Oakland*）一书中以案例跟踪的形式系统地考察了美国"伟大社会改革"计划项目之一的"奥克兰计划"以失败告终的原因，并在此基础上提出要使政策科学成为行动的科学而不仅仅是理论的科学，就必须重视公共政策执行问题，不仅要重视公共政策执行本身，而且应当在公共政策执行和公共政策制定之间建立密切的联系[2]。普雷斯曼和威尔达夫斯基的研究引发了一些西方学者对公共政策执行的关注和兴趣。

从20世纪70年代到80年代，西方学者从不同角度对公共政策执行问题进行了颇具开创性的研究。这一时期的公共政策执行研究根据其研究的视角和特点被划分为"第一代研究"和"第二代研究"[3]或者"自上而下途径"（top-down approach）和"自下而上途径"（bottom-up approach）[4]。第一代研究的开创者是普雷斯曼和威尔达夫斯基，其基本特点是采取自上而下的视角和理性主义模式（rationalistic model），首先表明决策者的意图或目的，然后把为实现目标的执行者行为按各个阶段具体化，并把在最后阶段出现的结果与决策者原来的意图做比较分析，将明确的政策指示、确定的行政责任看作是公共政策有效执行的主要决

---

[1] Woodrow Wilson. The Study of Administration. Political Science Quarterly, 1887, Vol. 2, No. 2: 197~222.

[2] J. L. Pressman, A. Wildavsky. Implementation: How Great Expectation in Washington Are Dashed in Oakland. Berkley: University of California, 1973: 1~10.

[3] M. Hill. The Policy Process: A Reader (2nd ed). Hemel Hempstead: Prentice Hall&Harvester Wheatsheaf, 1997: 43.

[4] P. A Sabatier. Top-Down and Bottom-Up Approaches to Implementation Research: A Critical Analysis and Suggested Synthesis. Journal of Public Policy, 1986, Vol. 6, No. 1: 21~48.

定因素。这种研究方法所重视的是靠近"政策之源泉"的决策者的能力和影响,以及以此为基础的等级组织关系①。第二代研究的开创者是李普斯基(Lipsky)。第二代研究的基本特点是采取自下而上的视角和后理性主义模式(post-rationalistic model),以基层行政组织为出发点,把重点放在最基层执行者的具体行为上,按照执行结构从下而上地探讨行政机关的能力或所需资源。这种方法强调靠近"问题之源泉"的基层官僚的知识和能力,尤其是自由裁量权。

由于第一代研究过于强调中央的目标而忽视基层官员的适应性策略,第二代研究则高估了地方政府的行动策略和目标而忽视了民主政治中公共政策领导与政治责任的归属问题,因此在反思第一代和第二代研究的缺点的基础上,西方公共政策执行研究者们尝试将两种类型的研究综合起来,提出了"自上而下与自下而上相结合"的整合研究途径(integrated approach)或者被称为"第三代研究"(third generation)②,对第一代研究和第二代研究进行了肯定、批判和整合。

国内学者随着改革开放不断深入以及我国公共政策执行与效果问题日益凸显,也开始专门关注政策执行的问题。早期的国内公共政策执行研究基本是遵循西方的研究理论框架,同时也提出了政治动员模型、官僚制模型和博弈模型等考察政策执行效果的分析模型③。政治动员模型是探索如何通过政治组织内政治控制以及如何通过意识形态宣传发动群众参与政策执行过程来驱动公共政策的贯彻落实的研究范式;官僚制模型是指在规范意义上以韦伯的官僚制为标准,分析公共政策执行中的个体、制度与官僚制的差距,从而得出公共政策执行建议的研究范式;博弈模型是指公共政策的决策者与执行者、执行者与执行者之间如何基于

---

① [韩]吴锡宏、金荣秤著,金东日译:《政策学的主要理论》,复旦大学出版社2005年版,第400~401页。

② Malcolm Goggin, Ann O'M. Bowman, James Lester, L. J. O' Tools. Implementation Theory and Practice: Towards a Third Generation. Glenview: Scott Foresman, 1990: 102.

③ 龚虹波:《中国公共政策执行的理论模型述评》,载《教学与研究》,2008年第3期,第92~96页。

各自利益进行博弈的研究范式。

上述国内外传统的关于公共政策执行问题的研究框架有一个明显的共同点，如图 1.8 所示，就是都把讨论议题的焦点放在联邦政府（或中央政府）、州政府（或地方政府）、基层政府（或基层组织）和贯穿其中的各种利益集团的策略行为以及这四种主体的复杂博弈关系上，忽视或很少将焦点集中于作为公共政策客体的目标群体这个十分重要的环节上。

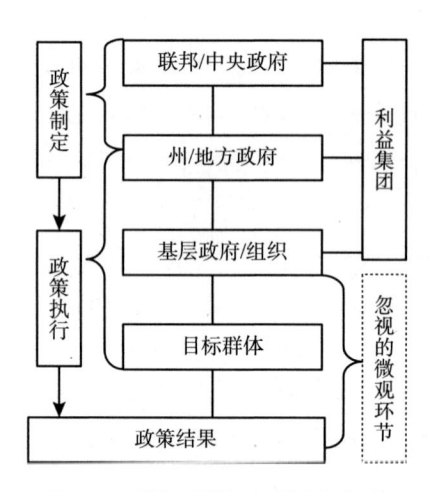

图 1.8 公共政策执行的分析框架

任何公共政策从制定到执行不仅仅是政府体系内部从高层政府到中层政府，再到基层组织的"自上而下"的落实过程，也不仅仅是相反方向的"自下而上"的修正过程。在公共政策执行的分析框架中必须加上作为公共政策最终作用对象的目标群体这个重要的环节，因为任何公共政策的执行在逻辑上不可能由作为政府体系末端的基层政府（组织）这一环节绕过目标群体环节而直接跳跃到公共政策结果。如果说对公共政策执行研究的忽视是公共政策逻辑过程上"丢失的环节"（missing link），那么对公共政策目标群体环节的忽视则是公共政策执行逻辑过程上"丢失的环节"，而正是这一环节的丢失使已有的公共政策执行研究缺乏逻辑的完整性，也使很多公共政策问题的分析脱离实际情况。可以说，公共政策执行的政策目标群体环节将探讨政策实施效果问题的视角从政策的"供给侧"转向政策的"需求侧"，并成为近年来公共政策执行问题分析主要路径。

那么，作为"需求侧"的政策目标群体是如何影响政策实施效果的呢？其基本逻辑环节如图1.9所示：首先，在公共政策目标群体成员接受到公共政策信息后，要对这项公共政策信息进行详细的解读以确定公共政策的指向和要求；其次，研判这项公共政策给自己带来的遵从收益和遵从成本。公共政策遵从收益是指公共政策目标群体成员在遵从公共政策的执行要求时比不遵从这项公共政策的执行要求时所获得的利益，包括物质利益的获得、生产生活方便程度的改善以及心理上对社会荣誉和舆论评价需求的满足；公共政策遵从成本是指公共政策目标群体成员在遵从公共政策执行要求时比不遵从这项公共政策执行要求时所付出的代价，包括物质资源的支付、时间的花费以及个体劳务和精力的消耗，还包括心理的调适代价；最后，根据对收益和成本权衡和考量的结果采取遵从/响应或者拒绝/沉默的决策和行动策略；如果有较多的目标群体成员都采取拒绝/沉默的行动策略，那么这项公共政策的实施效果将难以达到预期。

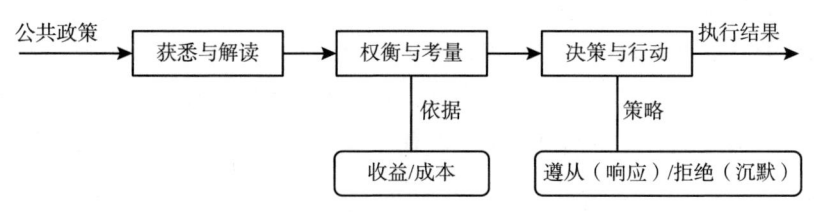

图1.9　公共政策执行中的目标群体环节

按照公共政策执行中目标群体视角的理论框架，新型城镇化战略的实施效果不仅取决于各级政府"供给"的政策是否合理，在政策层面上是否解决了诸如户籍迁移等阻碍城镇化进程的制度障碍，更取决于作为政策"需求侧"的农村居民的状况，他们如果不清楚新型城镇化政策，或者基于个人和家庭的收益成本考虑认为没有必要到城镇生活，那么城镇化率的提高就会受到影响。况且，新型城镇化政策中明确指出，农业人口向城镇转移的原则是"尊重意愿、自主选择"①，进一步增加了农村居民行为决策的不确定性。

需要说明的是，本研究选择从作为新型城镇化政策作用对象的公民个人的认知和"进城"意愿的角度进行调查分析，但并不否认众多其他因素，诸如"供给侧"的某些政策细节不太完善、民族地区城镇化基础条件较差等，也是影响新型城镇化战略在民族地区实施效果的因素。

二、相关文献综述

（一）关于新型城镇化政策认知的文献

对"政策认知"的关注源于公共政策理论。政策目标能否实现，不仅仅取决于政策制定者和政策执行者，目标群体对公共政策的理解程度也是决定政策有效性的关键性因素之一②。近年来，政策认知分析被引入到众多具体政策领域。例如：翁贞林、熊小刚、朱红根等基于江西省种粮大户的问卷调查，分析了农户对粮食补贴政策的认知，结果显示，农户对粮食补贴政策有所了解，对种粮补贴的标准较为满意，对信贷服务的评价比较低，担心粮食补贴政策变化的较少③；陈凤波、刘晓丽、冯肖映通过实证调研的数据分析，发现水稻生产补贴政策并没有完全得到执行，农村居民对水稻生产补贴政策的了解非常有限，水稻生产

---

① 中共中央、国务院：《国家新型城镇化规划（2014 – 2020 年）》，国务院网站，http://www.gov.cn/gongbao/content/2014/content_2644805.htm，2014 年 3 月 16 日。
② 陈庆云：《公共政策分析》，北京大学出版社 2014 年版，第 76 页。
③ 翁贞林、熊小刚、朱红根等：《江西种稻大户对粮食补贴的政策认知、行为意愿及其对策建议》，载《经济问题探索》，2008 年第 1 期，第 187~190 页。

第一章 调查目的

补贴资金的利用率有待提高①；王兰鹏探讨了农村居民对农村公共政策认知的情况，并提出提高农村居民对农村公共政策认知的策略，增强农村居民利用农村公共政策保护自身权益的意识②。

还有一些文献则进一步探讨和分析了影响目标群体对政策认知程度的影响因素。例如：王建兵、张德罡、田青基于甘肃干旱和半干旱地区牧民的调查表明，牧民文化程度、收入水平、外出务工经历等对牧民的草原管理政策的认知影响显著③；荀钰姣、刘兴元、张伟明等通过对祁连山区藏族牧民的调查，发现受教育水平低的妇女对草地生产管理技术的接受程度较低，对草原管理方面的政策缺乏认识④；胡杰成通过对武汉、黄石、广水三地的问卷调查，发现年龄越大、文化程度越高、外出时间越长的流动人口，对国家计划生育政策和流动人口计划生育管理办法的了解程度越高⑤；吕晓、肖慧、牛善栋通过对山东省农村居民的抽样调查研究，发现不同类型的农村居民对同一政策以及同一类型农村居民对不同政策的认知情况存在显著差异，影响农村居民土地政策认知的因素有性别、年龄、学历、家庭收入，且对不同政策的认知影响程度有明显差异⑥；潘林、郑毅对安徽省的问卷调查数据显示，性别、学历、政府对政策宣传的重视程度、养老观念影响农村居民对新型农村养老保

---

① 陈风波、刘晓丽、冯肖映：《水稻生产补贴政策实施效果及农户的认知与评价——来自长江中下游水稻产区的调查》，载《华南农业大学学报（社会科学版）》，2011年第2期，第1~12页。
② 王兰鹏：《农民对农村公共政策认知的研究现状与提升策略》，载《中央社会主义学院学报》，2012年第2期，第106~108页。
③ 王建兵、张德罡、田青：《甘肃中西部干旱半干旱地区牧民对草原政策认知分析》，载《草地学报》，2013年第1期，第11~17页。
④ 荀钰姣、刘兴元、张伟明等：《祁连山牧区妇女社会地位及其对草地政策的认知度》，载《生态学报》，2015年第10期，第3472~3479页。
⑤ 胡杰成：《流动人口的计划生育政策认知与服务需求——武汉、黄石、广水三地问卷调查研究》，载《人口与经济》，2007年第6期，第17~23页。
⑥ 吕晓、肖慧、牛善栋：《农户的土地政策认知差异及其影响因素——基于山东省264户农户的调查数据》，载《农村经济》，2015年第2期，第31~36页。

西南民族地区新型城镇化：政策认知与"进城"意愿

险政策的认知①；高静、于保荣、孟庆跃采用描述性统计方法和多因素统计推断方法比较山东省新型农村合作医疗保险政策调整后农村居民对其认知的变化，结果发现影响新农合认知程度的因素有性别、文化水平、收入水平，提出了要持续地、有针对地开展新农合宣传工作的策略②；潘泽泉、杨莉瑰基于长沙市农民工的实证研究，发现社会政策的推广和执行程度不同，农民工对社会政策的认知情况会存在较大的差异，受社会政策认知能力、社会政策关注程度及社会政策认知渠道的制约和影响，缺乏对社会政策合法性的清晰认识，认知水平总体偏低③。

尽管关于政策认知及其影响因素的调查文献较多，但具体到对新型城镇化政策认知情况研究文献则比较少。主要文献有：王铭、滕玉成、马超俊等基于平阴县的问卷调查，发现多数人还是了解新型城镇化，其中知识水平越高、家庭收入越高、居住在城镇或新型农村社区的农村居民越赞同发展新型城镇化，对新型城镇化持怀疑态度的农村居民主要是因为其担心市民化后权益和生活水平能否得到有效的保障，但随着经济社会的发展，新型城镇化政策的前景乐观程度也随之提高④；张俊把政策认知细分为日常型认知、学习型认知、交往型认知和权利主张型认知，采用分级赋值方法，对东莞和昆山的新生代农民工对市民化支持政策的认知进行调查和综合评价，分析得出新生代农民工对市民化支持政策的认知总体偏低，性别、是否加班、企业与社区支持、政策交流等因素都会影响农民工对市民化支持政策的认知⑤。

---

① 潘林、郑毅：《农民对新农保政策的认知问题研究——基于安徽省四县的问卷调查》，载《兰州学刊》，2013年第9期，第198~202页。
② 高静、于保荣、孟庆跃：《山东省新农合政策调整后农民的认知及评价研究》，载《中国卫生政策研究》，2010年第3期，第24~29页。
③ 潘泽泉、杨莉瑰：《社会政策认知、行动逻辑与生存策略——基于长沙市农民工的实证研究》，载《学习与实践》，2010年第4期，第100~111页。
④ 王铭、滕玉成、马超俊：《新型城镇化过程中农民的认知与评价研究》，载《中共济南市委党校学报》，2014年第2期，第115~120页。
⑤ 张俊：《新生代农民工对市民化支持政策的认知度及其影响因素》，载《农村经济》，2015年第6期，第101~105页。

（二）关于农村居民城镇化意愿的文献

由于城镇化最开始源于西方国家，因此对城镇化意愿的研究也是源于国外文献，不过国外文献关于城镇化意愿的研究是在人口迁移尤其是从农村迁往城市的人口迁移的理论脉络下进行讨论的，探讨的主题主要是影响人口迁移的因素。Ravenstein在"人口迁移法则"中指出，有利的经济因素是影响迁移的最重要的因素，且交通条件改善和通讯成本下降会给迁移提供可行性条件，加快地区之间人口迁移[1]；Greenwood进一步研究表明人们倾向于短距离的迁移，因为长距离迁移需要承受更高的交通成本与心理成本[2]；Todro则将文化程度与人口迁移联系起来，发现具有较高文化水平的人倾向于迁移[3]；Lee用牵引力和阻力来分析人口迁移，将两种力按照不同性质分为个人因素、迁入地的因素、迁出地的因素和流动过程中的障碍[4]；Stark将家庭因素纳入影响人口迁移的指标体系中，发现家庭特征、家庭成员个体特征都会影响迁移决策[5]。

国内关于农村居民"进城"意愿的研究主要有两个方面。一个方面是关于"进城"意愿程度的研究，另一个方面是影响"进城"定居意愿的因素。关于"进城"意愿程度，不同文献的结论差异较大。有的文献显示大部分农村居民倾向于"进城"。例如：朱琳在河南省郸城县的调查结果显示76.3%农村居民愿意到城镇定居[6]；卫龙宝基于浙江

---

[1] Ravenstein, E. G. The Laws of Migration. Journal of the Statistical of London, 1885, Vol. 48, No. 2：167～235.

[2] Greenwood M J. Research on Internal Migration in the United States：A Survey. Journal of Economic Literature, 1975, Vol. 13, No. 2：397～433.

[3] Todaro M. P. A Model of Labor Migration and Urban Unemployment in Less Developed Countries. American Economic Review, 1985, Vol. 59, No. 1：105～133.

[4] Lee E S. A Theory of Migration. Demography, 1966, Vol. 3, No. 1：47～57.

[5] Stark O, Bloom D E. The New Economics of Labor Migration. American Economic Review, 1985, Vol. 75, No2：173～178.

[6] 朱琳、刘彦随：《城镇化进程中农民进城落户意愿影响因素——以河南省郸城县为例》，载《地理科学进展》，2012年第4期，第461～467页。

西南民族地区新型城镇化：政策认知与"进城"意愿

省的调查数据发现 53.3% 的农村居民愿意迁移到城镇①；卢小君基于大连市、青岛市、长春市、保定市等 14 个城市的调查数据发现半数以上的农村居民愿意迁居到城镇②；王丽丽在山东省和辽宁省的调查结果表明 70% 的农村居民愿意迁移到城镇③；吕鸿强对中国 31 个省级行政区的调查数据分析发现 57.1% 的农村居民愿意落户城镇④；彭长生基于 2010 年安徽的调查数据发现 52.01% 的农村居民愿意到城镇定居⑤；周春芳在江苏的调查结果表明 58% 的农村居民愿意迁居到城镇⑥。另一部分文献则显示农村居民的"进城"意愿比较弱。例如：王丽红基于北京郊区的调查分析，结果表明只有 48.9% 的农村居民愿意"上楼居住"⑦；王华考察广州市的数据发现，只有 40% 的农村居民愿意迁往城镇⑧；李佑静基于重庆市主城九区的调查分析，结果表明仅有 39.8% 的农村居民愿意到城镇定居⑨；而聂伟对全国抽样调查后发现，仅有 11.4% 的农村居民愿意迁居到城镇⑩；陆益龙对全国抽样调查的数据显

---

① 卫龙宝、胡慧洪、钱文荣等：《城镇化过程中相关行为主体迁移意愿的分析——对浙江省海宁市农村居民的调查》，载《中国社会科学》，2003 年第 5 期，第 39~48 页。

② 卢小君、张宁、王丽丽：《农业转移人口城市落户意愿的影响因素》，载《城市问题》，2016 年第 11 期，第 99~103 页。

③ 王丽丽、杨晓风、梁丹妮《代际差异下农民工市民化意愿影响因素研究》，载《调研世界》，2016 年第 12 期，第 45~49 页。

④ 吕鸿强、熊彩云：《中国农民城镇居住意愿影响因素研究——基于全国 3705 个农户的调查》，载《调研世界》，2016 年第 6 期，第 3~7 页。

⑤ 彭长生：《城市化进程中农民迁居选择行为研究——基于多元 logistic 模型的实证研究》，载《农业技术经济》，2012 年第 8 期，第 15~25 页。

⑥ 周春芳：《发达地区农村劳动力迁居意愿的影响因素研究——以苏南地区为例》，载《调研世界》，2012 年第 8 期，第 33~37 页。

⑦ 王丽红：《京郊农村城镇化路径研究——基于京郊农民城镇化意愿调查》，载《聚焦三农》，2014 年第 9 期，第 36~39 页。

⑧ 王华：《广州城市化进程中郊区农民迁移意愿分析》，载《地理与地理信息科学》，2009 年第 2 期，第 75~78 页。

⑨ 李佑静：《新型城镇化进程的农民工市民化意愿》，载《重庆社会科学》，2016 年第 8 期，第 41~47 页。

⑩ 聂伟、王小璐：《人力资本、家庭禀赋与农民的城镇定居意愿——基于 CGSS2010 数据库资料分析》，载《南京农业大学学报（社会科学版）》，2014 年第 5 期，第 53~61 页。

示，甚至只有10%的农村居民有定居城镇的计划①。当然，有的文献不是严格意义上调查农村居民的"进城"意愿，而是调查农民工、城市近郊农村居民等特殊属性的农村居民，因此结论差异较大。

在农村居民"进城"意愿的影响因素上，现有文献主要从个体层面、家庭层面、经济层面、社会心理层面和制度层面进行分析。个体层面的研究主要从性别、年龄、学历、婚姻状态、是否有外出务工经历、个人收入角度分析农村居民的"进城"意愿差异，发现这些因素对农村居民进城定居意愿产生显著影响，男性[2]、年轻的[3]、学历高的[4]、有过外出务工经历[5]的农村居民，其"进城"意愿强烈；家庭层面的研究主要从居住地、耕地面积、家庭人口、家庭非农劳动力数量、是否有在读子女、亲朋好友是否进城落户等角度分析农村居民的"进城"意愿差异，研究结果表明居住地靠近城市[6]、耕地面积少[7]、家庭有在读子女的农村居民，其"进城"意愿强烈；经济层面考察了被访者的工资、家庭收入等经济层面的因素的影响，发现月工资高、家庭收入高[8]的农村居民"进城"意愿强烈；社会心理层面的研究主要从社会资本、身份认同、人际关系、城市生活适应性等分析农村居民的"进城"意愿，

---

① 陆益龙：《向往城市还是留恋乡村——农民城镇化的意愿研究》，载《人文杂志》，2014年第12期，第94~95页。

② 邱慧：《农民城镇化意愿及其保障机制研究——以河南省为例》，载《调研世界》，2016年第5期，第26~30页。

③ 陈蕾、师昭慧、李凤琴：《社会分层视角下农村居民城镇化意愿及其原因分析——以皖南地区为例》，载《湖南农业科学》，2016年第7期，第93~96页。

④ 朱琳、刘彦随：《城镇化进程中农民进城落户意愿影响因素——以河南省郸城县为例》，载《地理科学进展》，2012年第4期，第461~467页。

⑤ 李琬、孙斌栋：《"十三五"期间中国新型城镇化道路的战略重点——基于农村居民城镇化意愿的实证分析与政策建议》，载《城市规划》，2015，年第2期，第23~30页。

⑥ 夏永久、储金龙：《基于代际比较视角的农民城镇化意愿及影响因素——来自皖北实证》，载《城市发展研究》，2014年第9期，第12~17页。

⑦ 聂伟、王小璐：《人力资本、家庭禀赋与农民的城镇定居意愿——基于CGSS2010数据库资料分析》，载《南京农业大学学报（社会科学版）》，2014年第5期，第53~61页。

⑧ 钱龙、钱文荣、洪名勇：《就近务工提升了农民工城镇化意愿吗——基于贵阳市的调查》，载《农业现代化研究》2016年第1期，第102~109页。

发现春节人情费用高、身份认同感高[①]、人际关系发展较好[②]的农村居民，其"进城"意愿强烈；制度层面研究聚焦探讨以城乡二元户籍制度为基础的社会体制，发现城乡二元教育政策[③]、住房政策[④]会阻碍农村居民的"进城"意愿。

（三）文献小结

已有研究文献对政策认知及新型城镇化政策认知和"进城"意愿问题的探讨，为从作为政策目标群体的政策"供给侧"角度分析新型城镇化政策的实施效果问题提供了启发，尤其是在影响政策认知和"进城"意愿的因素上提供了调查设计的初步依据。但从本研究来看，已有文献仍存在3个方面的不足：（1）尽管对政策认知的调查分析较多，但鲜见具体针对新型城镇化政策认知的调查分析；（2）关于农村居民"进城"意愿的分析，大多数文献调查的是中东部地区，针对西部地区的很少，而针对西部民族地区尤其是城镇化进程最为落后的西南民族地区的文献基本没有。已有文献之间关于"进城"意愿的调查结论极不一致，甚至完全相反，恰恰说明地区范围不同，调查结论存在差异，不能以某个地域范围的调查来推测其他所有地区的情况，诸如西南民族地区等特殊区域，因其在经济社会发展基础、民族成分构成和文化传统等方面与其他区域有显著的差异，因而需要专门调查；同时，很多文献并不是严格意义上针对农村居民的调查；（3）包括国外文献在内的已有文献对新型城镇化政策认知和"进程"意愿影响因素多是从一般性的

[①] 王友华、吴玉锋、郑美雁：《城镇化背景下的农村居民城镇定居意愿研究——基于成渝统筹城乡综合配套改革试验区的实地调查》，载《经济体制改革》，2013年第3期，第81～85页。

[②] 殷红敏、班永飞：《农民城镇化意愿与相应能力及其影响因素——基于贵州1796名农民的调研数据》，载《湖南农业大学学报（社会科学版）》，2012年第3期，第44～48页。

[③] 严瑞河、刘春成：《北京郊区农民城镇化意愿影响因素的实证分析》，载《中国农业大学学报（社会科学版）》，2014年第3期，第22～29页。

[④] 卫龙宝、储德平、伍俊骞：《农村城镇化进程中经济发达地区农民的迁移意愿分析——基于浙江省的实证研究》，载《农业技术经济》，2014年第1期，第91～98页。

人口和家庭特征出发，没有考虑民族地区的民众和农村居民与其他地区民众和农村居民的差异性因素。

三、具体调查问题

鉴于西南民族地区无论是在全国范围还是在民族地区中，其城镇化水平都处于最为落后的位置，并且近年来新型城镇化的进程也没有达到政策预期，而已有文献缺乏对西南民族地区的了解和分析，因此本研究的调查问题限定为西南民族地区民众和农村居民对新型城镇化政策的认知情况和"进城"意愿情况，以从作为政策目标群体的政策"需求侧"的角度分析西南民族地区新型城镇化政策的优化实施问题。

本研究以广西壮族自治区、云南省和贵州省作为西南民族地区的代表。按照惯例上的中国大区域划分，西南地区包括重庆、四川、西藏、云南、贵州5省区市，但西藏由于地理条件和民族构成及其特殊，而重庆和四川不属于民族8省区范围，只有部分自治州、县是民族地区，因而西藏、重庆和四川不列入本研究的调查范围。同时，广西壮族自治区虽然在地理位置上属于华南地区[1]，但其经济社会发展在国家规划中依然是纳入西部地区，并且是地方方位属于西南区域的民族自治地方，因此本研究也将其纳入西南民族地区[2]。

本研究具体调查问题包括：（1）西南民族地区居民对新型城镇化政策的认知情况如何？具体又包括两个层面，一是如何看待新型城镇化？二是是否了解新型城镇化政策？（2）西南民族地区居民是否愿意

---

[1] 地理位置上的华南地区包括广西壮族自治区、广东省、海南省、香港特别行政区和澳门特别行政区。

[2] 很多学术研究尤其是民族问题的学术研究中都是把广西划入西南民族地区的范围。例如：赵心愚、罗布江村：《西南民族地区面具文化与保护利用研究》，民族出版社2013年版；陈炜：《近代西南民族地区宗教与圩镇经济发展关系探析——以广西为例》，载《宗教学研究》，2009年第5期，第129~135页；黄宗贵、潘文君、刘琼：《天主教在西南民族地区传播与发展问题的思考——基于广西贺州、贵州凯里的调查》，载《中南民族大学学报》（人文社会科学版），2010年第4期，第40~43页。

"进城"生活?"进城"与"不进城"的主要原因和影响因素是什么? 这些问题的调查对象包括两种:对于政策认知中如何看待新型城镇化的问题,考虑对调查对象要求较高的理解能力和语言表达能力,同时这个问题主观性较强,要力求保持调查的客观性和真实性,因此只能通过特定方式调查部分民众的态度;对于是否了解新型城镇化政策以及是否愿意"进城"的问题,则直接针对西南民族地区农村居民,他们是新型城镇化政策的核心目标群体,因而也是调查的主要对象。

第二章

调查方法

调查方法的选择是依据调查问题的需要而定。调查方法按照与调查对象的接触情况分为直接调查和间接调查①。直接调查是通过调查人员与调查对象直接接触收集资料，适用于客观性较强、非敏感性较弱的问题，而且在调查过程中可以控制调查方向，现场解决沟通理解问题并初步判断资料的真实性；间接调查是通过某种中介或第三方途径获取资料，具有很强的匿名性和无反应性，适合主观性和敏感性较强问题的调查。间接调查的常用方法是非介入性调查分析，非介入性调查分析是指在不影响研究对象的情况下调查研究社会行为的方法，具体包括文本内容分析和既有资料统计分析等②。根据本研究的调查问题的特点，对于西南民族地区民众如何看待新型城镇化的问题，采用非介入性调查中的网络文本调查的方法，而对于西南民族地区农村居民对新型城镇化政策的了解和"进城"意愿情况，则采用直接调查中的问卷访谈调查方法。

---

① 谭祖雪、周炎炎编著：《社会调查研究方法》，清华大学出版社2013年版，第11页。
② ［美］艾尔·巴比著、邱泽奇译：《社会研究方法》（第10版），华夏出版社2005年版，第305页。

第一节　网络文本调查

在"互联网+"时代，网络是民众最直接也是最便捷表达其对关注问题的态度和看法的途径，由于网络表达具有匿名性，而且相对于直接调查其表达的态度和看法更为真实和客观。从目前来看，在网络上能够匿名性地表达观点和看法的主要方式是利用门户网站网络新闻文本后的跟帖评论功能或者在专门的大型论坛网站中发帖。无论是哪种方式的表达，都会在海量的网络信息中留下文本痕迹。正是这些文本为调查分析民众的态度和观点提供了原始的证据资料。公共政策领域兴起的网络民意研究，就是主要通过网络跟帖原始文本来分析民意和帮助政府及时了解民众诉求的研究方法，并已经被应用来研究重大事件的社会心理[1]、民众政治倾向[2]、民间借贷立法[3]、教育政策制定[4]等具体问题中。本研究运用网络文本调查的方法分析西南民族地区民众是如何看待新型城镇化的问题。

一、网络文本获取

本研究所需的网络文本是西南民族地区网络民众关于新型城镇化态度和观点的网络跟帖。为保证所获取的跟帖内容具有明确的针对性，而不是泛泛而谈，本研究只搜集明确针对新型城镇化政策的新闻和论坛跟

---

[1] 戴光全、梁春鼎：《基于网络文本分析的重大事件意义研究——以2011年西安世界园艺博览会为例》，载《旅游学刊》，2012年第10期，第36~45页。
[2] 乐媛、杨伯溆：《网络极化现象研究——基于四个中文BBS论坛的内容分析》，载《青年研究》，2010年第2期，第1~12页。
[3] 仇晓光：《网络民意规范化研究——推动民间借贷立法进程为视角》，载《社会科学研究》，2014年第3期，第73~78页。
[4] 赵学敏：《关于教育政策的网络民意的幂律分布研究——以〈国家中长期教育改革和发展规划纲要〉公开征集意见为政策样本》，载《首都师范大学学报（社会科学版）》，2011年第6期，第50~60页。

帖。由于新型城镇化政策有多个层面和多个方面，本研究以《国家新型城镇化规划（2014－2020年）》及相关文件代表国家层面新型城镇化政策，以广西、云南、贵州的省级新型城镇化规划及相关文件代表相应地方的新型城镇化政策。同时为保证网络民众发帖的代表性，对获取的网络媒体渠道进行了筛选，以凤凰网、新浪网、搜狐网、强国论坛、天涯论坛、百度贴吧等媒体和论坛平台为搜集跟帖文本的来源，对于一些小型和非知名的网络媒体上的跟帖文本不纳入。搜集的具体方法是：对于新闻跟帖，先在门户网站上搜索关于国家层面或地方层面新型城镇化文件的权威发布新闻，在确认属于新型城镇化政策的权威发布新闻后，如果新闻文本后显示有评论跟帖①，则打开评论跟帖链接，下载全部跟帖；对于论坛跟帖，则是由作者先注册登录后进入论坛，先搜索新型城镇化的相关讨论主题，确认搜索的讨论主题是明确针对新型城镇化政策时，将该主题下的所有讨论跟帖全部下载。

（一）西南民族地区网络民众对国家新型城镇化规划的跟帖评论文本获取

对于国家层面的新型城镇化政策的网络评论，最后筛选搜集到的网络跟帖，剔除与新型城镇化新闻或主题无关的评论和水帖后，基本情况见表2.1。

表2.1　网民对国家新型城镇化政策新闻和论坛跟帖评论统计

标题	类型	网络来源	评论跟帖数量	总计
政治局：出台实施国家新型城镇化规划	新闻资讯	凤凰网	78	318
国家新型城镇化规划（2014~2020年）全文	新闻资讯	新浪网	17	
全国59个城镇列入新型城镇化综合试点（名单）	新闻资讯	凤凰网	141	
城镇化或成为21世纪中国的转折点	论坛帖子	天涯论坛	82	

---

① 有的门户网站发布新闻后没有任何网民跟帖评论，还有门户网站关闭了新闻跟帖功能，因此并非所有门户网站在发布的新闻后都会出现网民跟帖。

西南民族地区新型城镇化：政策认知与"进城"意愿

总共包括318条网民评论及跟帖。2013年12月3日的凤凰网题为《政治局：出台实施国家新型城镇化规划》的新闻有78条网民评论；2014年3月17日新浪网上的《国家新型城镇化规划（2014－2020年）全文》有17条网民评论；2015年11月27日凤凰网上的《全国59个城镇列入新型城镇化综合试点（名单）》有141条网民评论；另外，天涯论坛2013年5月27日以《城镇化或成为21世纪中国的转折点》为主题的讨论有82条网民跟帖。

由于上述跟帖涵盖所有地区的网民，因此需要从中选择西南民族地区网民发布的跟帖文本。判断发帖者所属地域的直观方法就是看其IP地址。当然，IP地址实际上只能代表发布跟帖的网络属于某个地区，并不一定代表发帖者就是该地区的。但考虑到发帖者在发帖时至少是在该地区，尽管其并不一定是该地区的户籍人口，也可以大致用发帖时的IP地址代表发帖者所属地域。对国家层面的新型城镇化政策评论跟帖的IP地址统计如表2.2所示。

表2.2　网民对国家新型城镇化政策新闻和论坛跟帖评论IP地址分布统计

所属区域	跟帖数量	具体分布
东部	121	北京（34）、上海（7）、天津（4）、深圳（11）、福建（1）、福州（2）、广州（13）、杭州（5）、河北（2）、济南（8）、南京（5）、山东（1）、浙江（1）、石家庄（6）、保定（1）、沧州（1）、常州（1）、聊城（1）、淮安（1）、惠州（1）、济宁（1）、揭阳（1）、临沂（1）、宁波（2）、寿光（1）、苏州（2）、台州（1）、唐山（1）、无锡（1）、烟台（1）、中山（1）、珠海（1）、淄博（1）
东北	24	长春（6）、哈尔滨（5）、辽宁（2）、吉林（1）、沈阳（4）、鞍山（2）、大连（1）、大庆（1）、丹东（1）、鹤岗（1）
中部	46	长沙（5）、湖北（1）、安徽（2）、合肥（2）、南昌（5）、太原（4）、武汉（10）、郑州（8）、郴州（1）、衡阳（1）、黄石（1）、晋城（1）、开封（1）、漯河（1）、孝感（1）、新乡（1）、益阳（1）

续表

所属区域	跟帖数量	具体分布
西部	58	重庆（7）、成都（9）、甘肃（1）、贵阳（1）、昆明（5）、兰州（5）、南宁（2）、陕西（1）、西安（9）、新疆（1）、云南（1）、呼和浩特（5）、甘南（1）、海北（1）、丽江（3）、铜仁（1）、梧州（2）、宜宾（2）、鄂尔多斯（1）
其他	69	马来西亚（1）、中国香港（1）、美国（2）、新浪微博（9）、中国移动（6）、客户端（4）、未知（46）

表2.2显示，IP属于本研究界定的西南民族地区的跟帖文本只有15条，分别是"云南"1条、贵阳1条、昆明5条、南宁2条、丽江3条、铜仁1条、梧州2条。

国家新型城镇化政策涉及多个领域，其中对普通民众而言最为重要也是最为关注就是户籍改革问题，因为户籍改革不仅仅是有关单纯的户籍管理的问题，还关系到就业、住房、社会保障、入学教育等多个方面。因此，与《国家新型城镇化规划（2014－2020年）》密切配套的《国务院关于进一步推进户籍制度改革的意见》是国家新型城镇化政策重要组成部分。用上述相同的方法，本研究搜集到民众有关《国务院关于进一步推进户籍制度改革的意见》发布的新闻和论坛跟帖评论421条（见表2.3），其中识别的IP地址属于西南民族地区的有21条。

表2.3　　　　网民对国务院户籍改革文件新闻和
论坛跟帖评论IP地址分布统计

标题	来源	跟帖数量	总计
国务院：建立居住证制度	新浪网	230	
国务院关于进一步推进户籍制度改革的意见	凤凰论坛	131	421
关于户籍改革的一点看法	天涯论坛	60	

（二）西南民族地区网络民众对省级新型城镇化规划的跟帖评论文本获取

在上述门户网站和知名论坛中分别搜索广西、云南、贵州出台的新型城镇化政策相关文件新闻的跟帖和论坛主题讨论跟帖，发现由于是地方性的政策，其关注度不如国家层面政策，没有门户网站上的新闻跟帖，只有百度贴吧上有相应的主题讨论跟帖，剔除掉与主题无关的水贴，得到的原始跟帖文本情况如表2.4所示：

表2.4　西南民族地区网络民众对本地省级新型城镇化规划文件的论坛评论跟帖统计

标题	类型	网络来源	评论跟帖数量	总计
2014～2020年广西新型城镇化规划，县市部分	贴吧帖子	百度贴吧	22	71
广西新型城镇化规划亮点解读	贴吧帖子	百度贴吧	4	
贵州省山地特色新型城镇化规划（2016～2020年）	贴吧帖子	百度贴吧	36	
云南省新型城镇化规划（2014～2020年）发布	贴吧帖子	百度贴吧	9	

由于上述主题讨论是百度贴吧中的地方性本地论坛，而且需要注册登录之后才能跟帖发表意见，因此关注话题的一般都是所在地方的常住人口，从而能够认为发帖者是所在地区的网民。

二、资料分析方法

对于数量规模较小的跟帖文本，可以采用直接概括归纳的方式进行分析，但对于数量规模较大的跟帖文本，直接概括归纳分析难以全面总结。本研究运用内容分析法和扎根理论分析数量规模较大的原始跟帖文本，探讨西南民族地区网络民众对新型城镇化的态度和看法。内容分析法是分析复杂文本资料的有效方法，该方法是通过一系列的转化方式将非结构化文本中的自然信息转换成可以用来定量分析的结构化信息状态[1]。内容分析法被广泛用于声像材料和文本材料的分析，其优点是将杂乱无章的资料转化成可以统计分析的数据。

内容分析法有多种具体方法，最常见的是扎根分析法。扎根分析法也称扎根理论，由社会学家施特劳斯（Strauss）和格拉泽（Glaser）最早提出[2]。扎根分析法是针对研究的具体问题，使用规范化的操作流程对原始资料进行分析，通过不断地归纳、总结，将数据抽象化和概念化，最后构建出结论的一种定性研究方法。扎根分析法的操作流程主要包括开放编码、轴心编码和关联编码三个步骤：（1）开放编码主要是将收集到的资料分解，通过逐词编码、逐句编码等步骤从原始资料提取关键词；（2）轴心编码主要是寻找开放编码之间的逻辑关系形成若干范畴；（3）关联编码是从有关联的轴心编码中提取更大的范畴。当然，如果是小规模的帖子文本，也可以直接简单提炼关键词和进行内容概括即可，不需三级编码。

依据内容分析法和扎根分析法，本研究对于涉及的较大规模帖子文本的分析采取的具体步骤如下：（1）初步阅读每条跟帖文本，对其基本态度进行判断，为三级编码作准备；（2）将每条网民评论的跟帖原文进行分解，提取关键词，完成开放编码，将开放编码录入 SPSS 软件中；（3）通过 SPSS 软件的频数统计，计算出每个范畴中具体关键词的频数，并根据其频数统计结果，对开放编码进一步提炼概括，完成轴心编码；（4）研究轴心编码之间的关联性，总结其逻辑关系，将相关联的轴心编码进一步合并，完成关联编码；（5）对提取的关联编码进行分析解读，探究网络民众对新型城镇化的看法。

---

[1] 李钢、蓝石：《公共政策内容分析法：理论与应用》，重庆大学出版社 2007 年版，第 1 页。

[2] ［英］凯西·卡麦兹著、边国英译：《建构扎根理论：质性研究实践指南》，重庆大学出版社 2009 年版，第 5~10 页。

第二节 问卷访谈调查

对于西南民族地区农村居民对新型城镇化政策的了解和"进城"意愿情况采用问卷访谈调查的方法，问卷访谈调查是本研究的主要调查方式。

一、调查问卷设计

调查问卷的设计由调查的目的和问题决定。本研究使用问卷访谈的方式来调查西南民族地区农村居民对新型城镇化政策的认知情况、"进城"愿意情况及影响认知和"进城"意愿的影响因素。由此决定问卷题目由三大基本板块构成：（1）调查对象的基本情况，基本情况中要包含可能对政策认知和"进城"意愿产生影响的因素；（2）调查对象对新型城镇化政策的了解认知情况；（3）调查对象的"进城"意愿情况。

（一）调查对象基本情况部分

调查对象的基本情况作为调查问卷题目的第一部分不仅要遵循调查问卷设计的惯例，尽可能全面地反映被调查对象的实际情况，更要从调查目的的角度统筹考虑具体调查哪些方面的情况，因为列入的这些方面是作为分析影响后面关于政策认知和"进城"意愿因素的自变量。关于调查对象基本情况的具体变量选择本研究是在借鉴已有文献并结合本研究调查目的基础上确定。

1. 政策认知的影响因素

从已有文献来看，影响民众对公共政策认知的因素非常复杂，概括起来可以分为内部因素和外部因素两个方面，内部因素主要指农村居民及其家庭的一些特征，外部因素主要指农村居民及其家庭以外的影响农村居民对公共政策认知的因素,包括区域、距离等。

(1)个人特征。有关主体行为的研究表明,主体行为与其人口学特征有紧密的相关性[1]。农村居民的性别、年龄、学历、外出务工经历在一定程度上反映了农村居民对新事物的接受能力和理解能力。女性相比男性更趋向风险规避,并且女性接受新事物的周期比男性长。一般来讲,年龄大的农村居民更愿意选择与自己早已形成的观点相符合的政策内容,不自觉地排斥与自己意见相抵触的信息,因而他们对新事物的接纳速度较慢。农村居民受教育水平越高,对事物的适应能力和理解力越强,能够准确理解政府的政策意图。有过外出务工经历的农村居民相对于没有外出务工的农村居民来说,接触政策信息的源头机会更多,在政策传播中处于优越地位,获取的信息更快、更全面。

(2)家庭特征。关于家庭人口和土地面积对政策认知的影响,杨维鸽、陈海等基于米脂县农村居民对退耕还林政策认知的调查,发现家庭人口数、耕地面积与农村居民的政策认知呈显著负相关[2]。土地状况为非自己种植和家庭主要收入来源为非农收入的农村居民,他们常年在外打工,对政策信息的需求不再是与农业相关的政策,关注更多的是公共服务、"进城"落户等相关的政策,对新型城镇化政策的了解更全面。由于经济条件的制约,信息受传者用于消费媒体的机会是不平等的,这就会在农村居民之间造成一定的信息不均衡[3]。虽然大众传媒已经普及,但由于贫富差距的扩大,并非所有的农村居民都用得起。对于纸质媒介,如报纸,那些经济收入低的家庭会因为其消费支出而很少阅

---

[1] 傅新红、李君、许蕾:《农业科技特派员继续从事特派员工作意愿的影响因素分析——基于四川省254名农业科技特派员的调查》,载《中国农村经济》,2010年第6期,第58~66页。

[2] 杨维鸽、陈海、高海东等:《农户对退耕政策的认知及其影响因素研究——以米脂县杨家沟镇为例》,载《水土保持通报》,2010年第1期,第214~218页。

[3] Whiting G C、Stanfield J D. Mass Media Use and Opportunity Structure in Rural Brazil. Public Opinion Quarterly,1972,Vol. 36,No. 1:56~68.

读①。电脑和手机成为获取信息最方便最快捷的工具，但购置电脑和手机的费用及网络费用也很高，而由于经济的差异，电脑和手机无法普及到所有农村居民，这就会造成一定的信息不均衡。一般来说，农村居民对政策信息具有一定的偏好性，他们会关注与自身利益相关的政策，如看病、养老、保险、子女上学等问题，农村居民对这些信息有着强烈的需求，在这种动力驱使下农村居民会通过各种渠道获得政策信息。因此，家庭特征中的人口数量、土地面积、家庭主要收入来源、家庭年收入、参加社会保险、子女上学等因素会影响农村居民对公共政策的认知。

（3）地区特征。韦吉飞、李录堂基于杨凌农村居民的调查，发现家庭地理条件是农村居民创业认知的重要影响因素②，刘晋飞发现库区移民对移民政策认知存在显著的城乡差异③。因此地区特征也是重要影响因素。

2. "进城"意愿的影响因素

与对政策认知的影响因素相似，已有研究显示的对农村居民是否愿意"进城"的影响因素尽管复杂多样，但也可以分为个人特征、家庭特征和区域特征三个方面。

（1）个人特征。个体作为人口迁移的基本单位，其特征已成为学者研究农村居民"进城"意愿的重要因素，虽然发现的结论不尽相同，但性别、年龄、民族、学历、是否有外出务工经历等都会显著影响农村居民的"进城"意愿。Denise Hare 发现女性具有较高的迁移成本而不

---

① Donohue G A, Tichenor P J, Olien C N. Mass Media and the Knowledge Gap A Hypothesis Reconsidered. Communication Research, 1975, Vol. 2, No. 1: 3~23.

② 韦吉飞、李录堂：《农民创业认知及影响因素研究——基于杨凌农高会参会农民的调查实证分析》，载《软科学》，2008年第11期，第133~139页。

③ 刘晋飞：《三峡库区移民的政策认知与评价：对298名青年移民的调查》，载《重庆社会科学》，2010年第11期，第74~79页。

倾向于迁移①，邱红、许鸣发现女性在迁移流动中的角色往往是依附从属型的②。但也有学者发现，虽然女性外出务工经历比男性少，但女性更渴望通过城镇化带来生活上的改善③。关于年龄对"进城"意愿的影响，卫龙宝发现年龄越大的农村居民，"进城"意愿越弱④，但有学者发现并非年轻的农村居民"进城"意愿就强烈，而是年龄与农村居民的"进城"意愿的关系呈现倒 U 型⑤，如果农村居民的年龄过小，即使有"进城"意愿也难以有支付迁移成本的能力；年龄较大的迁移者心理成本较高，且获益期较短。青年人具有拼搏向上的斗志，他们对城市生活的追求度和认可度相对较高，更愿意"进城"；中年人"上有老、下有小"，面临更大的生活压力，他们需要外出务工，以满足家庭需要。关于民族对"进城"意愿的影响，郭炜发现少数民族农村居民因为其民族文化和生活传统，其"进城"意愿远低于同期的全国农村居民的"进城"意愿⑥。关于学历对"进城"意愿的影响，李练军发现受教育程度越高的农村居民，其人力资本积累也越多，"进城"的能力也越大⑦，孟兆敏也认为随着教育程度的提高，农村居民的"进城"意愿也越强⑧。但王桂新等基于上海的调查发现文化程度与农村居民的"进

---

① Denise Hare. 'Push' Versus 'Pull' Factors in Migration Outflows and Returns: Determinants of Migration Status and Spell Duration Among China's Rural Population. The Journal of Development Studies, 1998, Vol. 35, No. 3: 45~72.

② 邱红、许鸣：《从社会性别视角探析农村妇女向非农产业转移》，载《人口学刊》，2009 年第 5 期，第 54~57 页。

③ 白先春、柯婧、李一忱：《农村居民个体特征对其就地城镇化意愿的影响——基于安徽省的调查》，载《江苏农业科学》，2016 年第 12 期，第 631~635 页。

④ 卫龙宝、胡慧洪、钱文荣等：《城镇化过程中相关行为主体迁移意愿的分析——对浙江省海宁市农村居民的调查》，载《中国社会科学》，2003 年第 5 期，第 39~48 页。

⑤ Zhu N. The Impacts of Income Gaps on Migration Decisions in China. China Economic Review, 2002, Vol. 13, No. 2: 213~230.

⑥ 郭炜：《少数民族农民城镇迁居意愿分析》，载《民族论坛》，2016 年第 5 期，第 79~83 页。

⑦ 李练军：《中小城镇新生代农民工市民化意愿影响因素研究——基于江西省 1056 位农民工的调查》，载《调研世界》，2015 年第 3 期，第 36~41 页。

⑧ 孟兆敏、吴瑞君：《城市流动人口居留意愿研究——基于上海、苏州等地的调查分析》，载《人口与发展》，2011 年第 3 期，第 11~18 页。

城"意愿呈现 U 型，即文化程度低与文化程度较高的农村居民的"进城"意愿强烈，而处于中学或相当学历的农村居民因为"高不成低不就"的处境，其"进城"意愿较弱[①]。聂伟等认为有过外出务工经历是个体拥有非农人力资本的一种体现，因此，有过外出务工经历的农村居民在城市工作和生活上表现出更有信心，对城市生活更加向往[②]。

（2）家庭特征。在中国农村，农村居民的整体家庭观念强，家庭成员互帮互助，共享劳动成果。家庭作为一个利益单位在农村居民的迁移决策中起到关键性作用[③]。关于家庭特征对农村居民"进城"意愿的影响，已有的研究主要关注土地面积、家庭人口、家庭收入、是否有子女上学、家庭保险状况等。关于土地面积对"进城"意愿的影响，Denise Hare 发现土地面积较多会降低人口迁移的可能性[④]，蒋占峰也发现农村居民的城镇定居意愿会随着土地依赖意识的增强而减弱，也就是说对土地依赖性强的农村居民，其转出土地的意愿越低，"进城"意愿也弱[⑤]。关于家庭人口对"进城"意愿的影响，甘宁发现家庭人口规模较大的家庭较不容易迁移[⑥]，而劳动力数量较多的家庭，倾向于迁往城镇[⑦]。关于子女上学对"进城"意愿的影响，赵翌发现家庭有在读子女

[①] 王桂新、陈冠春、魏星：《城市农民工市民化意愿影响因素考察——以上海市为例》，载《人口与发展》，2010 年第 2 期，第 2~11 页。

[②] 聂伟、王小璐：《人力资本、家庭禀赋与农民的城镇定居意愿——基于 CGSS2010 数据库资料分析》，载《南京农业大学学报（社会科学版）》，2014 年第 5 期，第 53~61 页。

[③] 石智雷、杨云彦：《家庭禀赋、家庭决策与农村迁移劳动力回流》，载《社会学研究》，2012 年第 3 期，第 157~181 页。

[④] Denise Hare. 'Push' Versus 'Pull' Factors in Migration Outflows and Returns: Determinants of Migration Status and Spell Duration Among China's Rural Population. The Journal of Development Studies, 1998, Vol. 35, No. 3: 45~72.

[⑤] 蒋占峰、张应阳：《农民土地意识对其市民化意愿的影响——基于河南省的实证研究》，载《安徽师范大学学报》，2015 年第 6 期，第 718~723 页。

[⑥] 甘宁：《农民工家庭的返乡定居意愿——来自 574 个家庭的经验证据》，载《人口与经济》，2015 年第 3 期，第 68~76 页。

[⑦] 朱明芬：《农民工家庭人口迁移模式及影响因素分析》，载《中国农村经济》，2009 年第 2 期，第 67~76 页。

的农村居民"进城"意愿强烈①，马琳也发现农村居民"进城"意愿很大程度是为了子女能够到城市上学，接受更好的教育②。关于家庭收入对"进城"意愿的影响，黄振华发现随着家庭收入的提升，农村居民的"进城"意愿呈现递增的趋势③。关于家庭保险状况对"进城"意愿的影响，石智雷发现参保情况较好的农村居民的"进城"意愿比参保情况较差的农村居民强④。但也有学者发现，新农合、新农保等现有的福利保障使农村居民大多排斥市民化，农村居民担心"进城"后享受不到与原有市民相同的医疗保障，不愿意冒着失去现有保障的风险去市民化⑤。

（3）地区特征。基于距离邻近性的考虑，距离对农村居民的迁移具有较大影响⑥。李佑静发现距离的增加使原有的社会网络降低，导致迁移者心理成本的上升，并且距离的增加也会带来交通成本的上升，增加了迁移的负担⑦，近距离则意味着地缘关系更加密切，社会、经济、文化更具相似性和交融性。

3. 本调查列入的影响因素

已有文献表明，影响政策认知和"进城"意愿的因素有很多是相同的，并且都可以划分为个人特征、家庭特征和区域特征三个层面。借鉴已有研究，首先上述个人特征（性别、年龄、学历、是否有外出务工经历）、家庭特征（家庭人口、土地面积、土地状况、家庭主要收入来

---

① 赵翌、郝明松、悦中山：《制度与非制度因素对农民工落户城镇意愿的影响》，载《西北农林科技大学学报》2016年第4期，第88~95页。

② 马琳：《农民的城镇定居意愿及其影响因素分析——基于河南省10县（区）40村的调查》，载《郑州大学学报》，2015年第2期，第88~90页。

③ 黄振华、万丹：《农民的城镇定居意愿及其特征分析——基于全国30个省267个村4980位农民的调查》，载《经济学家》，2013年第11期，第86~93页。

④ 石智雷、杨云彦：《家庭禀赋、家庭决策与农村迁移劳动力回流》，载《社会学研究》，2012年第3期，第157~181页。

⑤ 罗其友、张萌、郑华伟：《经济发达地区城郊农民市民化意愿调查与思考——以江苏省溧阳市为例》，载《中国农业资源与区划》，2015，第1期，第71~78页。

⑥ Ravenstein, E. G. The Laws of Migration. Journal of the Statistical of London, 1885, Vol. 48, No. 2: 167~235.

⑦ 李佑静：《新型城镇化进程的农民工市民化意愿》，载《重庆社会科学》，2016年第8期，第41~47页。

源、家庭全年收入、是否参加新型农村合作医疗保险、是否参加新型农村养老保险、是否购买商业保险、是否有子女上中小学）和区域特征作为自变量纳入调查对象基本情况问题设计范围。同时，由于本研究的调查对象是西南民族地区的农村居民，因此在个人特征中还加上民族成分因素。另外，对于地域特征，已有文献是从地理条件、相隔距离等角度进行分析，基于操作性考虑，本研究选择被调查对象居住地的类型，即居住地是纯粹的农村还是城镇近郊以及是哪种级别的城镇近郊作为变量，因为我国的城镇与农村之间以及不同类型的城镇之间具有很强的政治经济等级性，这种不同类型的居住地特征能够综合反映地理、距离以及所在区域的经济社会状况等情况。

（二）对新型城镇化政策的认知部分

第二个部分的问题是调查对象对新型城镇化政策的认知情况。由于新型城镇化政策由多层级、多方面的政策体系构成，因此在调查西南民族地区农村居民对新型城镇化政策是否了解时的问题设计也要细化。首先是不同层级的新型城镇化政策。按照"中央政府负责统筹推进农业转移人口市民化的制度安排和政策制定，省级政府负责制定本行政区农业转移人口市民化总体安排和配套政策，市县政府负责制定本行政区城市和建制镇农业转移人口市民化的具体方案和实施细则"①的要求，除国家层面的规划文件外，省级政府也都有自己的规划性政策文件，省以下的市县尽管只有少数地方出台了专门的规划性文件②，但也都有自己的操作性方案，这些操作性方案或者以专门的"工作方案"的形式出现③，或者是在所在市县的《经济社会发展规划纲要》和《政府工作报

---

① 中共中央、国务院：《国家新型城镇化规划（2014－2020年）》，国务院网站，http：//www.gov.cn/gongbao/content/2014/content_2644805.htm，2014年3月16日。
② 例如，云南省昆明市发布有《昆明市"十三五"新型城镇化发展规划》，并且还有专门配套的《昆明市新型城镇化五年实施方案》。
③ 例如，广西壮族自治区梧州市的《梧州市推进新型城镇化工作实施方案、主要目标和重点任务分工方案》、来宾市的《来宾市国家新型城镇化综合试点工作方案》、百色市的《百色市城镇化攻坚战实施方案》等。

告》中体现出来。因此在问题设计时，分成对国家层面新型城镇化政策、省级层面新型城镇化政策和所在市县（当地）新型城镇化政策的了解程度3个问题。这3个问题是从整体性上了解西南民族地区农村居民对不同层面新型城镇化政策的综合性认知程度。在具体操作上，分别以国家新型城镇化规划和省级新型城镇化规划文件代表综合性的国家和省级新型城镇化政策，而市县一级因为绝大部分没有专门的综合性规划文件，在问题中不列举具体文件名称，仅表述为"新型城镇化政策"。

新型城镇化政策不仅是多层级的，也是多方面的，各级新型城镇化政策框架涵盖产业、交通、公共服务、人口、户籍、就业、土地、资金、生态环境等不同领域的问题，现实中可能会存在农村居民对某个或某些方面的政策比其他方面的政策更熟悉的情况，而不能仅仅笼统地考察其对新型城镇化政策的整体认知。为了考察农村居民对不同方面政策的了解程度，本研究还设计了对户籍、居住证、就业、土地、义务教育、医疗卫生、社会保障、住房政策方面的了解情况的问题，这些方面都是与农村居民"进城"密切相关的问题，而诸如区域协调、城市规划、社区治理等方面的政策与农村居民"进城"不直接相关，不列入问卷设计范围。

从公共政策的角度看，目标群体对某项政策的了解程度会受到其了解意愿和了解渠道的影响，如果没有了解的意愿就不会主动去关心了解，同时即使有了解意愿但没有了解的渠道也不会对这项政策有充分的认知。与东部地区相比，西南民族地区农村地区的经济社会条件存在一定的差距，例如信息通信条件，西南民族地区的移动电话普及率、互联网普及率和开通互联网宽带业务的行政村的平均比例都低于其他区域（见图2.1），再加上文化传统的影响，其了解新型城镇化政策的意愿和途径也可能会存在差异，因此本研究还设计了西南民族地区农村居民对新型城镇化政策的了解意愿和途径的问题。这部分问题设计放在询问对各层级、各方面政策是否了解之前。

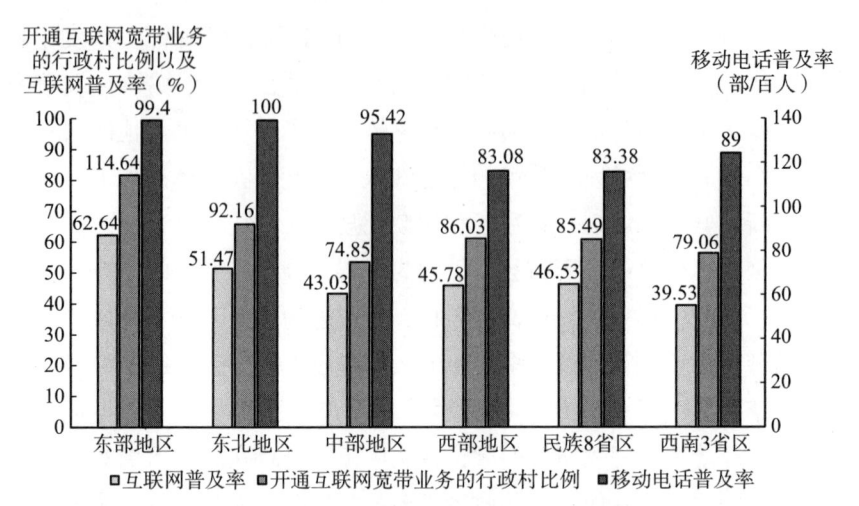

图 2.1 2015 年各区域电信通信服务水平

数据来源：根据中华人民共和国国家统计局编：《中国统计年鉴 2016》，中国统计出版社 2016 年版数据计算。

（三）是否愿意"进城"情况部分

第三个部分是调查对象的"进城"意愿情况。首先，询问调查对象是否愿意"进城"；其次，由于不同的居民的个体和家庭差异，对"进城"的要求和期望是不同的，因此要调查如果愿意"进城"，期望进入什么样的"城市"；最后，为进一步直接了解农村居民的想法，还需要询问愿意"进城"和不愿意"进城"的原因有哪些以及关于"进城"当前最关心的问题是什么。

（四）调查问卷设计摘要

依据上述设计构成的调查问卷摘要如表 2.5 所示：总共包括 38 个问题，分为封闭式选择题、半开放式选择题和填空题 3 种题型，选择题中有 3 个问题标明是多项选择题，其他均为单项选择题。具体问卷文本参见本书后面的附录《西南民族地区农村居民对新型城镇化政策的认知与"进城"意愿调查问卷》。

表 2.5　　　　　　　　　　　　调查问卷构成摘要

内容板块	问题序号	调查项目摘要	选项摘要
调查对象基本情况	1	性别	1. 女　　　　　2. 男
	2	年龄	1. 18 岁以下　2. 19~35 岁　3. 36~45 岁 4. 46~60 岁　5. 60 岁以上
	3	民族	1. 汉族　　　　2. _____族（非汉族填写）
	4	学历	1. 小学　　　　2. 初中　　　　3. 高中或者中专 4. 大专（高职）5. 本科及以上
	5	是否外出务工	1. 否　　　　　2. 是
	6	务工地点	1. 镇上　　　　2. 县城　　　　3. 中等城市 4. 大城市
	7	家庭人口	_____人
	8	土地面积	_____亩（包括水田和旱地）
	9	土地状况	1. 自己种植　　2. 转租承包　　3. 放置荒废 4. 政府征收　　5. 其他_____
	10	家庭收入主要来源	1. 务农收入　　2. 打工收入　　3. 个体经营收入 4. 创办企业收入 5. 财产收入（股票、租金、利息等） 6. 其他_____
	11	家庭全年收入	_____元
	12	是否参加新型农村合作医疗保险	1. 都没参加　　2. 部分参加　　3. 都参加
	13	是否参加新型农村养老保险	1. 都没参加　　2. 部分参加　　3. 都参加
	14	是否购买商业保险	1. 没有　　　　2. 有
	15	是否有子女上幼儿园或中小学	1. 没有　　　　2. 有
	*	所在省域	1. 广西　　　　2. 云南　　　　3. 贵州
	16	居住地	1. 村庄　　　　2. 镇近郊　　　3. 镇上 4. 县城近郊　　5. 中等城市近郊

45

续表

内容板块	问题序号	调查项目摘要	选项摘要
对新型城镇化政策的认知	17	是否愿意了解新型城镇化方面的政策	1. 不愿意　　2. 愿意
	18	主要通过什么途径了解新型城镇化方面的政策	1. 没有途径　　2. 电视　　3. 报刊杂志 4. 网络　　5. 公益短信　　6. 政府标语 7. 政府人员宣讲　　8. 村干部宣讲　　9. 其他＿＿＿
	19	主要想通过什么途径了解新型城镇化方面的政策	1. 网络　　2. 电视　　3. 报刊杂志 4. 村干部选举　　5. 政府人员宣讲 6. 公益短信　　7. 政府标语　　8. 其他＿＿＿
	20	《国家新型城镇化规划（2014—2020年）》	1. 完全不了解　　2. 了解一些 3. 大概了解　　4. 非常了解
	21	所在省域新型城镇化规划	1. 完全不了解　　2. 了解一些 3. 大概了解　　4. 非常了解
	22	当地（市县）新型城镇化政策文件	1. 完全不了解　　2. 了解一些 3. 大概了解　　4. 非常了解
	23	新型城镇化政策中关于户籍迁往城镇的条件	1. 完全不了解　　2. 了解一些 3. 大概了解　　4. 非常了解
	24	新型城镇化政策中关于户籍迁往城镇之后享受的权益	1. 完全不了解　　2. 了解一些 3. 大概了解　　4. 非常了解
	25	新型城镇化政策中关于居住证办理的条件	1. 完全不了解　　2. 了解一些 3. 大概了解　　4. 非常了解

续表

内容板块	问题序号	调查项目摘要	选项摘要	
对新型城镇化政策的认知	26	新型城镇化政策中关于居住证办理之后享受的权益	1. 完全不了解 3. 大概了解	2. 了解一些 4. 非常了解
	27	户口迁往城镇的难易程度	1. 非常难 3. 不太难	2. 难 4. 非常容易
	28	新型城镇化政策中关于就业方面的政策	1. 完全不了解 3. 大概了解	2. 了解一些 4. 非常了解
	29	新型城镇化政策中关于土地方面的政策	1. 完全不了解 3. 大概了解	2. 了解一些 4. 非常了解
	30	新型城镇化政策中关于义务教育方面的政策	1. 完全不了解 3. 大概了解	2. 了解一些 4. 非常了解
	31	新型城镇化政策中关于医疗卫生方面的政策	1. 完全不了解 3. 大概了解	2. 了解一些 4. 非常了解
	32	新型城镇化政策中关于社会保障方面的政策	1. 完全不了解 3. 大概了解	2. 了解一些 4. 非常了解
	33	新型城镇化政策中关于住房方面的政策	1. 完全不了解 3. 大概了解	2. 了解一些 4. 非常了解

续表

内容板块	问题序号	调查项目摘要	选项摘要
"进城"意愿情况	34	是否愿意"进城"生活	1. 不愿意　　　　　2. 愿意
	35	不愿意"进城"的原因（多选）	1. 落叶归根，老了还是想回来 2. 在村子里生活久了有感情，不想离开 3. 村里的福利越来越好 4. 在城镇里没有房子 5. 农村生活环境舒适，水、空气质量好；等等
	36	愿意"进城"的地点	1. 镇上　　　　　　2. 县城 3. 小城市　　　　　4. 大中城市
	37	愿意"进城"的原因（多选）	1. 农村劳动力过剩　2. 城镇生活条件好 3. 城镇医疗条件好　4. 城镇教育条件好；等等
	38	"进城"关心的问题（多选）	1. 住房　　2. 就业　　3. 社会保障 4. 医疗　　5. 教育　　6. 户籍 7. 环境　　8. 交通；等等

本问卷设计有 7 个方面需要补充说明：（1）第 2 题中关于调查对象的民族成分，由于广西、云南、贵州三省区少数民族众多，无法一一列举，因此在问题设计的时候只提供"汉族"和"＿＿＿＿＿族（非汉族填写）"两个选项，如果调查对象是少数民族，直接在横线上填写民族名称，在问卷回收后录入时，再对所有出现过的民族进行编码处理；（2）第 15、16 题之间关于调查对象的所在省域的问题，在问卷发放和回收的时候可以直接判别，因而不作为独立的题目列入调查问卷中，放在这里仅作为分析时的地域影响因素考虑；（3）第 21 题中"所在省域的新型城镇化规划文件"在问卷印制时分省份，具体分别为《广西壮族自治区新型城镇化规划（2014－2020 年）》《云南省新型城镇化规划（2014－2020 年）》和《贵州省山地特色新型城镇化规划（2016－2020

年)》》；(4)第17题与18、19题之间以及第34与35、36、37、38题之间是逻辑关联性问题，调查对象要根据前面题目选择的情况决定回答后面的哪些问题，这也是判断问卷是否有效的重要依据，如果出现明显的题目之间的逻辑性错误则视为无效问卷；(5)本问卷除1、3、5、9、10、14、15、17、18、19、34、35、37、38题的选项为类别变量，第7、8、11题为连续变量，其他均为定序变量，为了方便回收后问卷统计分析的方便，所有定序变量和部分定类变量问题的选项全部按照从弱到强的顺序排列；(6)所有选择题在问卷发放的时候各选向均为A、B、C、D等字母代表，主要是考虑调查对象填写问卷时容易区分选项，因为数字比较容易看错，但在录入时均以1、2、3、4等数字录入，以适合统计分析的需要；(7)第7、8、11题为被调查对象自主填写的连续变量，在分析时会根据需要转化为定序变量，例如进行简单的卡方分析时转化为等级式定序变量，但在做较为复杂的回归分析时则采用原始连续变量数据。

二、调查问卷发放

问卷在正式发放之前进行了3次小范围的试调查，目的是发现和修正问卷中存在的问题，包括问题是否明确、语言表达是否容易理解，以及字体、字号、行距等版面设计是否合适等。正式问卷发放的是在2016年和2017年春节期间，聘请以在校大学生为主的调查人员对居住在广西、云南、贵州三省区村庄及城镇郊区的农户进行入户现场调查，由被调查对象自行或在调查人员的协助下填写问卷并回收。调查人员在进入农村调查之前由研究者对其进行了专门的讲解和培训，其中广西的调查是在2016年春节期间完成，云南和贵州是在2017年春节期间完成。之所以在春节期间进行调查，是考虑到平时很多外出的农村务工人员基本返乡，避免调查对象产生结构性缺失。

问卷发放地区覆盖广西、云南、贵州三省区39个地级市和自治州中的35个市州，涉及154个县，市州覆盖率为89.74%，共发放问卷4500份(见表2.6)。

表 2.6　　　　　各省区调查问卷发放与回收统计

省（区）	问卷发放数量（份）	问卷回收数量（份）	有效问卷数量（份）
广西壮族自治区	1500	1189	762
云南省	1500	1482	848
贵州省	1500	1458	855
合计	4500	4129	2465

各省区、各市州具体发放情况则如表 2.7 所示，其中广西涵盖 12 个地级市，云南涵盖 14 个市州，贵州涵盖 9 个市州，只有广西百色和北海、云南德宏傣族景颇族自治州和文山壮族苗族自治州 4 个市州空缺。表中市州名称后的 3 个数字分别表示问卷发放份数、回收份数和有效问卷份数。

表 2.7　　　　　各市州调查问卷发放与回收统计

省（区）	地级市（自治州）	问卷发放数量（份）	问卷回收数量（份）	有效问卷数量（份）
广西壮族自治区	南宁市	200	166	111
	柳州市	80	60	44
	桂林市	100	76	43
	钦州市	100	80	49
	防城港市	20	10	7
	贵港市	150	100	58
	贺州市	240	205	117
	崇左市	100	80	61
	河池市	100	95	73
	来宾市	60	30	24
	梧州市	200	160	96
	玉林市	150	127	79
	百色市	0	0	0
	北海市	0	0	0

续表

省（区）	地级市（自治州）	问卷发放数量（份）	问卷回收数量（份）	有效问卷数量（份）
云南省	昆明市	150	150	98
	曲靖市	360	355	175
	临沧市	120	120	57
	昭通市	60	57	34
	普洱市	60	60	33
	玉溪市	160	160	77
	丽江市	60	60	39
	保山市	60	59	38
	红河哈尼族自治州	90	88	64
	大理白族自治州	60	55	42
	楚雄彝族自治州	120	118	62
	西双版纳傣族自治州	80	80	58
	怒江傈僳族自治州	60	60	39
	迪庆藏族自治州	60	60	32
	德宏傣族景颇族自治州	0	0	0
	文山壮族苗族自治州	0	0	0
贵州省	贵阳市	32	32	30
	安顺市	32	31	30
	铜仁市	112	98	53
	遵义市	250	247	147
	毕节市	220	219	129
	六盘水市	120	112	87
	黔东南苗族侗族自治州	320	317	157
	黔西南布依族苗族自治州	114	112	52
	黔南布依族苗族自治州	300	290	170
合计		4500	4129	2465

调查问卷最后共回收4140份，回收率92%；剔除填写不完整或填写有明显逻辑错误的问卷之后的有效问卷为2465份，其中广西为762份，云南为848份，贵州为855份，有效率回收率为59.5%。问卷发放的覆盖面和回收情况符合较大规模问卷调查的要求。

三、调查对象情况

调查对象的个人、家庭和地区方面的基本情况如表2.8所示：在个人特征方面，性别为男性占50.3%，女性占49.7%；年龄构成为18岁以下的占9.7%，19～35岁的占41.7%，36～45岁的占25.3%，46～60岁的占16.9%，60岁以上的占6.4%；民族构成为汉族占62.5%，主要少数民族占22.1%，其他少数民族占15.4%，其中主要少数民族是指某个省区人口中所占比例最高的1～2个少数民族，广西是壮族，云南是彝族和白族，贵州是布依族和苗族；学历构成为小学占25.5%，初中占28.9%，高中或者中专占19.8%，大专或者高职占8.4%，本科及以上占17.4%；没有外出务工的占59.5%，外出务工的占40.5%；外出务工的调查对象中，务工地点为镇上的占7.3%，县城的占17.9%，中等城市的占47.4%，大城市的占27.4%。

表2.8　　　　　　调查对象基本情况统计

	变量	选项	人数（人）	百分比（%）	样本数
个人	性别	男	1239	50.3	2464
		女	1225	49.7	
	年龄	18岁以下	239	9.7	2463
		19～35岁	1026	41.7	
		36～45岁	624	25.3	
		46～60岁	416	16.9	
		60岁以上	158	6.4	

续表

	变量	选项	人数（人）	百分比（%）	样本数
个人	民族	汉族	1539	62.5	2462
		主要少数民族	543	22.1	
		其他少数民族	380	15.4	
	学历	小学	623	25.5	2447
		初中	708	28.9	
		高中或者中专	484	19.8	
		大专（高职）	206	8.4	
		本科及以上	426	17.4	
	是否外出务工	否	1457	59.5	2447
		是	990	40.5	
	务工地点	镇上	72	7.3	983
		县城	176	17.9	
		中等城市	466	47.4	
		大城市	269	27.4	
家庭	家庭人口	1~3人	391	15.9	2455
		4~6人	1267	72.0	
		7~9人	278	11.3	
		10~12人	19	0.8	
	土地面积	3亩以内	999	42.0	2381
		3~6亩	784	32.9	
		6~10亩	288	12.1	
		10亩以上	310	13.0	
	土地状况	自己种植	1378	56.3	2447
		转租承包	483	19.7	
		放置荒废	277	11.3	
		政府征收	195	8.0	
		其他	114	4.7	

续表

变量		选项	人数（人）	百分比（%）	样本数
家庭	家庭主要收入来源	务农收入	895	36.4	2462
		打工收入	1150	46.7	
		个体经营收入	323	13.1	
		创办企业收入	23	0.9	
		财产收入	31	1.3	
		其他	40	1.6	
	家庭全年收入	3万元以内	996	47.9	2081
		3万~8万元	832	39.9	
		8万~12万元	174	8.4	
		12万元以上	79	3.8	
	是否参加新农合	都没参加	110	4.5	2461
		部分参加	546	22.2	
		都参加	1805	73.3	
	是否参加新农保	都没参加	416	16.9	2462
		部分参加	1298	52.7	
		都参加	748	30.4	
	是否购买商业保险	没有	1905	77.4	2462
		有	557	22.6	
	是否有子女上中小学或幼儿园	没有	1286	52.3	2458
		有	1172	47.7	
地域	省份	广西	762	30.9	2465
		云南	848	34.4	
		贵州	855	34.7	
	居住地	村庄	1279	51.8	2465
		镇近郊	244	9.9	
		镇上	423	17.2	
		县城近郊	352	14.3	
		中等城市近郊	167	6.8	

注：由于少数问卷在个别题目上没有回答，因而不同问题的最后总样本数并不都是2465，而是略有差异。

调查对象家庭方面的基本情况位：家庭人口规模为1~3口人的占15.9%，4~6口人的占72.0%，7~9口人的占11.3%，9~12口人的占0.8%；拥有土地面积3亩以下的占42%，3~6亩的占32.9%，6~10亩的占12.1%，10亩以上的占13.0%；土地状况为自己种植的占56.3%，转租承包的占19.7%，放置放荒废的占11.3%，政府征收的占8.0%，其他状况的占4.7%；家庭主要收入来源为务农收入的占36.4%，打工收入的占46.7%，个体经营收入的占13.1%，创办企业收入的占0.9%，财产收入的占1.3%，其他收入的占1.6%；家庭全年总收入（非支配性收入）3万元以内的占47.9%，3万~8万元的占39.9%，8万~12万元的占8.4%，12万元以上的占3.8%；新农合的参保情况是，家庭成员都没参加的占4.5%，部分参加的占22.2%，都参加的占73.3%；新型养老保险的参保情况是，家庭成员都没参加的占16.9%，部分参加的占52.7%，都参加的占30.4%；另外购买了商业保险的占22.6%，家庭有子女上幼儿园或中小学的占47.7%。

调查对象地域分布的基本情况为：广西占30.9%，云南占34.4%，贵州占34.7%；家庭居住地是村庄的占51.8%，镇近郊的占9.9%，镇上的占17.2%，县城近郊的占14.3%，中等城市近郊的占6.8%。

总体来看，调查对象的性别差异不明显，年龄主要集中在19~35岁，民族整体以汉族居多，少数民族中以壮族、黎族、白族、苗族、布依族居多，学历以初中居多，大部分没有外出务工，而外出务工的务工地点主要在南宁、昆明、贵阳等中等城市；家庭人口规模以4~6口人为主，拥有的土地面积大多在3亩以下，土地状况多为自己种植，家庭主要收入来源为打工收入和务农收入，且家庭年收入大多在3万元以内；大部分家庭都参加了新型农村合作医疗保险，而新型农村养老保险以部分参加的居多，较少购买商业保险，家庭居住地主要在村庄。调查对象的这些基本情况符合西南民族地区农村居民的人口和家庭特征，调查的样本具有很好的代表性。

第三章

西南民族地区网络民众对新型城镇化政策的评论

在"互联网+"时代，民众通过网络途径来表达意见和参与公共事务是国家和社会治理的新常态。截至2016年，我国网民规模为7.31亿，互联网普及率为53.2%；手机网民规模为6.95亿，手机上网使用率为95.1%；网民中农村网民为2.01亿，占27.4%[1]。网络的迅速发展显著地改变了我国公共治理中国家与社会、政府与公民之间的关系模式，"使缺乏参与途径的中国民众增加了目前而言最重要的政策参与途径"[2]。民众通过互联网参与公共政策的重要方式是在网络上公开表达自己的意见，即网络民意表达。网络民意表达已经在举报反腐、社会监督、网络问政等方面不断发挥着重要的作用，不但极大地维护了司法的公正，而且也增强了政府的公信力[3]。除这些社会熟知的网络民意表达之外，还有一种普遍存在的在非制度化的网络民意表达，即网民针对国家和政府的公共政策进行自由发帖讨论和表达自己的观点。这种自由发

---

[1] 中国互联网络信息中心：《第39次中国互联网络发展状况统计报告》，国家互联网信息办公室、中央网络安全和信息化领导小组办公室网站：http://www.cac.gov.cn/2017-01/22/c_1120352022.htm，2017年1月22日。

[2] 张华、仝志辉、刘俊卿：《"选择性回应"：网络条件下的政策参与——基于留言版型网络问政的个案研究》，载《公共行政评论》，2013年第3期，第101~126页。

[3] 宁静、王静、赵伯飞：《网络民意表达的现实性分析及其意义》，载《山西财经大学学报》，2011年第4期，第220~221页。

第三章　西南民族地区网络民众对新型城镇化政策的评论

帖讨论相对于制度化渠道方式，表达的意见更为真实，只要不违背国家法律，就可以自由发言，因而实际上能更真实地反映社会民众的态度和观点。作为国家重大战略的新型城镇化政策也不例外，网络就是研判民众意见的"言论广场"①。本章基于新闻和论坛跟帖，分析西南民族地区网络民众对国家及所在省区新型城镇化政策的评论观点。

第一节　西南民族地区网络民众对国家新型城镇化政策的评论

西南民族地区网络民众对国家新型城镇化政策的新闻和论坛跟帖评论分析分为对《国家新型城镇化规划（2014－2020年）》的相关跟帖评论分析和对《国务院关于进一步推进户籍制度改革的意见》的相关跟帖评论分析。由于本研究搜集的新闻和论坛跟帖中，关于《国家新型城镇化规划（2014－2020年）》的318条中只有15条属于西南民族地区，关于《国务院关于进一步推进户籍制度改革的意见》的421条中也只有21条属于西南民族地区，考虑其代表性和广泛性不充分的问题，同时也为了体现西南民族地区网民与全部网民的差异，在分析时相关内容会与全部跟帖情况进行必要的对比分析。

一、对国家新型城镇化规划的评论

从全部网民对国家层面新型城镇化规划的新闻和论坛评论跟帖中选择出的西南民族地区网民的15条评论跟帖具体文本如表3.1所示，由于网民的原始跟帖文本存在一些语法和字词、标点的错误，为了更清晰地展示跟帖文本的意思表达，对部分帖子文本在完全尊重原意的原则下

---

① 任丽：《从意见表达看网络新闻跟帖存在的问题及对策》，载《新闻世界》，2012年第1期，第80~81页。

对语法和字词、标点进行了单纯文字层面的订正。下面从网民的基本态度和核心议题两个方面对跟帖文本进行分析。

表 3.1 西南民族地区网民对国家新型城镇化规划的新闻和论坛跟帖

序号	来源	发帖时间	IP	态度	跟帖文本
1	凤凰网	2013/12/04	梧州	积极	中央高屋建瓴，看得准。相当多的人是无理取闹，不必理会。城镇化是大势所趋
2	凤凰网	2013/12/03	梧州	期望	农民如果都进到城镇，住房问题如何解决？希望国家尽快出台相关政策，现在的一个乡镇的房价已经3千~4千元一平方米了。农民买不起啊。地皮72平方米已经几十万了
3	凤凰网	2015/11/27	南宁	积极	城镇化受支持度和民众的观念意识是否先进有最直接的联系，在经济发达和思想比较开放的地区，农民绝对是欢迎城镇化的，因为这会给他们的生活和就业带来极大的好处。而思想落后的地区抵触情绪可能会比较大，因为他们对土地的依赖性更大，害怕失去土地，而恰恰是这种意识的落后间接造成了他们的贫穷
4	凤凰网	2015/11/27	南宁	积极	可以看出，第一批城镇化试点城市，几乎都是县级市，各方面仅处所在地域中等左右水平，可向上推进，又可以牵动下层城市，为各地承上启下城镇化提供借鉴
5	凤凰网	2013/12/03	云南	积极	现在的城镇化乱象丛生，早就该好好地理麻（方言：收拾）一下了
6	凤凰网	2015/11/27	昆明	期望	建议乡镇围着县，县围着市，合理布局的地级市组成一个省，不要特大城市，基本一个城市不要什么中心，只需要合理的城市布局。要注重环保，在建造高楼大厦的时候注重保护民族文化和文化古迹和老街区，不要等20年后老了连个回忆都没有了，那就是我们最大的可悲了

第三章　西南民族地区网络民众对新型城镇化政策的评论

续表

序号	来源	发帖时间	IP	态度	跟帖文本
7	凤凰网	2015/11/27	昆明	期望	城镇化算是拯救经济一大措施，但转型有难度，城镇化战略推进需要时间，要尊重农民意愿，也要考虑我们这里少数民族实际情况
8	凤凰网	2015/11/27	昆明	消极	现在我们看到了一边在大踏步推进城镇化，一边又搞着新农村建设，我不太明白。只是现在我们这里有些农村真不错，好像也没有必要到城市里去
9	凤凰网	2015/11/27	昆明	积极	不错
10	凤凰网	2015/11/27	昆明	消极	等等看吧，我周边的人好像都不想到城市里去，不适应，为什么都要到城里去呢？
11	凤凰网	2015/11/27	贵阳	期望	新型城镇化道路既然推出就要从根本上成熟考虑和完善推进方案：例如城镇的教育、卫生、就业、养老、道路、交通、设备、设施、采光、绿化、给水、排水、灾害应急等诸多方面的问题必须全面地考虑并配套完善。贵州这样的落后地区尤其如此
12	凤凰网	2015/11/27	铜仁	期望	试点应该多选择穷边远的地方，像我们这里，多给政策倾斜，否则都是在大城市周边就是锦上添花，会进一步拉大农村老百姓的收入差距
13	天涯论坛	2013/05/28	丽江	期望	内容没有详细看，本人觉得，城镇化，这个嘛，要从解放农民思想入手，信息化时代，信息！这个一定要开放，比如物流下乡，宽带下乡，消灭信息垄断！我们不像浙江、广东，好多人不知道
14	天涯论坛	2013/06/09	丽江	期望	应该实行以乡镇为主体的新城镇建设，老百姓不想到城里来，可以把各村合到一起，比都合到县里强，主要是辅助措施建设好，这样老百姓才能安居，有好的住处，谁不想住好的啊，这样便于管理，原来的村子可以租出去给企业当工业园区
15	天涯论坛	2013/07/28	丽江	期望	城镇化必须要解决到城市之后生存问题。事实上发现现在这些大城市，普通务工人员的发展空间已经大恶化了，创造新就业岗位的能力逐步萎缩，拥挤的公交，堵塞的交通，越来越高的房价和生活成本，已经证明这点

59

（一）基本态度倾向

所谓网民的基本态度倾向是指依据跟帖文本表达的意思，所体现出的对新型城镇化的个人情感上倾向性的态度。当然，这种体现出来的基本态度倾向仅仅是依据其发帖文本所作的判断，并不能完全等同于网络民众个人的基本态度倾向。本研究根据网民的发帖评论内容的全部情况，将跟帖文本中体现出的态度倾向划分为积极、期望、消极和无态度4个类型。积极是指对新型城镇化予以充分肯定和支持的态度，期望是指对新型城镇化的某些问题提出了改革的希望，消极是指比较强调对新型城镇化存在的不足和可能带来的问题，无态度是指从发帖文本中看不出网民的态度倾向的情况。西南民族地区网民对新型城镇化的态度及其与全部网民的对比如表3.2所示：

表3.2　　　　　网民对国家新型城镇化文件相关新闻
跟帖评论的基本态度倾向

态度		积极	期望	消极	无态度	合计
全部跟帖	频数	112	104	83	19	318
	比例（%）	35.2	32.7	26.1	6.0	100
西南民族地区跟帖	频数	5	8	2	0	15
	比例（%）	33.3	53.4	13.3	0	100

西南民族地区网民对国家新型城镇化的态度中期望的态度最多，超过50%，其次是积极态度，约占1/3，而消极态度占13.3%。与全部网民的基本态度倾向相比，西南民族地区网民持直接积极态度的比例相当，但持期望的态度比例要明显更高一些。从持期望态度所对应的跟帖文本的基本内容来看，西南民族地区网民非常强调农村居民"进城"的现实生存生活问题和考虑当地的经济文化实际情况。当然，由于15条帖子的样本数量有限，代表性不足，所计算的基本态度倾向不一定有统计学的意义，只作为参考意义层面的分析。

第三章　西南民族地区网络民众对新型城镇化政策的评论

（二）关注核心议题

从较大规模帖子中分析核心议题，可以使用扎根分析的三级编码方法。首先是开放编码，即将收集到的资料分解，通过逐词编码、逐句编码等步骤从原始资料提取关键词，也就是从新闻评论和论坛跟帖文本中，逐字逐句分析，反复揣摩，多次进行总结提炼，整理得出若干个关键词。判断关键词能否成立的依据，就是将一段原始资料里的所有关键词连接起来，看是否可以基本还原该文本资料的本意。例如上文中的帖子"城镇化算是拯救经济一大措施，但转型有难度，城镇化战略推进需要时间，要尊重农民意愿，也要考虑我们这里少数民族实际情况"可以开放编码为"拯救经济、转型有难度、需要时间、尊重意愿、少数民族实际情况"。开放编码时不同帖子中意思相同或相近关键词在运用SPSS录入时需归为一类；其次是轴心编码，即在SPSS中录入的大致归类的开放编码的基础上进一步概括提炼，寻找开放编码之间的联系，然后"合并同类项"。例如"发展小乡镇、特色城镇、以乡镇为主体"等开放编码可以形成"发展乡镇"的轴心编码；第三步是关联编码，即在轴心编码的基础上采用同样的方法再次进行"合并同类型项"。整个分析过程就是把原始帖子文本打散成开放编码，然后又重新不断归并至更大范畴的主题概念为止，从而反映大规模帖子关注的核心议题。如果是小规模的帖子文本，也可以直接简单提炼关键词和进行内容概括即可，不需三级编码。鉴于本研究中西南民族地区网民对国家新型城镇化评论的帖子规模小，就采用简单编码总结的方法；同时为了将其关注议题与全部范围的帖子所关注议题进行对比，需要分析全部范围内的帖子的主题分布，因其规模较大，就采用三级编码的分析方法。

对全部网民318条跟帖文本的分析，共提取742个开放编码、230个轴心编码和6个关联编码。6个关联编码，也就是全部网民对国家层面新型城镇化政策所关注的核心议题分别是"理性看待政策""政策会产生的正面影响""政策会产生的负面影响""执行政策遇到的困难和问题""执行政策需要考虑的条件和因素"以及"政策实施建议和措施"。其中"执行政策遇到的困难和问题""执行政策需要考虑的条件和因素"以及"政策实施建议和措施"所涵盖的轴心编码占据全部230个轴心编码的61.8%，超过50%。

采用简单概括的方法，西南民族地区网民15条跟帖的主要关键词按顺序分别是：高屋建瓴、大势所趋、大多数人无理取闹；住房问题、房价；民众观念意识、经济发达、思想开放、思想落后、抵触情绪；城镇化试点城市、向上推进、牵动下层城市、承上启下；城镇化乱象丛生、好好理麻；乡镇围着县、县围着市、合理布局、注重环保、保护民族文化和文化古迹老街区；拯救经济、转型难度、尊重农民意愿、考虑少数民族情况；新农村建设、没有必要到城里；不想到城市里去、不适应；完善方案、教育、卫生、就业、养老、道路、交通、设备、设施、采光、绿化、给水、排水；落后地区、边远地方试点、政策倾斜；解放农民思想、消灭信息垄断；以乡镇为主体、各村合并；生存问题、就业、交通、房价。

可以发现，与全部网民关注的上述议题相比，西南民族地区网民跟帖的关键词除少数属于上述"理性看待政策"范畴外，其他基本都属于上述"执行政策需要考虑的条件和因素"和"政策实施建议和措施"的范畴。这说明西南民族地区网民更关注新型城镇化的实际落实问题，并从自身角度提出了具体要求。其中有三个方面的主题非常突出：一是强调新型城镇化的推进要尊重农民的选择和意愿，不一定都要去大城市，也可以直接在农村地区发展小城镇；二是高度关注新型城镇化进程中的民生问题，如住房、就业、教育、卫生、养老等，这与西南民族地区整体经济社会发展程度相对较低密切相关，民生和生存问题是首要问题；三是充分考虑民族地区和欠发达地区特殊情况，如要考虑少数民族情况、保护民族文化，以及落后地区农民观念落后、信息不畅和向边远地区给予政策倾斜等，这一点非常鲜明地体现了西南民族地区民众的政策需求特点。

二、对国务院户籍改革政策的评论

从全部网民对国务院关于户籍政策改革文件的新闻评论跟帖中选择出的西南民族地区网民的21条评论跟帖具体文本如表3.3所示,但没有论坛跟帖。表中的跟帖文本同样也对部分跟帖进行了语言文字上的修正。

表3.3　西南民族地区网民对国务院户籍改革文件的新闻跟帖

序号	来源	发帖时间	IP	态度	跟帖文本
1	新浪网	2014/08/03	广西	积极	方便百姓,加大力度推进
2	新浪网	2014/08/07	柳州	积极	完善制度,保证人民群众的利益,这才是对百姓真正负责任
3	新浪网	2014/08/07	柳州	积极	户籍制度改革充分体现以人为本,执政为民,极大方便大家生产生活
4	新浪网	2014/08/07	柳州	积极	强烈支持!公安部把群众的事当作自己的事,把群众的小事当作自己的大事
5	新浪网	2014/08/07	柳州	积极	这次改革充分尊重了群众自主定居的意愿,是真正的以人为本
6	新浪网	2014/08/07	柳州	积极	户籍制度改革的意见的出台,这背后肯定凝聚了很多心血。国务院这一重大举措,就是切实提高执政水平
7	新浪网	2014/08/07	柳州	积极	强烈支持!!
8	新浪网	2014/08/07	柳州	积极	中央推出的《户籍改革意见》充分体现了以人为本,执政为民,极大方便了大家生产生活!
9	新浪网	2014/08/05	昆明	积极	支持户籍改革,这个《意见》出台的太及时了!
10	新浪网	2014/07/30	楚雄	积极	支持公安部整治户籍混乱,让人民受益

续表

序号	来源	发帖时间	IP	态度	跟帖文本
11	新浪网	2014/07/30	楚雄	积极	意见充分体现了以人为本,执政为民,极大方便大家生产生活。赞!
12	新浪网	2014/08/05	贵阳	积极	公安机关敢于担当,务实进取,把工作做到群众心坎上,《意见》适合国情,以人为本,合情合理。支持意见出台,户籍制度改革是新型城镇化的关键,这次改革充分尊重了群众自主定居的意愿,是真正的以人为本
13	新浪网	2014/08/05	贵阳	积极	支持《意见》出台
14	新浪网	2014/08/05	贵阳	积极	支持《意见》出台
15	新浪网	2014/08/04	贵阳	积极	支持《意见》出台
16	新浪网	2014/08/04	贵阳	积极	支持《意见》出台
17	新浪网	2014/08/04	贵阳	积极	支持《意见》出台
18	新浪网	2014/08/04	黔东南	积极	我觉得合理确定大城市落户门槛、严控特大城市人口规模,对治疗严重污染、拥堵的"城市病"确有必要!
19	新浪网	2014/08/04	贵阳	积极	支持《意见》出台
20	新浪网	2014/08/04	贵阳	积极	支持《意见》出台
21	新浪网	2014/08/04	贵阳	积极	支持《意见》出台

(一) 基本态度倾向

同样将跟帖文本中体现出的态度倾向划分为积极、期望、消极和无态度4个类型。积极是指对户籍改革政策予以充分肯定和支持的态度,期望是指对户籍改革政策的某些问题提出了具体的希望和要求,消极是指比较强调户籍改革政策存在的不足和问题,无态度是指从发帖文本中看不出网民的态度倾向的情况。西南民族地区网民对国务院户籍改革政策的态度及其与全部网民的对比如表3.4所示。

表 3.4　网民对国务院户籍改革文件的新闻跟帖的基本态度倾向

态度		积极	期望	消极	无态度	合计
全部跟帖	频数	195	101	56	69	421
	比例（%）	46.3	24.0	13.3	16.4	100
西南民族地区跟帖	频数	21	0	0	0	21
	比例（%）	100	0	0	0	100

西南民族地区网民对国务院户籍改革政策的态度高度集中，全部为积极态度，而全部网民的态度中虽然绝大部分是积极态度和期望态度，但还具有一定的分散性。这可能与西南民族地区作为边远地区和相对欠发达地区，户籍问题相对于发达地区而言更为重要也更为受关注有关。因为有研究发现这些在边远地区和相对欠发达地区，资源集聚力越强的地方，其居民对外来人员的态度越倾向负面[①]，户籍之上依附的价值资源并非像发达地区一样因充分发展的市场经济而淡化，户籍的变动相对而言依然比较困难。因此对于国务院的深化户籍制度改革文件，表现出非常积极支持的态度。但要注意的是，因样本量限制，分析结果可能有偏差。

（二）关注核心议题

与全部跟帖中涵盖的核心议题相比，西南民族地区网民对国务院户籍改革文件评论的议题显得十分简单。通过三级编码分析出的 421 条全部网民跟帖关注的核心议题包括"城镇化中户籍改革的必要性""城镇化中户籍改革的要求""户籍改革中政府扮演的角色""城镇化中如何协调大城市与小城市之间的关系""城镇化中户籍改革对农民的影响""城镇化中户籍改革对股市与楼市的影响""城镇化中户籍改革的难点"以及"对户籍改革的评价"等 8 个方面。而西南民族地区的跟帖基本

[①] 陈心之、刘小珉：《民族地区城乡居民对外来人员态度研究——以内蒙古、青海、甘肃、云南、新疆、贵州16个（市、旗）为例》，载《黑龙江社会科学》，2015年第2期，第99~106页。

都属于"对户籍改革的评价"的范畴，分析性的跟帖很少。除直接的支持态度之外，大部分跟帖中能抽出的有效关键词主要包括"以人为本""尊重群众定居意愿""方便生活"等，只有两条跟帖中出现"户籍制度改革是新型城镇化的关键""合理确定大城市落户门槛、严控特大城市人口规模"等关键词。这种情况在一定程度上表明，相对于全部网民而言，西南民族地区民众更多的是就户籍改革谈论户籍改革，关注户籍改革对自己日常生活的影响，很少将户籍改革与新型城镇化关联起来。或者说，西南民族地区民众赞成户籍改革方便人口流动，但没有体现明显的向城镇流动的意向。

第二节　西南民族地区网络民众对本地新型城镇化政策的评论

广西、云南、贵州3省区地方层面的新型城镇化规划文件公布后，在主要媒体门户网站上没有发现相关新闻后有网民的跟帖评论，本研究所搜集的评论跟帖全部来源于百度贴吧中的讨论，这也表明地方性的新型城镇化规划不如国家层面的关注广泛。在百度贴吧的讨论中，关于《广西壮族自治区新型城镇化规划（2014-2020年）》的论坛讨论跟帖有22条，关于《广西壮族自治区新型城镇化规划亮点解读》的讨论论坛跟帖有4条，关于《云南省新型城镇化规划（2014-2020年）》的论坛讨论跟帖有9条，关于《贵州省山地特色新型城镇化规划（2016-2020年）》论坛讨论跟帖有36条，共计71条，具体跟帖本文见表3.5，个别跟帖对语言文字问题进行了修订。由于跟帖是对地方性规划的讨论，而且还需要注册登录后才能在百度贴吧中发言，在一般情况下，与自己所在区域无关的网民不会发帖讨论，因此可以认为进行发帖的网民属于所在地区的民众①。

---

① 这里的认为准确地说是推定，不排除有个别外地网民也会加入讨论；同时即使是所在地的网民，也不一定代表拥有当地户籍，也可能是只是常住人口甚至是暂住人口。

第三章　西南民族地区网络民众对新型城镇化政策的评论

表 3.5-1　百度贴吧中网民关于《广西壮族自治区新型城镇化规划（2014-2020 年）》的论坛讨论跟帖

序号	跟帖楼层	态度	跟帖文本
1	2 楼	无态度	广西又有新规划咯!
2	3 楼	质疑	宾阳能有十万?
3	4 楼	质疑	合浦都 20W 了!
4	8 楼	质疑	东兴经济确实好，不过聚集 50 多万的不太容易
5	10 楼	无态度	天下之大，桂平最大，博白称霸，北流路大，岑溪山大
6	11 楼	质疑	不知道从哪冒出那么多人?
7	12 楼	消极	难，难，不给政策就是难发展
8	13 楼	无态度	天下之大，博白称霸，我博我博，博白博起
9	17 楼	质疑	10 万??? 这些县现在哪个没超过 10 万人?
10	20 楼	期望	实施需要积累经验
11	21 楼	消极	这个好像是十几年前的版本
12	23 楼	质疑	啊! 桂平市区人口早都冇（方言：不）止 20 万啦!
13	24 楼	积极	大宜州还是露了一下脸
14	26 楼	质疑	哎哟! 我没力气看下去了，广西人整天只会聊建设规划话题，就没人聊经济发展的呢? 没有经济发展大家到城镇干什么? 还不如待在农村呢! 开发民俗旅游!
15	27 楼	质疑	灵山现在都 22 万了
16	30 楼	质疑	没有一点根据
17	31 楼	质疑	谁规划的? 我大全州现在城市人口就 10 多万了，还要 2020 年?
18	36 楼	期望	好像是说要将上面的地方，到 2020 年培养成城区人口 20 万~50 万的中小城市……希望规划能落实……
19	39 楼	积极	这里说的人口是指城区人口吧，毕竟上面列的县很多人口都超过规划，政府的规划肯定是有依据的
20	40 楼	质疑	关键问题是，没有工业支撑的城市难道靠农民上县城支撑?
21	41 楼	质疑	呵呵。凭祥 50 万? 凭祥整个市才有 10 万人。附近的县人口都很稀薄，没可能移民。楼主你知道吗?
22	42 楼	质疑	经查证的确有此事，是真实的。同时也否定了很多地方政府一直以来宣称县城有多少人口的数据，也证明了区政府久不久又出一次规划，前一次规划好像在去年吧

67

表 3.5-2　百度贴吧中网民关于《广西新型城镇化规划亮点解读》的讨论论坛跟帖

序号	跟帖楼层	态度	跟帖文本
1	2楼	期望	规划不能光吹水（方言：侃侃而谈），要落实
2	3楼	期望	南宁作为省会城市，享受得天独厚的优势发展，因此，应该给南宁以外的城市落户、购房等优惠政策，应该覆盖整个广西。
3	4楼	期望	讲得直接一点就是：南宁作为广西省会城市，未来目标1000万人，需要从南宁以外吸收大量新南宁人，南宁作为整个广西最具吸引人居住生活的城市，占用比别的城市属于整个广西享有的更多的优惠政策、资源来发展，理应一视同仁，在吸引外来新居民方面对广西南宁以外的所有城市居民实行平等的优惠政策
4	5楼	质疑	说得漂亮，具体如何操作？

表 3.5-3　百度贴吧中网民关于《云南省新型城镇化规划（2014-2020年）》的论坛讨论跟帖

序号	跟帖楼层	态度	跟帖文本
1	5楼	积极	看这个规划镇雄要建设机场
2	6楼	消极	景洪又被边缘化了！
3	7楼	质疑	很奇怪，地图里寻甸居然属于曲靖管辖
4	15楼	积极	赞一个
5	17楼	无态度	感觉云南最边缘化的地方还是昭通
6	18楼	积极	成昆铁路复线重点推进真是感动，以后能直接坐火车回家了
7	21楼	积极	昭通的水富和镇雄有机会
8	23楼	质疑	规划是好的，要数十年才能实现啊
9	24楼	期望	云南当务之急是因地制宜，放手让有条件的地方先发展起来

表 3.5－4　百度贴吧中网民关于《贵州省山地特色新型城镇化规划（2016－2020 年）》的论坛讨论跟帖

序号	跟帖楼层	态度	跟帖文本
1	5 楼	积极	赞
2	12 楼	积极	这样才对嘛，遵义城市群必须打破行政区划束缚，把金沙包括进去才对
3	19 楼	积极	看来以后的遵义仍然是贵州的重头戏
4	20 楼	质疑	盘县超过了，红果城 17 平方公里没加两河新区
5	21 楼	期望	什么时候规划遵义到湖南怀化的直线铁路，不想坐火车去江浙沪还要兜圈子跑重庆或者贵阳了
6	22 楼	期望	贵阳安顺都市圈
7	23 楼	质疑	昭黔和瞿丽在贵州段是一条路？
8	24 楼	消极	看完也没发觉我家附近有这样的事，大家没什么反应
9	26 楼	质疑	没有看到有关思南的一个字眼。
10	27 楼	积极	赞
11	29 楼	质疑	城镇人口加起来几乎超过贵州总人口了。
12	30 楼	质疑	大天柱 2030 年城镇人口只有 5 万～10 万？
13	31 楼	积极	赞
14	34 楼	质疑	唉～黔西南边缘化～我大贞丰边缘化！其他四个小弟县域更恼火。
15	35 楼	期望	工业化？！我到希望是山区城镇旅游公园化
16	36 楼	质疑	这些规划都只是规划而已！一年一个规划，一个领导一个规划！
17	37 楼	积极	黔西总目标不错………加油
18	38 楼	积极	厉害
19	39 楼	质疑	安顺又是被忽视的节奏
20	45 楼	积极	好
21	48 楼	积极	好
22	49 楼	积极	好

续表

序号	跟帖楼层	态度	跟帖文本
23	51楼	期望	安顺也就是顺带提一下么？计划很好，就看能不能实施啊。毕竟贵州工业薄弱，提供的就业机会不多。吸引不来外来人口。还是加油啊
24	52楼	质疑	感觉楼主研究的很透彻，也很客观，就不知道这些规划能不能实现。现在整个中国经济都陷入疲软阶段，很多企业都是举步维艰、靠当地政府、银行贷款支撑着，搞不好就面临倒闭，单单在浙江台州一个地方就有上百家企业倒闭老板跑路，没有倒闭的厂也没什么事做，有的工厂甚至提前放年假
25	53楼	消极	扯这些有意思么？最后还是要看老百姓愿不愿意
26	54楼	消极	省里换个领导这个东西又黄了
27	58楼	质疑	这个？贵阳合并安顺的意思？
28	59楼	质疑	没有提到义龙新区完全背离黔西南的发展战略目标
29	60楼	质疑	我关岭乃个办（方言：怎么办）？我花江乃个办勒？
30	61楼	期望	我希望桐梓县城人口减少些，乡镇大力发展些，工厂再多些，但环保一定要严格达标
31	63楼	积极	赞
32	65楼	质疑	怎么没有清镇？
33	67楼	质疑	黔东南很多县全区域人口就只有20万多点，规划城镇人口就是20万，城市化率很高啊，北京上海就只有80%多
34	70楼	质疑	丹寨永远是被省里忽略不计的
35	72楼	积极	支持思南、印江两县城五镇（灯油坝、思州新城、塘头、许家坝、鹦鹉溪）同城化发展，只要将思南至印江至塘头至许家坝至双龙至思南三桥城西修一条10车道环城大道相通，这样就将两县城五镇巧妙地连接起来了，城建面积可达方圆1500平方公里，这样可容纳100万至300万人口的规模，在规划区城内的广阔大平坝地区大搞城建设
36	76楼	积极	那些说德江的什么心态，德江总人口总数在铜仁来说只能在中等，但是城区人口绝对是第一

第三章　西南民族地区网络民众对新型城镇化政策的评论

一、基本态度倾向

从上述跟帖文本来看，西南民族地区网络民众对所在省区地方性的新型城镇化规划的评论相对于对国家层面新型城镇化的规划的评论，不仅关注的问题非常具体，而且语言表达更为直接，甚至有些表达比较尖锐，其态度不能用积极、期望、消极和无态度4种情形来概括，出现了"质疑"态度，所谓质疑就是对规划中的某个问题表达了比较明显的疑问和怀疑态度。依据这种划分，三省区网民论坛跟帖的基本态度倾向如表3.6所示。

表3.6　　西南民族地区网民对当地新型城镇化规划讨论跟帖的基本态度倾向

态度		积极	期望	消极	质疑	无态度	合计
广西	频数	2	5	2	14	4	26
	比例（%）	7.7	19.4	7.7	53.8	15.4	100
云南	频数	4	1	1	2	1	9
	比例（%）	44.5	11.1	11.1	22.2	11.1	100
贵州	频数	12	5	3	16	0	36
	比例（%）	33.3	13.9	8.3	44.5	0	100
全部	频数	18	11	6	32	5	71
	比例（%）	25.4	15.5	8.4	45.1	7.0	100

注：本统计中将网民关于《广西壮族自治区新型城镇化规划（2014－2020年）》的论坛讨论跟帖22条和关于《广西新型城镇化规划亮点解读》的讨论论坛跟帖4条合并计算。

尽管网民持明显消极态度的比例只占8.4%，但持质疑态度的倾向非常明显，整体占45.1%，远远超过积极（25.4%）和期望（15.5%）两种态度，其中广西和贵州网民对所在省区的新型城镇化规划持质疑的态度比例最高，分别为53.8%和44.5%。这种情况表明，一方面西南民族地区网民对所在省区新型城镇化还是持支持态度，积极态度和期望态度共占40.9%，但另一方面对规划中的诸多具体方面存在不满。当然这与网民对新型城镇化规划认知和理解的层面有关，从持质疑态度的帖子来看，很大部分都是由于对自己所在具体市县的关注而产生的质疑情绪。这同时也表明，西南民族地区网民对新型城镇化问题认知的视角比较现实，倾向于就与自己密切相关的问题就事论事地讨论，而不是从一个省份或者某个地区统筹发展的战略性层面去理解。

二、关注核心议题

由于涉及的帖子文本较多，对关注议题的分析采用三级编码的分析方法。表3.7显示了轴心编码和关联编码的结果，总共提取34个轴心编码和6个关联编码。从关联编码的基本内涵来看，西南民族地区网民对地方新型城镇化规划发帖讨论的主题可以分为"对规划的评价""对人口的估计""期望区域发展""讨论经济产业""具体政策问题"和"是否愿意'进城'"6个方面。由于大量原始跟帖是关于发帖者所在市县的局部发展问题，所以"期望区域发展"关联编码包括的轴心编码最多，几乎涉及广西、云南、贵州版图的各个区位，显示出网民对所在省区新型城镇化规划的认知角度非常微观，缺乏全局宏观的视角。

表3.7　　　　　西南民族地区网民对当地新型
城镇化规划讨论跟帖的议题编码

序号	轴心编码	关联编码	序号	轴心编码	关联编码
1	规划的依据	对规划的评价	18	滇南地区发展	期望区域发展
2	规划的不断变化		20	滇东北地区发展	
3	期待规划能实现		19	滇中地区发展	

第三章　西南民族地区网络民众对新型城镇化政策的评论

续表

序号	轴心编码	关联编码	序号	轴心编码	关联编码
4	规划人口难达到	对人口的估计	21	社会经济发展现状	讨论经济产业
5	未来人口的规划		22	经济发展支撑	
6	现有人口状况		23	乡镇要大力建设发展	
7	人口规划脱离现实人口		24	城镇化要发展工业	
8	对外来人口的吸引力小		25	城镇旅游发展	
9	桂东南地区发展	期望区域发展	26	企业生存与就业	具体政策问题
10	桂中地区发展		27	城市落户	
11	桂南地区发展		28	住房政策	
12	黔中地区发展		29	优惠政策和资源	
13	黔西南地区发展		30	交通设施的建设	
14	黔东南地区发展		31	环保要达标	
15	黔北地区发展		32	没必要都进入城镇	是否愿意进城
16	黔西部地区发展		33	待在农村发展	
17	黔东北地区发展		34	尊重农民意愿	

"对规划的评价""对人口的看法""讨论经济产业""关注具体问题"和"是否愿意进城"5个方面的议题尽管各自包括的轴心编码数量不是很多，但体现出了西南民族地区网民所关注的更有价值的议题。"对规划的评价"的议题表明网民关注规划的科学性和合理性问题，尤其是担心规划的稳定性问题，某种意义上反映出民众对规划能否落实的信心不足；"对人口的估计"的议题反映出民众对未来各地城市人口的规模看法不一，有的认为规划的人口规模偏小，但更多的人认为规划的人口规模过大，脱离实际情况；"讨论经济产业"的议题显示民众认为城镇化的发展必须要有产业经济发展的支撑，而且要大力发展特色小城镇；"具体政策问题"的议题表明民众在分析新型城镇化政策时特别重视就业、住房、户籍、交通、环境等关系民生的问题；"是否进城意愿"的议题直接反应网民在"进城"这个关键问题上的态度，即要尊

重农民意愿,"进城"与不"进城"因人而异,在农村也可以发展。从这些核心议题来看,西南民族地区网络民众对当地的新型城镇化政策持有比较现实和谨慎的态度,关注与自己的生存发展密切相关的实际问题,没有体现出非常高的"进城"预期。当然,尽管有71条帖子,依旧不是"大样本",分析的结论会存在偏颇。

本章结论

本章的内容是基于新闻和论坛跟帖,分析西南民族地区网络民众对国家及所在省区新型城镇化政策的评论观点,以反映西南民族地区民众对新型城镇化及其政策的认知和态度情况。分析的资料包括关于《国家新型城镇化规划(2014 - 2020年)》的15条新闻和论坛跟帖、关于《国务院关于进一步推进户籍制度改革的意见》的21条新闻跟帖,以及百度贴吧的讨论中关于《广西壮族自治区新型城镇化规划(2014 - 2020年)》《广西壮族自治区新型城镇化规划亮点解读》《云南省新型城镇化规划(2014 - 2020年)》《贵州省山地特色新型城镇化规划(2016 - 2020年)》的71条论坛讨论跟帖。

关于国家层面的《国家新型城镇化规划(2014 - 2020年)》的跟帖评论,从基本态度来看,西南民族地区网民与全部网民相比,持直接积极态度的比例相当,但持期望态度的比例要明显更高一些,而从持期望态度所对应的跟帖文本的基本内容来看,西南民族地区网民非常强调农村居民"进城"的现实生存生活问题和政策上要考虑当地的经济文化实际情况;从跟帖评论的核心议题来看,西南民族地区网络民众集中于"执行政策需要考虑的条件和因素"和"政策实施建议和措施"两大范畴,这说明西南民族地区网民更关注新型城镇化的实际落实问题,其中有三个方面的主题非常突出:一是强调新型城镇化的推进要尊重农民的选择和意愿;二是高度关注新型城镇化进程中的民生问题,这与西南民族地区整体经济社会发展程度相对较低密切相关,民生和生存问题是首要问题;三是充分考虑民族地区和欠发达地区特殊情况。

第三章　西南民族地区网络民众对新型城镇化政策的评论

关于国家层面的《国务院关于进一步推进户籍制度改革的意见》的跟帖评论，从基本态度来看，西南民族地区网民与全部网民的基本态度相比，所持态度全部为积极态度；从跟帖评论的核心议题来看，西南民族地区网民集中于"对户籍改革的评价"范畴，分析性的跟帖很少。但相对于全部网民而言，西南民族地区网民更多的是就户籍改革谈论将户籍改革，很少将户籍改革与新型城镇化关联起来，他们赞成改革户籍制度以方便人口流动，但没有体现明显的是从农村向城镇流动的意向。

相对于对国家层面新型城镇化的政策的评论，西南民族地区网络民众对于所在省区的新型城镇化政策的跟帖评论，不仅关注的问题非常具体，而且语言表达更为直接，出现了质疑的表达。从对新型城镇化规划的基本态度来看，尽管网民持直接的消极态度的比例很小，但持质疑态度的倾向非常明显。反映出西南地区网民对所在省区新型城镇化政策在整体上持比较积极态度的同时，对诸多具体方面存在不满意。这与西南民族地区网民对新型城镇化规划认知和理解倾向于就与自己密切相关的问题就事论事的评论，而不是从一个省区或者某个地区统筹发展的战略性层面去理解有关。从西南民族地区网民对所在省区新型城镇化政策跟帖评论的核心议题来看，民众非常关注新型城镇化规划的科学性和合理性问题以及人口规划、产业支撑、民生等方面的问题，认为要尊重农民意愿，"进城"与不"进城"因人而异。从这些核心议题来看，西南民族地区网络民众对当地的新型城镇化政策持有比较现实和谨慎的态度，关注与自己的生存发展密切相关的实际问题，没有体现出很高的"进城"预期。

从西南民族地区网络民众的跟帖评论来看，民众关注各级新型城镇化政策与所在地区的经济社会发展水平和民族文化特征相结合，以及由此产生的新型城镇化政策落实的具体问题，尽管对新型城镇化政策尤其是国家层面新型城镇化政策整体上持积极态度，但没有表现出明显的"进城"倾向。这种状况表明，西南民族地区民众作为新型城镇化政策目标群体的组成部分，遵循了公共政策"需求侧"的"获悉与解读——权衡与考量——决策与行动"的微观执行逻辑，而且其"权衡与考量"环节也体现了比较明显的理性决策特征,强调从包括个人的生存发展和个人所在小空间地区发展在内的"自我"角度考虑问题。

需要说明的是,本章的分析和结论存在较为明显的局限性:一是跟帖文本的样本量有限,尤其是关于国家层面新型城镇化政策的跟帖数量十分有限,代表性不足;二是有些网民的跟帖发言存在较强的情绪化倾向和表达的有效信息不足的问题;三是网络民众也不能直接等于民众,网络民众只是民众的一部分,只能代表民众中信息接受能力较强、文化水平较高的一部分群体。因此本章的结论只能是从一个侧面反映西南民族地区民众对新型城镇化政策的认知情况,为后面的调查问卷分析提供一定的参考。

第四章

西南民族地区农村居民对
新型城镇化政策的认知

政策认知是政策目标群体对政策信息的接受与理解过程,目标群体对公共政策的认知程度是决定政策有效性的关键性因素之一[1],这在相关的领域的政策效果分析中已经得到证实[2]。农村居民对新型城镇化政策的认知情况也会影响新型城镇化战略的实施效果。本章基于调查问卷实证数据,分析西南民族地区农村居民对新型城镇化政策的认知情况。本章分析的认知情况主要是指农村居民对新型城镇化政策的了解程度,不包括对新型城镇化政策的评价。具体分析内容包括西南民族地区农村居民对新型城镇化政策的认知意愿、认知途径和认知程度3个方面。

---

[1] 陈庆云:《公共政策分析》,北京大学出版社2014年版,第76页。
[2] 例如,陈风波、刘晓丽、冯肖映:《水稻生产补贴政策实施效果及农户的认知与评价——来自长江中下游水稻产区的调查》,载《华南农业大学学报(社会科学版)》,2011年第2期,第1~12页;邓道才、蒋智陶:《知沟效应、政策认知与新农保最低档次缴费困境——基于安徽调查数据的实证分析》,载《江西财经大学学报》,2014年第1期,第90~97页;邓大松、李玉娇:《制度信任、政策认知与新农保个人账户缴费档次选择困境——基于Ordered Probit模型的估计》,载《农村经济》,2014年第8期,第77~83页;刘超、张婷、文勇智:《家电下乡背景下农村居民创新性产品购买的影响因素与作用机制——创新意识、政策认知的影响与感知价值的中介》,载《广东外语外贸大学学报》,2014年第2期,第22~26页。

第一节　西南民族地区农村居民对新型城镇化政策的认知意愿

目标群体对公共政策信息的获取程度取决于两个方面，一方面是政策信息的接受渠道和能力，另一方面是政策信息的认知意愿。认知意愿是指政策目标群体是否愿意接受某方面政策信息的主观倾向。在信息时代，个人作为政策信息的"需求侧"，对政策信息的需求存在主观性选择，如果对某个领域的政策不感兴趣或者没有需求，就会有意或无意地"屏蔽"或"过滤"这个领域的政策信息。因此在分析政策认识程度情况之前首先分析西南民族地区农村居民对新型城镇化政策认知的意愿情况，具体数据资料对应调查问卷中的第17题。

一、认知意愿的基本情况

表4.1显示了西南民族地区农村居民对新型城镇化政策的认知意愿情况：2465份有效问卷中，表示愿意了解的有2016人，占83.0%；表示不愿意了解的只有419人，仅占17%。这表明绝大部分西南民族地区农村居民有了解新型城镇化政策的需求，了解新型城镇化政策的意愿非常强烈。

表4.1　西南民族地区农村居民了解新型城镇化政策的意愿

调查问题	选项	频率	比例
您是否愿意了解新型城镇化方面的政策	不愿意	419	17.0%
	愿意	2046	83.0%

第四章 西南民族地区农村居民对新型城镇化政策的认知

从不同民族成分农村居民差异来看（见表4.2）：汉族农村居民表示不愿意了解新型城镇化政策的占15.8%，主要少数民族农村居民表示不愿意了解的占18.4%，其他少数民族农村居民表示不愿意了解的占19.7%，显示越是人口数量少的少数民族农村居民，不愿意了解新型城镇化政策的比例略高一些，但整体上差异不大，各民族的农村居民中表示愿意了解新型城镇化政策的均在80%以上。卡方检验也显示，P值为0.111，说明不同民族成分居民在认知意愿上的差异性还未达到统计上的显著程度（见表4.3）。

表4.2 西南地区不同民族农村居民了解新型城镇化政策的差异

		是否愿意了解新型城镇化方面的政策		合计
		不愿意	愿意	
民族	汉族	15.8%	84.2%	100.0%
	主要少数民族	18.4%	81.6%	100.0%
	其他少数民族	19.7%	80.3%	100.0%

注：主要少数民族是指某个省区人口中所占比例最高的1~2个少数民族，广西是壮族，云南是彝族和白族，贵州是布依族和苗族；其他少数民族是指各省区中除主要少数民族以外的少数民族。

表4.3 民族与新型城镇化政策了解意愿交叉分析的卡方检验

	值	自由度	渐进sig值（双侧）
Pearson卡方	4.391	2	0.111
似然比	4.322	2	0.115
线性和线性组合	4.276	1	0.039
有效案例中的N	2462		

二、认知意愿的影响因素

农村居民个体对公共政策的认知会受到多方面因素的影响。已经有研究结论显示，性别、年龄、文化程度、外出务工经历、外出时间、收入水平、消费能力、家庭人口数量、耕地面积、地理条件、城乡差异等因素会影响居民个体对某个领域公共政策的认知[1]。虽然这些因素分析的是对公共政策认知情况的差异，但由于对公共政策的认知情况与对公共政策的认知意愿情况密切相关，而且从理论上讲个体的任何行为与其人口学特征都有紧密的相关性，因此这些因素也可能会影响居民个体对某个领域政策的认知意愿。这些因素可以分成个体特征、家庭特征和区域特征三个方面。

基于各个因素与认知意愿之间的交叉卡方分析（见表4.4）显示：个人特征中的年龄、学历、是否外出务工，家庭特征中的全年收入、是否参加新型农村合作医疗保险、是否参加新型农村养老保险、是否购买商业保险，以及地区特征中的省份等因素的卡方分析 P 值小于 0.05，说明对是否愿意了解新型城镇化政策有影响；如果将显著性水平的标准

---

[1] 相关文献主要有：王建兵、张德罡、田青：《甘肃中西部干旱半干旱地区牧民对草原政策认知分析》，载《草地学报》，2013年第1期，第11~17页；荀钰姣、刘兴元、张伟明等：《祁连山牧区妇女社会地位及其对草地政策的认知度》，载《生态学报》，2015年第10期，第3472~3479页；胡杰成：《流动人口的计划生育政策认知与服务需求——武汉、黄石、广水三地问卷调查研究》，载《人口与经济》，2007年第6期，第17~23页；吕晓、肖慧、牛善栋：《农户的土地政策认知差异及其影响因素——基于山东省264户农户的调查数据》，载《农村经济》，2015年第2期，第31~36页；潘林、郑毅：《农民对新农保政策的认知问题研究——基于安徽省四县的问卷调查》，载《兰州学刊》，2013年第9期，第198~202页；高静、于保荣、孟庆跃：《山东省新农合政策调整后农民的认知及评价研究》，载《中国卫生政策研究》，2010年第3期，第24~29页；潘泽泉、杨莉瑰：《社会政策认知、行动逻辑与生存策略——基于长沙市农民工的实证研究》，载《学习与实践》，2010年第4期，第100~111页；杨维鸽、陈海、高海东等：《农户对退耕政策的认知及其影响因素研究——以米脂县杨家沟镇为例》，载《水土保持通报》，2010年第1期，第214~218页；韦吉飞、李录堂：《农民创业认知及影响因素研究——基于杨凌农高会参会农民的调查实证分析》，载《软科学》，2008年第11期，第133~139页；刘晋飞：《三峡库区移民的政策认知与评价：对298名青年移民的调查》，载《重庆社会科学》，2010年第11期，第74~79页。

第四章 西南民族地区农村居民对新型城镇化政策的认知

降低到 0.1①，家庭特征中的土地状况对是否愿意了解新型城镇化政策也有一定影响。需要说明的是，家庭人口、土地面积和家庭全年收入在卡方分析时是将原始连续性变量变更为有序多分变量。

表 4.4　西南民族地区不同特征农村居民与新型城镇化政策了解意愿的交叉卡方分析

基本情况特征（影响因素）			您是否愿意了解新型城镇化方面的政策		卡方检验	
			不愿意（%）	愿意（%）	Pearson 卡方值	sig（双侧）
个人特征	性别	男	17.4	82.6	0.214	0.644
		女	16.7	83.3		
	年龄	18 岁以下	21.3	78.7	49.639	0.000
		19~35 岁	11.0	89.0		
		36~45 岁	19.9	80.1		
		46~60 岁	21.2	78.8		
		60 岁以上	27.2	72.8		

---

① 社会科学研究中一般情况下显著性水平的标准设定为 0.05，但在一些基于直接的微观调查数据或有些变量难以精确量化的调查数据分析中，也可以将显著性水平的标准设定为 0.1。例如下列文献：赵强：《制度压力如何影响地方政府公共服务创新的扩散？——以城市网格化管理为例》，载《公共行政评论》，2015 年第 3 期，第 103~119 页；程令国、张晔、沈可：《教育如何影响了人们的健康？——来自中国老年人的证据》，载《经济学（季刊）》，2014 年第 1 期，第 306~330 页；王欣、孔荣：《影响农民工收入质量的因素研究——基于 10 省份调查数据的实证分析》，载《统计与信息论坛》，2013 年第 4 期，第 91~97 页；彭小辉、王常伟、史清华：《城市农民工生命统计价值研究：基于改进的特征工资模型——来自上海的证据》，载《经济理论与经济管理》，2014 年第 1 期，第 52~61 页；李晓阳、黄毅祥、许秀川：《农民工"候鸟式"迁移影响因素分析——基于重庆市 9 个主城区的农民工调查》，载《中国人口·资源与环境》，2015 年第 9 期，第 70~80 页；许恒周、郭忠兴：《农村土地流转影响因素的理论与实证研究——基于农民阶层分化与产权偏好的视角》，载《中国人口·资源与环境》，2011 年第 3 期，第 94~98 页；等等。本研究后续各部分的分析如无特别说明，采用 0.1 为通过显著性检验的最低标准。

续表

基本情况特征（影响因素）			您是否愿意了解新型城镇化方面的政策		卡方检验	
			不愿意（%）	愿意（%）	Pearson 卡方值	sig（双侧）
个人特征	民族	汉族	15.8	84.2	4.391	0.111
		主要少数民族	18.4	81.6		
		其他少数民族	19.7	80.3		
	学历	小学	25.4	74.6	53.928	0.000
		初中	16.0	84.0		
		高中或者中专	14.9	85.1		
		大专（高职）	17.0	83.0		
		本科及以上	8.7	91.3		
	是否外出务工	否	19.1	80.9	11.782	0.001
		是	13.8	86.2		
	务工地点	镇上	11.1	88.9	2.224	0.527
		县城	17.0	83.0		
		中等城市	13.1	86.9		
		大城市	14.5	85.5		
家庭特征	家庭人口	1~3 人	18.2	81.8	1.379	0.706
		4~6 人	16.7	83.3		
		7~9 人	18.3	81.7		
		10 人以上	10.5	89.5		
	土地面积	3 亩以下	18.1	81.9	3.686	0.297
		3~6 亩	16.1	83.9		
		6~10 亩	15.3	84.7		
		10 亩及以上	20.0	80.0		

第四章 西南民族地区农村居民对新型城镇化政策的认知

续表

基本情况特征（影响因素）			您是否愿意了解新型城镇化方面的政策		卡方检验	
			不愿意（%）	愿意（%）	Pearson 卡方值	sig（双侧）
家庭特征	土地状况	自己种植	17.0	83.0	9.096	0.059
		转租承包	16.4	83.6		
		放置荒废	21.7	78.3		
		政府征收	15.9	84.1		
		其他	9.6	90.4		
	家庭主要收入来源	务农收入	18.8	81.2	8.096	0.151
		打工收入	16.3	83.7		
		个体经营收入	15.2	84.8		
		创办企业收入	4.3	95.7		
		财产收入	25.8	74.2		
		其他	12.5	87.5		
	家庭全年收入	3万元以内	21.8	78.2	18.925	0.000
		3万~8万元	14.3	85.7		
		8万~12万元	14.4	85.6		
		12万元以上	17.7	82.3		
	是否参加新农合	都没参加	35.5	64.5	28.452	0.000
		部分参加	17.4	82.6		
		都参加	15.8	84.2		
	是否参加新型农村养老保险	都没参加	21.9	78.1	10.180	0.006
		部分参加	18.6	83.4		
		都参加	14.6	85.4		
	是否购买商业保险	没有	19.2	80.8	28.443	0.000
		有	9.5	90.5		
	是否有子女上中小学	没有	17.7	82.3	1.001	0.317
		有	16.2	83.8		

83

续表

基本情况特征（影响因素）		您是否愿意了解新型城镇化方面的政策		卡方检验	
		不愿意（%）	愿意（%）	Pearson 卡方值	sig（双侧）
地区特征	居住地 村庄	17.4	82.6	4.122	0.390
	居住地 镇近郊	16.4	83.6		
	居住地 镇上	18.9	81.1		
	居住地 县城近郊	15.6	84.4		
	居住地 中等城市近郊	12.6	87.4		
	省区 广西	3.7	96.3	152.482	0.000
	省区 云南	19.6	80.4		
	省区 贵州	26.3	73.7		

为进一步分析上述卡方分析中通过显著性检验的因素对西南民族地区农村居民新型城镇化政策认知意愿的具体影响，将所有可能的因素进行 Logistic 回归分析。采用 Logistic 回归分析的原因是因变量愿意或不愿意是 0－1 型的二分变量。同时，自变量中的民族、土地状况、主要收入来源和省份由于是无序多分类别变量，因此均采用虚拟变量的方式进行处理；对于家庭收入，上述卡方分析是采用有序多分的取值方式，在这里则是采用原始数据，为避免异方差问题，在回归分析时先对其以 E 为底取自然对数。回归结果如表 4.5 所示：其中模型 1、模型 2、模型 3 分别是对个人特征、家庭特征和地区特征的回归分析；模型 4 是对除有虚拟变量之外的所有因素的归回分析，为避免虚拟变量过多对回归结果的影响，剔除虚拟变量以便与其他模型对比；模型 5 是对家庭全年收入之外的所有因素的回归分析，模型 6 则是对包括家庭收入在内的所有因素的回归分析，这样对比是由于有效回答家庭全年收入的问卷只有 1986 份，避免较多缺失对归回结果的影响。

第四章 西南民族地区农村居民对新型城镇化政策的认知

表 4.5　西南民族地区农村居民新型城镇化政策认知意愿影响因素 Logistic 回归分析

	变量	模型 1	模型 2	模型 3	模型 4	模型 5	模型 6
个人特征	性别（以女性为参照）	-0.032 (0.111)			0.011 (0.121)	-0.077 (0.120)	-0.052 (0.127)
	年龄	-0.071 (0.055)			-0.066 (0.061)	-0.095 (0.059)	-0.072 (0.063)
	民族（以汉族为参照）						
	主要少数民族	-0.138 (0.134)				0.030 (0.157)	-0.038 (0.168)
	其他少数民族	-0.306 (0.149)**				-0.054 (0.164)	-0.107 (0.171)
	学历	0.252*** (0.047)			0.248*** (0.055)	0.221*** (0.054)	0.230*** (0.057)
	是否外出务工（以未外出务工为参照）	0.385*** (0.116)			0.439*** (0.128)	0.507*** (0.142)	0.547*** (0.152)
家庭特征	家庭人口		-0.025 (0.041)		-0.008 (0.041)	0.048 (0.042)	0.009 (0.045)
	土地面积		-0.013 (0.004)***		-0.005 (0.002)***	-0.015 (0.004)***	-0.016 (0.004)***
	土地状况（以自己种植为参照）						
	转租承包		0.015 (0.174)			-0.043 (0.177)	0.041 (0.187)
	放置荒废		-0.198 (0.198)			-0.198 (0.203)	-0.070 (0.213)

85

续表

	变量	模型1	模型2	模型3	模型4	模型5	模型6
	政府征收		0.031 (0.247)			0.134 (0.247)	0.206 (0.259)
	其他		0.277 (0.367)			0.072 (0.368)	0.064 (0.390)
家庭特征	主要收入来源（以务农收入为参照）						
	打工收入		0.179 (0.154)			-0.107 (0.158)	-0.211 (0.169)
	个体经营收入		-0.155 (0.220)			0.095 (0.225)	-0.168 (0.236)
	创办企业收入		26.715 (6893.26)			30.496 (6505.86)	29.911 (6616.82)
	财产收入		-0.679 (0.459)			-0.597 (0.487)	-0.855 (0.496)
	其他		-0.178 (0.565)			0.392 (0.575)	0.054 (0.585)
	全年收入		0.277*** (0.058)		0.209*** (0.058)		0.204*** (0.063)
	是否参加新农合		0.253** (0.107)		0.289*** (0.107)	0.238** (0.110)	0.252** (0.117)
	是否参加新农保		0.193** (0.096)		0.256*** (0.096)	0.266*** (0.097)	0.274*** (0.104)
	是否购买商业保险		0.563*** (0.173)		0.528*** (0.176)	0.442** (0.181)	0.293 (0.168)
	是否有子女上中小学（以没有子女上中小学为参照）		0.045 (0.121)		0.126 (0.123)	0.124 (0.121)	0.157 (0.128)

续表

	变量	模型1	模型2	模型3	模型4	模型5	模型6
地区特征	居住地点			0.054 (0.042)	-0.114** (0.049)	-0.059 (0.052)	-0.073 (0.055)
	省份（以广西为参照）						
	云南			-1.861** (0.211)		-1.957** (0.230)	-2.043*** (0.274)
	贵州			-2.237*** (0.208)		-2.263*** (0.229)	-2.187*** (0.272)
模型描述	常数项	0.668* (0.348)	-2.430*** (0.673)	3.156*** (0.210)	-3.402*** (0.757)	0.379 (0.591)	-1.376 (0.856)
	卡方	64.429***	91.653***	184.894***	118.042***	293.842***	245.320***
	df	6	16	3	12	24	25
	NagelKerke R^2	0.044	0.072	0.121	0.093	0.199	0.190
	Cox & Snell R^2	0.026	0.044	0.072	0.057	0.119	0.116
	N	2424	2021	2465	2003	2309	1986

注：***、**、*分别表示在1%、5%、10%水平下显著。

表4.5的回归分析结果显示的结论与表4.4卡方分析的结果基本吻合，除年龄、土地面积两个因素对西南民族地区农村居民新型城镇化政策认知意愿是否影响上有差异外，其他因素是否有影响卡方分析的结果是一致的，而且在不同变量组合的模型中，大部分变量是否有影响及其影响方向是稳健的，表明回归分析模型是合适的。年龄之所以在前文卡方分析中显示有影响，而在回归分析中显示无影响，是由于年龄与学历本身存在一定的共线性问题，二者之间的相关系数为-0.441，并且通过0.001的显著性检验，也就是年龄越大的农村居民学历程度越低，因此在回归分析时模型只显示学历对认知意愿有影响；土地面积之所以在卡方分析中显示对认知意愿没有影响而在归回分析中显示有影响，是由

于在卡方分析是采用的是有序多分方式处理，而在回归分析时采用的是原始连续性变量。具体的影响因素是：

个人特征方面，年龄（学历）、是否外出务工对认知意愿有影响，性别则对认知意愿没有任何影响。年龄越轻，同时也即学历越高的农村居民对新型城镇化政策的认知意愿越强烈；年龄越大，同时也即学历越低的农村居民对新型城镇化政策的了解欲望越弱，符合居民个体的认知需求特征。近年来有外出打工经历的农村居民因其眼界更为开阔，对新型城镇化政策的认知意愿也更强烈。另外，模型1还显示民族成分仍存在一定影响，相对于汉族农村居民而言，其他少数民族农村居民的政策认知意愿明显要弱。

家庭特征方面，土地面积、家庭全年收入、是否参加新型农村合作医疗保险、是否参加新型农村养老保险、是否购买商业保险对政策认知意愿有影响，而家庭人口数量、土地状况、家庭主要收入来源、是否有子女上中小学对政策认知意愿没有影响。土地面积对政策认知意愿有负面影响，拥有的土地越多，对新型城镇化政策认知的意愿越弱，因为土地越多的家庭越注重和依赖农业生产；家庭全年收入对政策认知意愿有正向影响，全年收入越高的家庭成员了解新型城镇化政策的意愿越强烈，一般而言收入高的家庭，从事非农业生产的比较多，对非农信息的需求越大。家庭成员参加新型农村合作医疗保险、新型农村养老保险和购买商业保险比例越高的农村居民，对新型城镇化政策认知的意愿越强，能够购买各种保险的农村居民，对非农信息的需求更多。

地区特征方面，省域对认知意愿有明显影响，而居住地点对认知意愿也有一定的影响。在省域差异方面，相对于民族构成较为集中单一的广西而言，云南和贵州两个民族构成较为分散的省域的农村居民对新型城镇化政策的认知意愿要弱，这一点与前面民族因素的分析结论是相吻合的，因为云南和贵州在主要民族之外存在很多其他少数民族居民。模型4显示，居住地点离城镇越近的农村居民，政策认知意愿越弱，正是由于与城镇离得近，对新型城镇化政策的了解的必要性就不那么强了。

第二节 西南民族地区农村居民对新型城镇化政策的认知途径

政策信息传播的途径对于政策目标群体是否能够接受到政策信息具有重要影响。虽然今天已经处于"互联网+"信息时代，但由于城乡之间和区域之间存在比较明显的经济社会发展差异，尤其西部和边疆民族地区，信息的传播和接受途径与发达地区相比会受到更多的限制。因此本研究调查了西南民族地区农村居民是通过什么途径了解新型城镇化政策的，以及希望通过什么样的途径来了解新型城镇化政策，具体数据资料对应调查问卷中的第18～19题。

一、政策认知的现实途径

表4.6显示西南民族地区农村居民了解新型城镇化政策的主要途径：首先，有12.2%的农村居民表示没有任何途径来了解新型城镇化政策，表明在西南民族地区农村相关政策信息传播仍然存在较大的"真空"地带；其次，在表示有了解途径的农村居民中，绝大部分调查对象目前主要通过电视（38.6%）和网络（19.2%）来了解的，通过其他诸如公益短信以及报刊杂志、政府标语、政府人员宣讲、村干部宣讲等传统方式途径了解得很少，均不到10%。反映出电视是西南民族地区农村居民了解政策信息的主要途径，其作用远超过网络。

表4.6 西南民族地区农村居民了解新型城镇化政策的途径

途径	频率	百分比（%）
电视	951	38.6
网络	473	19.2

续表

途径	频率	百分比（%）
村干部宣讲	237	9.6
报纸杂志	216	8.8
政府人员宣讲	128	5.2
政府标语	100	4.1
公益短信	20	0.8
其他	36	1.5
没有途径	301	12.2
合计	2462	100

这种已有认知途径的构成情况在西南民族地区不同民族和不同省域农村居民之间存在一定差异（表4.7）。在民族差异方面，少数民族农村居民依靠电视了解政策的比例高，超过42%；而依靠网络了解政策的比例则偏低。在省域差异方面，广西依靠电视和网络了解政策信息途径的比例均高于云南和贵州，而依靠村干部宣讲的途径明显低于云南和贵州，这两个省域均超过10%。广西农村居民依靠现代化信息途径了解政策信息的状况要略好于贵州和云南农村居民。但这些差异不是非常明显，还不足以改变了解途径的基本结构，也说明西南三省区农村居民在政策认知途径上具有较强的同质性，而这种同质性来源于经济社会发展水平相对一致性。

表4.7　西南民族地区不同民族、不同省份农村居民了解新型城镇化政策的途径差异　　　　　　　　　　　单位：%

		电视	网络	报纸杂志	公益短信	政府标语	政府宣讲	村干部宣讲	其他	没有途径	合计
民族	汉族	36.6	19.4	9.8	0.8	3.9	5.3	9.8	1.1	13.4	100
	主要少数民族	42.1	19.0	7.2	0.2	4.1	4.8	11.3	2.2	9.2	100
	其他少数民族	42.2	18.5	6.9	1.8	4.7	5.3	6.9	1.8	11.9	100

续表

		电视	网络	报纸杂志	公益短信	政府标语	政府宣讲	村干部宣讲	其他	没有途径	合计
省区	广西	43.4	20.5	6.8	0.3	4.2	3.3	6.8	2.6	12.1	100
	云南	37.3	18.5	11.2	0.8	3.5	5.4	10.3	0.7	12.3	100
	贵州	35.7	18.8	8.1	1.3	4.5	6.7	11.5	1.2	12.3	100

从整体上看，尽管处于"互联网+"信息时代，但在西南民族地区网络传播的作用仍然有限，其利用率不及电视。造成这种状况的原因是由于西南民族地区网络基础设施条件较差和网络普及率明显偏低。根据中国互联网信息中心统计（表4.8），截至2016年12月，全国互联网平均普及率为53.2%，而广西、云南、贵州三省区分别只有46.1%、39.9%和43.2%，普及率排名分别排全国第23、31、29名。其中云南省是全国倒数第1，广西则在3个省区中普及率最高，所以广西农村居民利用网络了解政策信息的比例也略高一些。

表4.8　　　2016年中国内地各省网民规模及互联网普及率

省级行政区	网民数（万人）	2016年12月互联网普及率（%）	普及率排名	省级行政区	网民数（万人）	2016年12月互联网普及率（%）	普及率排名
北京	1690	77.8	1	新疆	1296	54.9	10
上海	1791	74.1	2	青海	320	54.5	11
广东	8024	74.0	3	河北	3956	53.3	12
福建	2678	69.7	4	山东	5207	52.9	13
浙江	3632	65.6	5	陕西	1989	52.4	14
天津	999	64.6	6	内蒙古	1311	52.2	15
辽宁	2741	62.6	7	海南	470	51.6	16
江苏	4513	56.6	8	重庆	1556	51.6	17
山西	2035	55.5	9	湖北	3009	51.4	18

续表

省级行政区	网民数（万人）	2016年12月互联网普及率（%）	普及率排名	省级行政区	网民数（万人）	2016年12月互联网普及率（%）	普及率排名
吉林	1402	50.9	19	安徽	2721	44.3	26
宁夏	339	50.7	20	四川	3575	43.6	27
黑龙江	1835	48.1	21	河南	4110	43.4	28
西藏	149	46.1	22	贵州	1524	43.2	29
广西	2213	46.1	23	甘肃	1101	42.4	30
江西	2035	44.6	24	云南	1892	39.9	31
湖南	3013	44.4	25	全国	73125	53.2	—

数据来源：中国互联网络信息中心：《第39次中国互联网络发展状况统计报告》，国家互联网信息办公室、中央网络安全和信息化领导小组办公室网站：http://www.cac.gov.cn/2017-01/22/c_1120352022.htm，2017年1月22日。

由于上述互联网普及率是包括城乡在内，如果考虑城乡之间的差别，如图4.1所示，从2014年6月到2017年6月，全国城市互联网普及率都维持在农村的2倍以上。可以推测，西南民族地区因其农村人口比例更高，与城镇相比其互联网普及率会更低，不会达到34.0%。因此西南民族地区农村居民使用网络来获取新型城镇化政策信息的比例比较低。

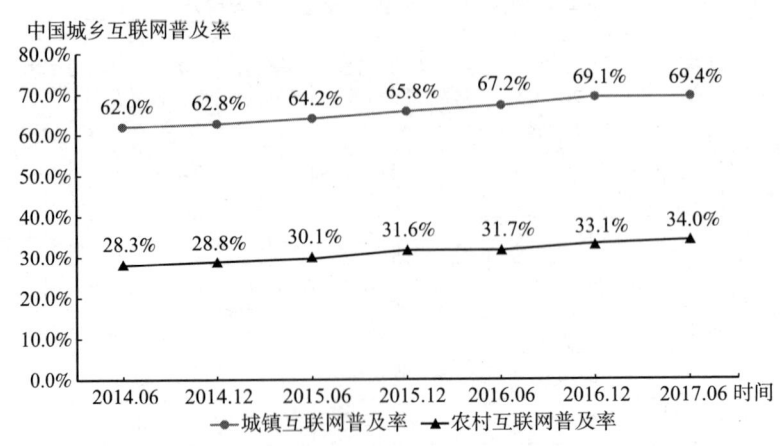

图4.1 2014~2017年我国内地城乡互联网普及率

数据来源：中国互联网络信息中心：《第40次中国互联网络发展状况统计报告》，国家互联网信息办公室、中央网络安全和信息化领导小组办公室网站：http://www.cnnic.cn/hlwfzyj/hlwxzbg/hlwtjbg/201708/P020170807351923262153.pdf，2017年8月3日。

第四章 西南民族地区农村居民对新型城镇化政策的认知

从调查对象的特征来看，使用网络需要两个条件：一是需要相对较高的文化水平和操作能力，才能使用电脑或手机网络功能，阅读相应的政策信息；二是与传统的电视途径相比需要较高的经济消费能力，才能购买电脑和具有方便上网功能的手机并开通网络。这两个条件在经济社会发展相对滞后西南民族地区会限制相当一部分农村居民使用网络。事实上也如此，表4.9表明，目前通过网络途径来了解新型城镇化政策比例相对较高的是年轻的、学历高的、家庭收入高的、居住地点靠近城镇的农村居民，这些群体符合文化水平和消费能力较高的特征。反之，缺乏两个条件的西南民族地区农村居民更多地市依靠电视、宣讲等传统途径，甚至有相当比例的农村居民没有任何了解政策信息的途径。

表4.9 西南民族地区不同特征农村居民了解新型城镇化政策的途径比较

单位：%

		电视	网络	报纸杂志	公益短信	政府标语	政府宣讲	村干部宣讲	其他	没有途径	合计
年龄	18岁以下	40.8	23.5	13.4	0.8	2.5	1.3	3.8	0.8	13.0	100
	19~35岁	36.5	29.1	7.9	0.8	5.0	3.5	5.8	1.9	9.6	100
	36~45岁	42.1	12.9	10.0	1.0	3.5	7.2	10.8	1.1	11.4	100
	46~60岁	40.1	7.5	6.0	1.0	4.4	7.7	16.6	1.7	15.1	100
	60岁以上	31.6	4.4	10.1	0	1.3	7.6	20.9	0.6	23.4	100
学历	小学	39.6	7.9	5.0	0.6	3.4	5.6	17.1	1.1	19.6	100
	初中	41.0	13.4	8.8	1.0	3.4	6.5	11.4	1.7	12.9	100
	高中或者中专	36.6	26.7	11.4	0.4	4.3	5.4	5.6	1.2	8.5	100
	大专	33.5	32.5	15.0	1.2	6.0	5.6	2.9	0.5	6.3	100
	本科及以上	38.8	31.3	8.5	0.9	5.6	2.4	2.8	2.4	7.3	100
家庭全年收入	3万元以内	38.1	15.8	8.7	1.0	4.5	5.5	10.3	1.7	14.4	100
	3万~8万元	39.0	21.7	9.4	0.8	3.5	5.1	8.7	0.8	11.1	100
	8万~12万元	39.1	19.5	11.5	1.1	4.0	6.3	9.2	1.1	8.0	100
	12万元及以上	34.2	34.2	10.4	1.3	2.5	8.9	3.8	1.3	3.8	100

续表

		电视	网络	报纸杂志	公益短信	政府标语	政府宣讲	村干部宣讲	其他	没有途径	合计
居住地点	村庄	40.3	15.7	4.9	0.6	3.1	4.8	13.4	1.6	15.6	100
	镇近郊	38.1	19.3	9.4	1.6	4.9	6.1	9.4	1.6	9.4	100
	镇上	37.6	21.7	14.2	0.7	6.1	4.7	4.5	0.7	9.7	100
	县城近郊	38.7	21.7	14.2	1.1	5.1	7.7	4.3	0.9	6.3	100
	中等城市近郊	28.7	34.7	12.0	0.6	3.0	3.0	5.4	3.0	9.6	100

二、政策认知的需求途径

与目前通过什么途径了解新型城镇化政策相关的问题是西南民族地区农村居民希望通过什么途径来了解新型城镇化政策。表4.10显示，表示愿意了解新型城镇化政策的西南民族地区农村居民中，希望了解政策信息的途径结构与现实了解政策信息的途径结构相比，有十分明显的差异：电视的比例从38.6%下降到28.3%，下降了10.3个百分点；网络途径的比例从19.2%上升到36.4%，上升了17.2个百分点；另外，政府人员宣讲和村干部宣讲的比例分别从5.2%、9.6%上升到12.8%、12.6%。电视途径尽管依然是第二大选择，但选择比例明显下降；选择网络和宣讲方式的比例明显上升，尤其是选择网络途径的比例超过1/3，成为首选途径。这也从侧面反映出，西南民族地区尤其是农村地区网络信息传播的发展与民众的需求之间存在很大的差距。

表4.10 西南民族地区农村居民希望了解新型城镇化政策的途径

途径	频率	百分比（%）
网络	748	36.4
电视	582	28.3
村干部宣讲	262	12.8

续表

途径	频率	百分比（%）
政府人员宣讲	259	12.6
报刊	95	4.6
政府标语	59	2.9
公益短信	33	1.6
其他	16	0.8
合计	2054	100

进一步从不同特征的调查对象来看，不同的群体所希望的了解新型城镇化政策的途径差异情况如表4.11所示：不同民族和省区农村居民之间的差异不是很大，少数民族居民希望通过网络途径了解政策信息的比例略低，广西农村居民希望通过网络途径了解政策信息的比例依然高于云南和贵州两省。但是不同年龄、学历、家庭收入和居住地点的农村居民之间的所希望的了解新型城镇化政策途径的差异情况比较明显，并且主要体现在网络、电视和宣讲3种途径尤其是网络途径上。

表4.11　　西南民族地区不同特征农村居民希望了解新型城镇化政策的途径比较

单位：%

		电视	网络	报纸杂志	公益短信	政府标语	政府宣讲	村干部宣讲	其他	合计
民族	汉族	27.5	35.4	5.0	2.0	3.1	14.3	11.8	0.8	100
	主要少数民族	28.5	39.9	3.4	1.1	2.5	8.3	16.1	0.2	100
	其他少数民族	31.8	35.4	4.9	0.7	2.6	11.8	11.5	1.3	100
省区	广西	26.6	45.4	4.2	1.4	0.9	8.1	12.4	0.9	100
	云南	29.7	32.2	5.0	2.0	5.0	13.7	12.1	0.3	100
	贵州	28.8	30.4	4.8	1.4	2.9	16.7	13.9	1.1	100

续表

		电视	网络	报纸杂志	公益短信	政府标语	政府宣讲	村干部宣讲	其他	合计
年龄	18岁以下	24.7	55.8	4.2	0.5	0.5	6.3	7.9	0	100
	19~35岁	22.1	51.1	4.6	1.6	2.4	8.6	8.8	0.8	100
	36~45岁	34.9	22.0	4.4	1.6	3.2	19.4	13.8	0.8	100
	46~60岁	36.7	16.1	3.3	2.4	4.8	14.5	20.9	1.2	100
	60岁以上	30.4	9.6	10.4	0.9	3.5	20.0	24.3	0.9	100
学历	小学	38.8	15.8	3.8	0.6	3.6	16.2	20.5	0.6	100
	初中	28.7	32.2	4.5	1.8	4.0	12.9	15.1	1.7	100
	高中或者中专	24.8	43.4	5.3	1.4	2.7	13.7	7.7	1.0	100
	大专	24.0	52.6	3.5	1.8	1.2	9.9	6.4	0.6	100
	本科及以上	20.6	54.0	5.7	2.6	1.3	7.5	7.5	1.0	100
家庭全年收入	3万元以内	29.5	28.7	4.2	1.9	4.2	15.1	15.4	0.9	100
	3万~8万元	30.5	37.3	5.5	1.7	2.6	13.2	8.6	0.7	100
	8万~12万元	25.5	36.9	4.7	0.7	2.0	12.1	16.1	2.0	100
	12万元及以上	18.2	66.7	6.1	0	0	4.5	4.5	0	100
居住地点	村庄	29.7	32.2	3.5	1.2	2.9	13.4	16.2	0.6	100
	镇近郊	33.7	26.8	4.4	2.4	4.4	14.1	13.2	1.0	100
	镇上	25.4	45.7	7.8	2.3	1.7	9.0	7.2	0.9	100
	县城近郊	29.5	37.2	4.4	2.0	2.7	15.8	7.0	1.3	100
	中等城市近郊	15.1	55.5	6.2	0.7	3.4	6.8	11.6	0.7	100

从年龄来看，年纪越轻的农村居民选择网络途径的比例越大，其中35岁以下的农村居民超过50%都选择网络途径，年龄越大的农村居民选择网络途径的比例越小，选择电视和宣讲途径的比例越大，其中36岁以上的农村居民选择电视的比例都超过30%，而46岁以上农村居民选择宣讲（包括政府人员宣讲和村干部宣讲）途径的比例达到40%左右。由于年纪越轻的学历越高，因此不同学历层次的农村居民希望的途

第四章　西南民族地区农村居民对新型城镇化政策的认知

径也存在明显差异，学历越高的农村居民选择网络途径的比例越大，其中高中以上学历的农村居民选择网络途径的比例都在43%以上，学历越低的农村居民越倾向于选择电视和宣讲途径，其中小学学历的农村居民选择电视途径的比例达到38.8%，选择宣讲（包括政府人员宣讲和村干部宣讲）途径的比例达到36.7%。从家庭收入差异来看，家庭全年收入越高的农村居民选择网络途径的比例越高，其中家庭全年收入12万元以上的农村居民选择网络途径的比例高达66.7%，家庭全年收入越低的农村居民选择电视和宣讲途径的比例越高，其中家庭全年收入8万元以下的农村居民选择电视的比例在30%左右，而家庭全年收入3万元以下的农村居民选择宣讲（包括政府人员宣讲和村干部宣讲）途径的比例也达到30%以上。从家庭居住地点差异来看，越是靠近城镇的农村居民选择网络途径比例越高，其中居住在镇上和中等城市附近的农村居民选择网络途径的比例均在45%以上，越是居住在较远村庄地区的农村居民选择电视尤其是宣讲的途径比例较高，其中居住在村庄和镇近郊的农村居民选择宣讲（包括政府人员宣讲和村干部宣讲）途径的比例接近30%。

　　从上述分析来看，西南民族地区农村居民了解新型城镇化政策的现实途径主要是电视和网络，而希望了解新型城镇化政策的途径主要是网络、电视和宣讲，宣讲包括政府人员宣讲和村干部宣讲。其中少数民族居民相对汉族居民而言，无论是现实途径还是所希望的途径，选择电视途径的比例偏高，选择网络途径的比例偏低。其他诸如报纸杂志、公益短信等途径，无论是现实途径还是希望的途径，所占比例都极低，已经无法成为了解新型城镇化政策的有效途径。

　　从主要途径的具体情况来看：电视途径尽管现实中比例最高，但在希望的途径中的比例明显下降，而且希望选择电视途径的主要是年龄大、学历低、家庭收入低和居住在离城镇远的农村居民；网络途径尽管目前由于西南民族地区信息条件整体发展的滞后，使用比例明显低于电视途径，但在所希望的途径中反而成为首选途径，而且越是年龄小、学历高、家庭收入高和靠近城镇的农村居民，使用网络途径的比例越高，而且希望通过网络途径来了解新型城镇化政策的比例很高；通过宣讲途径了解政策信息的比例尽管整体上不及网络和电视，但仍有超过 25% 的农村居民希望通过这种方式来了解新型城镇化政策，尤其是年纪大、学历低、收入低和远离城镇的农村居民，相当部分还是要依靠宣讲方式来获取政策信息。

第三节　西南民族地区农村居民对新型城镇化政策的认知程度

本研究以对政策的了解程度来衡量西南民族地区农村居民对新型城镇化政策的认知程度。由于新型城镇化政策由多层级和多方面的政策构成，因此在调查的时候分别调查了西南民族地区农村居民对国家层面、省级层面和当地（市县）层面综合性规划政策的了解情况，同时还调查了对户籍、就业、土地、义务教育、医疗卫生、社会保障和住房等领域性政策的了解情况，对于户籍政策因其在农村居民迁往城镇过程中起关键性作用，并且其他领域的政策很多都是与之"挂钩"的，因而调查的问题较之其他领域的政策更为详细。本部分分析的数据来源于问卷第 20~33 题。

一、认知程度的基本情况

（一）认知程度的整体情况

表 4.12 显示了西南民族地区农村居民对新型城镇化政策的整体认知程度。对于各项政策的了解程度，从"完全不了解"到"完全了解"的选项分别赋值 1~4 分，然后计算各部分问题的平均得分。各部分平均得分的计算不是将调查对象对各个问题的平均得分加总再除以问题数，而是将所有被调查对象对某个部分所有问题选择的不同选项的对应

得分全部加总，然后除以全部调查对象对该部分所有问题的回答次数，这样的计算会使平均分更为准确。西南民族地区农村居民对各级宏观综合性规划政策了解程度的平均得分为 1.615 分，对户籍政策了解程度的平均得分为 1.619 分，对其他领域具体政策的了解程度平均得分为 1.736 分。整体上西南民族地区农村居民对新型城镇化政策的认知程度很低，由于起点分是 1 分，如果按照 100 分制计算，平均还不到 30 分；平均得分还显示，西南民族地区农村居民对具体政策的了解程度要略高于综合性规划政策的了解程度，说明对与日常生活密切相关的问题要更了解一些。

表 4.12　西南民族地区农村居民对新型城镇化政策的整体认知水平

类别	政策内容	平均认知水平（4 分制）
宏观政策	《国家新型城镇化规划 2014–2020 年》	1.615
	省（区）新型城镇化规划	
	当地的新型城镇化政策文件	
户籍政策	新型城镇化政策中关于户籍迁往城镇的条件	1.619
	新型城镇化政策中关于户籍迁往城镇之后享受的权益	
	新型城镇化政策中关于居住证办理的条件	
	新型城镇化政策中关于居住证办理之后享受的权益	
其他领域政策	新型城镇化政策中关于就业方面的政策	1.736
	新型城镇化政策中关于土地方面的政策	
	新型城镇化政策中关于义务教育方面的政策	
	新型城镇化政策中关于医疗卫生方面的政策	
	新型城镇化政策中关于社会保障方面的政策	
	新型城镇化政策中关于住房方面的政策	

注：平均认知水平根据完全不了解、了解一些、大概了解、非常了解 4 个等级分别赋值 1~4 分，算出平均值。

从各层级各方面政策的详细平均得分来看（见图 4.2）：西南民族

地区农村居民对宏观综合性规划政策中的省级新型城镇化规划的了解程度最低,对具体领域政策中与户籍相关的政策了解程度也比较低,对具体领域政策中的就业政策、义务教育政策、医疗卫生政策和社会保障政策的了解程度相对较高,平均在 1.70 分以上。此处的平均得分的计算方法是加总所有被调查对象对某一个问题的选项对应得分,除以被调查对象数量。

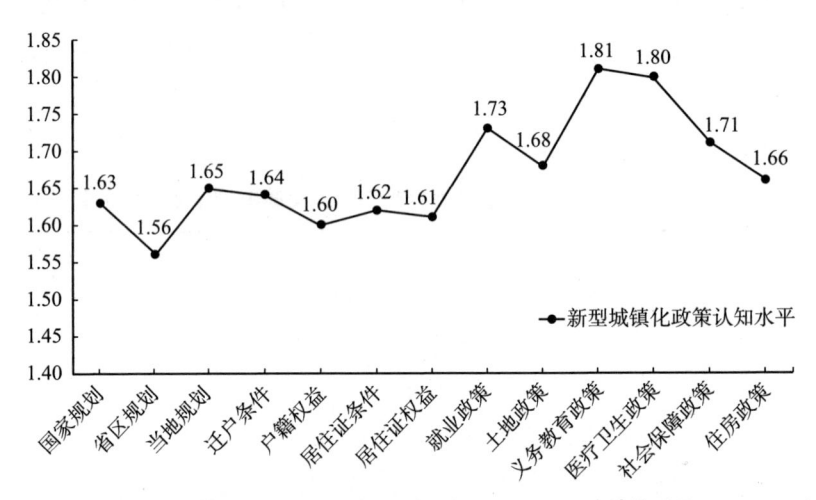

图 4.2　西南民族地区农村居民对不同层级不同方面新型城镇化政策的认知程度

(二) 宏观政策的认知程度

对于综合性规划的宏观政策的了解程度,相当部分西南民族地区农村居民表示不了解(见表 4.13):对于国家层面、省级层面和当地的规划政策,分别有 52.7%、56.2% 和 47.2% 的农村居民表示完全不了解,平均占一半以上;表示了解一些的分别只有 33.1%、32.4% 和 41.2%,表示大概了解的只有 10%~12%,而表示非常了解的不超过 1.5%,比例极低。对国家层面、省级层面和当地的规划政策的了解还呈现 U 型特征,即对国家规划和当地政策的了解程度要略高于对省级规划的了解程度。这种状况可能与国家层面新型城镇化规划各级媒体的宣传密度大,而当地新型城镇化政策与农村居民的宣传距离更近有关。

第四章　西南民族地区农村居民对新型城镇化政策的认知

表4.13　西南民族地区农村居民对新型城镇化宏观综合性规划政策的认知程度

政策内容	选项	频率	百分比（%）
《国家新型城镇化规划（2014-2020年）》	完全不了解	1298	52.7
	了解一些	817	33.1
	大概了解	313	12.7
	非常了解	37	1.5
省（自治区）新型城镇化规划	完全不了解	1385	56.2
	了解一些	799	32.4
	大概了解	254	10.3
	非常了解	27	1.1
当地的新型城镇化政策文件	完全不了解	1162	47.2
	了解一些	1015	41.2
	大概了解	263	10.7
	非常了解	23	0.9

三个层面宏观规划政策的综合认知水平在西南民族地区不同特征农村居民上的差异如表4.14所示：从民族成分来看，少数民族农村居民的认知程度要低于汉族农村居民的认知程度；从年龄来看，年龄越轻的农村居民相应的认知程度越高，与此相关学历越高的农村居民相应的认知程度越高；从务工经历来看，有外出务工经历的农村居民相对于没有外出务工经历的农村居民认知程度要高；从家庭全年收入来看，家庭全年收入越高的农村居民相应的认知程度越高；从居住地点来看，越靠近城镇的农村居民其认知程度也越高。也就是说越是汉族的、年纪轻的、学历高的、近期有过外出务工经历的、家庭全年收入高的、靠近城镇的农村居民，对新型城镇化宏观综合性规划政策的认知程度相对较高一些。

表 4.14　西南民族地区不同特征农村居民对新型城镇化宏观综合性规划政策的认知差异

特征属性		认知水平
民族	汉族	1.63
	主要少数民族	1.58
	其他少数民族	1.59
年龄	18 岁以下	1.67
	19~35 岁	1.68
	36~45 岁	1.63
	46~60 岁	1.46
	60 岁以上	1.38
学历	小学	1.36
	初中	1.56
	高中或者中专	1.73
	大专	1.94
	本科及以上	1.78
是否外出务工	否	1.58
	是	1.66
家庭全年收入	3 万元以内	1.54
	3 万~8 万元	1.66
	8 万~12 万元	1.84
	12 万元及以上	2.08
居住地点	村庄	1.50
	镇近郊	1.58
	镇上	1.71
	县城近郊	1.82
	中等城市近郊	1.81

注：平均认知水平根据完全不了解、了解一些、大概了解、非常了解 4 个等级分别赋值 1~4 分，算出平均值。

（三）户籍政策的认知程度

西南民族地区农村居民对于在城镇化过程中起关键性作用的户籍方面政策的了解程度的具体情况如表 4.15 所示：对于新型城镇化中户籍迁往城镇的条件、迁往城镇之后享受的权益、居住证办理的条件、居住证办理之后享受的权益 4 个方面的具体内容，表示完全不了解的平均占 50%；表示了解一些的平均不到 40%，表示大概了解的都只有 11% 多一点，表示非常了解的不超过 1%。在 4 个方面中，对关于户籍迁往城镇之后享受的权益的了解程度最低。

表 4.15　西南民族地区农村居民对户籍相关政策的认知程度

政策内容	内容	百分比（%）	平均认知水平
新型城镇化政策中关于户籍迁往城镇的条件	完全不了解	49.0	1.64
	了解一些	38.5	
	大概了解	11.5	
	非常了解	1.0	
新型城镇化政策中关于户籍迁往城镇之后享受的权益	完全不了解	52.2	1.60
	了解一些	35.9	
	大概了解	11.1	
	非常了解	0.8	
新型城镇化政策中关于居住证办理的条件	完全不了解	51.0	1.62
	了解一些	36.6	
	大概了解	11.4	
	非常了解	1.0	
新型城镇化政策中关于居住证办理之后享受的权益	完全不了解	52.6	1.61
	了解一些	34.9	
	大概了解	11.6	
	非常了解	0.9	

注：平均认知水平根据完全不了解、了解一些、大概了解、非常了解 4 个等级分别赋值 1~4 分，算出平均值。

西南民族地区新型城镇化：政策认知与"进城"意愿

为落实《国家新型城镇化规划（2014－2020年）》，2014年7月国务院发布《国务院关于进一步推进户籍制度改革的意见》，这次户籍改革文件的出台与2011年2月的《国务院办公厅关于积极稳妥推进户籍管理制度改革的通知》间隔只有3年多时间，由于户籍改革在我国一直以来就是一个焦点性话题，因此这次改革文件的出台备受社会和舆论的广泛关注。随后，各省级政府也相应出台了自己的户籍改革文件，如广西壮族自治区人民政府2015年2月出台了《关于进一步推进全区户籍制度改革的指导意见》，云南省人民政府2015年6月出台了《关于进一步推进户籍制度改革的实施意见》，贵州省人民政府也于2015年5月公布了《关于进一步推进户籍制度改革的实施意见》。各级文件尤其是省级文件对于户籍迁移的条件和迁移后的权益、在城镇办理居住证的条件和享受的权益有明确的规定和说明。国务院户籍改革文件要求"全面放开建制镇和小城市落户限制""有序放开中等城市落户限制""合理确定大城市落户条件""严格控制特大城市人口规模""有效解决户口迁移中的重点问题"和"实施城乡统一户口登记制度和居住证制度"。地方文件则更为具体，对于辖区范围内哪些是小城市、哪些是中等城市、哪些是大城市，以及相应的落户条件需要哪些，居住证如何办理，办理后可以享受怎么样的权利，都作了详细的说明[1]。尽管如此，西南民族地区农村居民对户籍方面相关政策的了解程度依然很低。

可能正是由于对户籍政策不了解，西南民族地区农村居民依然认为

---

[1] 具体规定参见：广西壮族自治区人民政府：《广西壮族自治区人民政府关于进一步推进全区户籍制度改革的指导意见》，广西壮族自治区发展和改革委员会网站：http://www.gxdrc.gov.cn/sites_34015/xxczhc_2015/xxczh_wjgg/201606/t20160607_682148.html，2016年6月7日；广西壮族自治区人民政府办公厅：《广西壮族自治区人民政府办公厅关于印发2015年户籍制度改革重点工作任务分工方案的通知》，广西壮族自治区发展和改革委员会网站：http://www.gxdrc.gov.cn/sites_34015/xxczhc_2015/xxczh_wjgg/201606/t20160608_682237.html，2016年6月8日；云南省人民政府：《云南省人民政府关于进一步推进户籍制度改革的实施意见》，云南省人民政府网站：http://www.yn.gov.cn/yn_zwlanmu/qy/wj/yzf/201506/t20150601_18970.html，2015年6月1日；贵州省人民政府：《贵州省人民政府关于进一步推进户籍制度改革的实施意见》，贵州省人民政府网站：http://www.gzgov.gov.cn/xxgk/zfxxgkpt/szfxxgkml/201507/t20150703_303323.html，2015年5月6日。

第四章　西南民族地区农村居民对新型城镇化政策的认知

将户籍从农村迁往城镇是困难的（见表4.16）：认为户籍迁移非常难和难的共占55.8%，超过50%，认为不太难的只有1/3，只有10.3%的认为非常容易。但实际上3个省区对于户籍迁移的规定已经明显放松：对于南宁、柳州、贵阳、昆明等较大的城市，要求的条件是合法稳定就业达到一定年限并有合法稳定住所，同时按照国家规定参加城镇社会保险达到一定年限；对于桂林、玉林等中等城市，要求是合法稳定就业并有合法稳定住所（含租赁），同时按照国家规定参加城镇社会保险达到一定年限；而对于其他小城市和建制镇，只需要有合法稳定住所（含租赁）即可，可以迁移户籍的人员包括符合上述条件的人员及其共同居住生活的配偶、未成年子女、父母等。而且云南还规定实行来去自由的返回农村原籍地落户政策，即对农业转移人口在城镇落户后，因不适应城镇生活已返回原籍地务农，或者在城镇积累一定资金、资源、技能后返乡创业的，如本人或其家庭成员（含其父母、配偶、子女）在农村原籍地具备土地承包经营权、宅基地使用权等基本生产生活资料且实际居住，可将户口迁回农村原籍地。从这些政策的具体规定来看，户籍迁移的难度已经大大降低。

表4.16　西南民族地区农村居民对户籍迁移难度的评价

选项	频率	百分比（%）
非常难	284	11.6
难	1088	44.2
不太难	838	34.0
非常容易	254	10.3
合计	2464	100

对于户籍政策的认知程度，不同特征的西南民族地区农村居民之间也存在一定差异（表4.17）：从民族成分来看，汉族农村居民的认知程度要高于主要少数民族居民，但其他少数民族居民认知程度又略高于汉族居民；从年龄来看，年龄越轻的农村居民认知程度越高，其中处于36~45岁中青年阶段的农村居民认知程度最高；相应地，学历越高的

农村居民认知程度越高,其中高中或中专和大专学历的农村居民认知程度最高;从外出务工情况来看,近年有过外出务工经历的农村居民认知程度较高;从家庭收入情况来看,家庭全年收入越高的农村居民的认知程度越高;从居住地点来看,离城镇越近的农村居民的认知程度越高。不同特征的西南民族地区农村居民对城镇化中户籍政策的认知差异与对宏观新型城镇化政策的认知差异有基本相同的特点。

表4.17　　西南民族地区不同特征农村居民对新型城镇化中户籍政策的认知差异

特征属性		认知水平
民族	汉族	1.62
	主要少数民族	1.58
	其他少数民族	1.66
年龄	18岁以下	1.66
	19~35岁	1.65
	36~45岁	1.68
	46~60岁	1.50
	60岁以上	1.40
学历	小学	1.39
	初中	1.61
	高中或者中专	1.73
	大专	1.88
	本科及以上	1.71
是否外出务工	否	1.57
	是	1.69
家庭全年收入	3万元以内	1.55
	3万~8万元	1.67
	8万~12万元	1.85
	12万元及以上	2.08

第四章 西南民族地区农村居民对新型城镇化政策的认知

续表

特征属性		认知水平
居住地点	村庄	1.48
	镇近郊	1.68
	镇上	1.75
	县城近郊	1.78
	中等城市近郊	1.85

注：平均认知水平根据完全不了解、了解一些、大概了解、非常了解4个等级分别赋值1~4分，算出平均值。

（四）其他政策的认知程度

西南民族地区农村居民对户籍之外的其他领域相关政策的认知情况如表4.18所示：认知的整体水平要高于对新型城镇化宏观综合性规划政策和户籍政策的认知程度，其中对义务教育和医疗卫生方面的政策了解程度最高，平均得分都在1.80以上，而对土地和住房方面的政策最低，平均得分均未超过1.70。但是从了解程度的构成来看，对各个领域政策表示完全不了解的基本都在40%~50%，占据相当大的比例；表示只了解一些的也都接近50%，表示能大概了解的不超过15%，而表示非常了解的则不超过1.5%，也就是只有极少数的人能达到非常了解的程度。说明尽管西南民族地区农村居民对户籍之外的其他领域相关政策的认知程度要高于对新型城镇化宏观综合性规划政策和户籍政策的认知程度，但整体认知程度依然很低。

表4.18　　　西南民族地区农村居民对新型城镇化中

其他领域相关政策的认知程度

政策内容	内容	百分比（%）	平均认知水平
新型城镇化政策中关于就业方面的政策	完全不了解	39.2	1.73
	了解一些	46.6	
	大概了解	13.2	
	非常了解	1.0	

续表

政策内容	内容	百分比（%）	平均认知水平
新型城镇化政策中关于土地方面的政策	完全不了解	44.8	1.68
	了解一些	42.6	
	大概了解	12.2	
	非常了解	0.4	
新型城镇化政策中关于义务教育方面的政策	完全不了解	36.0	1.81
	了解一些	47.5	
	大概了解	15.1	
	非常了解	1.4	
新型城镇化政策中关于医疗卫生方面的政策	完全不了解	36.1	1.80
	了解一些	48.7	
	大概了解	14.1	
	非常了解	1.1	
新型城镇化政策中关于社会保障方面的政策	完全不了解	43.0	1.71
	了解一些	44.0	
	大概了解	12.0	
	非常了解	1.0	
新型城镇化政策中关于住房方面的政策	完全不了解	47.9	1.66
	了解一些	39.3	
	大概了解	12.9	
	非常了解	0.9	

注：同表4.17具体内容。

不同特征的西南民族地区农村居民之间对新型城镇化其他领域政策的认知差异特点同样与对上述两个方面政策的认知差异基本相同（见表4.19）：从民族成分来看，汉族农村居民的认知程度要高于主要少数民族居民，但略低于其他少数民族居民认知程度；从年龄来看，年龄越轻的农村居民认知程度越高，其中处于19～35岁青年阶段的农村居民认知程度最高；从学历来看，学历越高的农村居民认知程度越高，其中大

第四章 西南民族地区农村居民对新型城镇化政策的认知

专学历的农村居民认知程度最高,接近2.0;从外出务工情况来看,近年有过外出务工经历的农村居民认知程度较高;从家庭收入情况来看,家庭全年收入越高的农村居民的认知程度越高;从居住地点来看,离城镇越近的农村居民的认知程度越高。

表4.19 西南民族地区不同特征农村居民对新型城镇化中其他领域相关政策的认知差异

特征属性		认知水平
民族	汉族	1.74
	主要少数民族	1.69
	其他少数民族	1.76
年龄	18岁以下	1.71
	19~35岁	1.78
	36~45岁	1.77
	46~60岁	1.63
	60岁以上	1.57
学历	小学	1.55
	初中	1.68
	高中或者中专	1.83
	大专	1.99
	本科及以上	1.85
是否外出务工	否	1.70
	是	1.78
家庭全年收入	3万元以内	1.68
	3万~8万元	1.77
	8万~12万元	1.95
	12万元及以上	2.16
居住地点	村庄	1.65
	镇近郊	1.74
	镇上	1.83
	县城近郊	1.86
	中等城市近郊	1.86

西南民族地区新型城镇化：政策认知与"进城"意愿

总结以上分析，可以发现西南民族地区农村居民对新型城镇化政策的认知程度非常低。从对不同层级的政策来看，对国家层面和当地层面的宏观综合性规划政策的了解程度要略高于对所在省级层面的宏观综合性规划政策认知程度；从不同内容的政策来看，对具体领域政策的了解程度略高于对宏观综合性规划政策的了解程度，其中对就业政策、义务教育政策、医疗卫生政策和社会保障政策的了解程度相对较高。从不同特征的群体来看，具有汉族、年轻、学历高、近年有外出务工经历、家庭全年收入高和居住地点靠近城镇特征的农村居民对新型城镇化各方面的政策要更了解一些。

二、认知程度的影响因素

前述分析已经初步显示民族、年龄、学历、是否外出务工、家庭收入等主要因素对政策认知的影响。为进一步全面详细分析各种因素的影响，下面将被调查对象的个人特征、家庭特征和地区特征全部因素作为自变量进行回归分析。由于对新型城镇化政策的认知包括对多层级多方面政策的认知，因此回归分析的因变量采用对所有政策认知的平均得分，计算方法是将每个被调查对象对每项政策认知程度选项的对应得分全部加总后除以题目总数，这个平均得分可以反映对新型城镇化政策认知的综合性情况[①]。由于因变量可以视为连续变量，因此回归模型直接采用线性回归。同时，自变量中的民族、土地状况、主要收入来源和省份由于是无序多分类别变量，均采用虚拟变量的方式进行处理；对于家庭收入为避免异方差问题，在回归分析时先对其以 E 为底取自然对数。

---

① 对于新型城镇化各层级各方面政策的了解选项"完全不了解""了解一些""大概了解""非常了解"的赋分依据常见做法，可以直接赋 1~4 分，也可以赋 0、1、3、5 分或 0、3、5、7 分的方式，后两种赋分方式一是为了将等级之间的距离拉长，二是将"完全不了解"赋 0 分可以以 0 作为起点。本研究在比较各种赋分方式后，并没有发现线性回归分析结果的实质性差异，仅仅是各自变量的回归系数和标准误数值有所变化，但系数的正负方向和显著性程度一致。鉴于这种情况，本研究直接采用更为简单直观的 1~4 分的赋分方式。

回归结果如表 4.20 所示：其中模型 1、模型 2、模型 3 分别是对个人特征、家庭特征和地区特征的回归分析；模型 4 是对除有虚拟变量之外的所有因素的归回分析，目的是为避免虚拟变量过多对回归结果的影响，剔除虚拟变量以便与其他模型对比；模型 5 是对家庭收入之外的所有因素的回归分析，模型 6 是对包括家庭收入在内的所有因素的回归分析，两个模型对比可以避免家庭收入变量回答中较多缺失对回归结果的影响。

表 4.20　　西南民族地区农村居民对新型城镇化政策
认知的影响因素线性回归分析

	变量	模型 1	模型 2	模型 3	模型 4	模型 5	模型 6
个人特征	性别（以女性为参照）	0.066*** (0.022)			0.049** (0.023)	0.054** (0.021)	0.046** (0.023)
	年龄	-0.007 (0.011)			-0.008 (0.012)	-0.011 (0.011)	-0.010 (0.012)
	民族（以汉族为参照）						
	主要少数民族	-0.033 (0.026)				-0.050* (0.027)	-0.059* (0.030)
	其他少数民族	0.021 (0.030)				0.025 (0.031)	0.019 (0.033)
	学历	0.095*** (0.009)			0.081*** (0.010)	0.072*** (0.009)	0.080*** (0.010)
	是否外出务工（以未外出打工为参照）	0.100*** (0.022)			0.088*** (0.023)	0.084*** (0.024)	0.096*** (0.026)

111

续表

	变量	模型 1	模型 2	模型 3	模型 4	模型 5	模型 6
家庭特征	家庭人口		-0.030*** (0.008)		-0.018** (0.008)	-0.013* (0.007)	-0.017*** (0.008)
	土地面积		0.001*** (0.000)		0.001*** (0.000)	0.001*** (0.000)	0.001*** (0.000)
	土地状况（以自己种植为参照）						
	转租承包		0.013 (0.033)			0.005 (0.031)	-0.017 (0.033)
	放置荒废		0.023 (0.040)			0.011 (0.037)	-0.008 (0.040)
	政府征收		0.026 (0.046)			-0.030 (0.043)	-0.007 (0.046)
	其他		-0.085 (0.063)			-0.106* (0.055)	-0.154** (0.063)
	主要收入来源（以务农收入为参照）						
	打工收入		0.099*** (0.029)			0.030 (0.043)	0.029 (0.031)
	个体经营收入		0.168*** (0.043)			0.112*** (0.039)	0.104** (0.043)
	创办企业收入		0.293** (0.127)			0.324*** (0.118)	0.261** (0.128)
	财产收入		0.152 (0.105)			0.118 (0.100)	0.069 (0.105)
	其他		0.141 (0.101)			0.099 (0.087)	0.122 (0.099)

第四章　西南民族地区农村居民对新型城镇化政策的认知

续表

	变量	模型1	模型2	模型3	模型4	模型5	模型6
家庭特征	全年收入		0.061*** (0.012)		0.054*** (0.011)		0.044*** (0.012)
	是否参加新农合		-0.064 (0.023)		-0.058*** (0.022)	-0.051** (0.020)	-0.064*** (0.023)
	是否参加新农保		0.097*** (0.019)		0.096*** (0.018)	0.093*** (0.017)	0.090*** (0.019)
	是否购买商业保险		0.207*** (0.030)		0.183*** (0.029)	0.206*** (0.027)	0.176*** (0.030)
	是否有子女上中小学（以没有子女上中小学为参照组）		0.002 (0.024)		0.011 (0.023)	0.006 (0.022)	0.013 (0.023)
地区特征	居住地点			0.083*** (0.008)	0.030*** (0.009)	0.033*** (0.009)	0.027*** (0.010)
	省份（以广西为参照）						
	云南			-0.123** (0.026)		-0.117*** (0.027)	-0.079** (0.031)
	贵州			-0.014 (0.026)		0.017 (0.027)	0.014 (0.031)
	常数项	1.365*** (0.049)	0.839*** (0.136)	1.425*** (0.025)	0.616*** (0.136)	1.022*** (0.091)	0.691*** (0.145)
	F	31.346***	15.726***	51.134***	31.467***	18.794***	15.886***
	df	6	16	3	12	24	25
	R^2	0.070	0.104	0.058	0.154	0.156	0.158
	N	2424	2021	2465	2003	2309	1986

注：***、**、*分别表示在1%、5%、10%水平下显著。

西南民族地区新型城镇化：政策认知与"进城"意愿

从表 4.20 来看，各个自变量在不同模型的中的归回结果基本是稳健的。在个人特征方面：性别、学历和是否外出务工对新型城镇化认知程度有显著影响。在性别上，与前文分析的性别对政策认知意愿的差异没有影响不同，表 4.20 显示性别对实际认知程度的差异有影响，尽管西南民族地区男性和女性农村居民对新型城镇化政策的了解意愿没有显著差异，但男性农村居民相对于女性农村居民，现实中对新型城镇化政策的了解程度更高，农村地区男性的眼界范围更为广阔，信息接受能力也更强；在学历方面，学历越高的农村居民对新型城镇化政策的认知程度越高，同时由于学历与年龄具有较高的负相关性，在回归中没有显示年龄对认知程度的影响，但实际上年龄与认知程度呈现负相关关系；从务工经历来看，近年来有外出务工经历的农村居民对政策的认知程度高；民族构成对政策认知程度也有一定的影响，模型 5 和模型 6 显示，相对于汉族农村居民而言，主要少数民族的农村居民对政策的认知程度要低一些。

在家庭特征方面，人口数量、收入来源、家庭全年收入、是否参加新型农村合作医疗保险、是否参加新型农村养老保险、是否购买商业保险对政策认知程度有影响。对于人口数量，前文的分析显示其对是否有了解新型城镇化政策的意愿没有影响，但表 4.20 显示家庭成员越多的农村居民对新型城镇化政策的实际了解程度越高，说明尽管家庭人口的多少对政策了解意愿没有影响，但人口多的家庭，获取政策信息的范围更广，信息交流机会更多，因而对政策更为了解；在家庭收入方面，相对于以务农为主要收入的农村居民，以打工、个体经营、创办企业等非农收入作为主要收入的农村居民，对新型城镇化政策的认知程度更高，与此相关的是，家庭收入越高的农村居民对新型城镇化政策的认知程度也越高。

在地区特征方面：前文的分析显示，农村居民的居住地点越靠近城镇对了解新型城镇化政策的意愿有一定的负面影响，但表 4.20 显示无论其了解政策的意愿如何，居住地点越靠近城镇实际上获取政策信息更便捷，对新型城镇化政策的了解程度更高；在省区差异方面，相对于广

第四章　西南民族地区农村居民对新型城镇化政策的认知

西而言，云南省的农村居民对新型城镇化政策的认知程度低一些，这与云南省的前文分析的云南省网络发展更为滞后以及居民对新型城镇化政策的了解意愿更低有关。

综合本节分析来看，西南民族地区农村居民对宏观层面新型城镇化综合性规划政策的认知程度很低，但对与日常生活密切相关问题的具体政策的了解程度要略高于综合性规划政策的了解程度。在宏观政策方面，对国家层面、省区层面和当地政策的了解还呈现一定的 U 型特征；在具体政策方面，对就业政策、义务教育政策、医疗卫生政策和社会保障政策的了解程度相对较高，对户籍相关政策的认知程度相对较低，并且有大部分农村居民依然认为将户籍从农村迁往城镇是困难的。西南民族地区农村居民对新型城镇化政策的认知程度与其个人特征、家庭特征和地区特征有关系，具有汉族身份、年纪轻、学历高、近年有外出务工经历、家庭以非农收入为主、家庭全年收入高和居住地点靠近城镇的农村居民对新型城镇化政策的整体了解程度相对较高。

本章结论

本章基于《西南民族地区农村居民对新型城镇化政策的认知与"进城"意愿调查问卷》第 2 部分（第 17~33 题）的数据，采用描述统计、卡方分析和归回分析的方法分析了西南民族地区农村居民对新型城镇化政策认知的意愿、认知途径和认知程度及其主要影响因素。本章所分析的认知程度是指农村居民对新型城镇化政策的了解程度，不包括对新型城镇化政策的评价。

关于对新型城镇化政策的认知意愿，分析显示西南民族地区农村居民有了解新型城镇化政策的需求，并且了解新型城镇化政策的意愿非常强烈。学历（年龄）、是否外出务工、家庭全年收入、是否参加新型农村合作医疗保险、是否参加新型农村养老保险和是否购买商业保险对政策认知意愿有正面影响，越是年纪轻、学历高、有外出务工经历、家庭年收入高、家庭成员购买各种保险比例高的农村居民对新型城镇化政策

西南民族地区新型城镇化：政策认知与"进城"意愿

的认知意愿更强烈；民族成分、土地面积、家庭居住地点对政策认知意愿有负面影响，少数民族、土地面积多和居住靠近城镇的农村居民对新型城镇化政策的认知意愿更低；家庭人口数量、土地状况、家庭主要收入来源、是否有子女上中小学对政策认知意愿没有影响。同时，广西的农村居民相对于云南和贵州的农村居民对新型城镇化政策认知意愿更强。

关于对新型城镇化政策的认知途径，分析显示当前西南民族地区农村居民大部分主要通过电视和网络来了解的，通过公益短信以及报纸杂志、政府标语、政府人员宣讲、村干部宣讲等传统方式途径了解得很少，另外还有一部分农村居民表示没有任何途径来了解新型城镇化政策，表明在西南民族地区农村相关政策信息传播仍然存在较大的"真空"地带。值得注意的是，尽管网络途径是西南民族农村居民当前了解新型城镇化政策信息的第二主要途径，但其比例不超过20%，在"互联网+"时代还没有在政策信息传播中起到应有的作用。这种状况主要是受到西南民族地区网络发展程度以及农村居民文化水平和消费能力的限制，目前通过网络途径来了解新型城镇化政策比例相对较高的是年轻、学历高、家庭收入高、居住地点靠近城镇的农村居民。西南民族地区农村居民希望了解新型城镇化政策的途径则主要是网络、电视、政府人员宣讲和村干部宣讲，网络途径上升为第一选择并且比例很高，电视下降为第二选择，此外选择其他途径的比例都极低。选择网络途径的主要是年龄小、学历高、家庭收入高和靠近城镇的农村居民；希望选择电视和宣讲途径的主要是年龄大、学历低、家庭收入低和居住在离城镇远的农村居民；同时，少数民族居民相对汉族居民而言，选择电视途径的比例偏高，选择网络途径的比例偏低。

关于对新型城镇化政策的认知程度，分析显示西南民族地区农村居民对宏观层面新型城镇化综合性规划政策的认知程度很低，这与西南民族地区农村居民当前了解政策信息途径的限制密切相关。从不同层面不同方面政策内容来看，西南地区农村居民对与日常生活密切相关的具体政策的了解程度要略高于宏观的综合性规划政策的了解程度，并且对国家层面、省级层面和当地的规划性政策的了解还呈现一定的 U 型特征，对就业政策、义务教育政策、医疗卫生政策和社会保障政策的了解程度相对较高，而对户籍相关政策的认知程度相对较低，同时有大部分农村居民依然认为将户籍从农村迁往城镇是困难的。从影响因素来看，具有汉族身份、年纪轻、学历高、近年有外出务工经历、家庭以非农收入为主、家庭全年收入高和居住地点靠近城镇的农村居民对新型城镇化政策的整体了解程度相对较高。

第五章

西南民族地区农村居民在新型
城镇化中的"进城"意愿

新型城镇化的核心是人的城镇化,也就是大力推进农业人口的市民化。《国家新型城镇化规划(2014 – 2020 年)》中提出的城镇化发展的目标是"常住人口城镇化率达到60%左右,户籍人口城镇化率达到45%左右,户籍人口城镇化率与常住人口城镇化率差距缩小2个百分点左右,努力实现1亿左右农业转移人口和其他常住人口在城镇落户"[①];《广西壮族自治区新型城镇化规划(2014 – 2020 年)》中提出的城镇化发展的目标是"常住人口城镇化率年均提高1.3个百分点,2020年达到54%,户籍人口城镇化率达到34.5%,户籍人口城镇化率与常住人口城镇化率差距缩小2个百分点左右。实现新增城镇人口700万左右,促进600万左右农业转移人口和其他常住人口落户城镇";《云南省新型城镇化规划(2014 – 2020 年)》中提出的城镇化发展的目标是"2020年全省常住人口城镇化率达到50%左右,户籍人口城镇化率达到38%左右。户籍城镇化率与常住人口城镇化率差距缩小1.2个百分点左右,再新增500万以上农业转移人口和其他常住人口在城镇落户";《贵州省山地特色新型城镇化规划(2016 – 2020 年)》中提出的城镇化发展的目标是"到2020年,全省常住人口城镇化率达到50%以上,户籍人口城

---

① 中共中央、国务院:《国家新型城镇化规划(2014 – 2020 年)》,国务院网站,http://www.gov.cn/gongbao/content/2014/content_2644805.htm,2014年3月16日。

第五章　西南民族地区农村居民在新型城镇化中的"进城"意愿

镇化率达到43%左右,城镇人口达到2000万左右,年均新增城镇人口80万左右"。无论是国家层面的规划还是西南民族地区省级层面的规划,都把农村人口向城镇的转移和落户作为新型城镇化的重中之重。但是,农业人口的市民化需要按照"尊重意愿、自主选择"的原则而不能强制。因此,农村居民是否愿意"进城"的意愿状况将会直接影响农业人口向城镇转移的规模和速度。本章基于调查问卷第3部分的数据分析西南民族地区农村居民的"进城"意愿情况,包括是否愿意"进城"的基本状况、影响"进城"意愿的主要因素,以及如果愿意"进城"对城镇类型的选择及影响因素3个方面的问题。分析资料具体对应问卷第34~38题。

第一节　西南民族地区农村居民"进城"意愿的基本情况

本节分析西南民族地区农村居民"进城"意愿基本状况,包括"进城"意愿的分布、不愿意"进城"的原因、"愿意"进城的原因以及"进城"关心的问题。除分析基本状况外,还针对部分问题在西南民族地区不同特征农村居民之间进行比较分析。

一、西南民族地区农村居民"进城"意愿

西南民族地区农村居民的"进城"意愿分布状况如表5.1所示:在2461份有效回答中,有989名被调查者表示不愿意"进城",占40.2%;有1472名被调查者表示愿意"进城",占59.8%。愿意"进城"和不愿意"进城"的农村居民比例基本是"六四开",从基本形态来看,愿意"进城"的比例稍高于不愿意"进城"的比例,但愿意"进城"和不愿意"进城"的比例都没有形成"一边倒"的状况。

表 5.1　　　　　西南民族地区农村居民"进城"意愿

	频数	占百分比（%）
不愿意	989	40.2
愿意	1472	59.8
合计	2461	100

为了比较西南民族地区农村居民与其他地区农村居民"进城"意愿的差异，从国内学术文献和网络文献中搜集了有关农村居民"进城"意愿的调查结论（见表 5.2）。为了保证可比性，对所搜集的关于"进城"意愿的调查研究文献进行了筛选：首先是剔除了关于"农民工"的"进城"意愿调查研究[1]，因为"农民工"与"农村居民"有明显的差别，"农民工"只是"农村居民"的一部分，也就是进城务工的"农村居民"，不能反映"农村居民"的整体群体特征；其次是剔除了关于城市近郊等特定区域属性的农村居民"进城"意愿调查研究的文献[2]，因为城市近郊农村居民在经济社会生活和信息接受等方面与普通农村居民有很大差别，不能代表整体意义上的农村居民；最后剔除了

---

[1] 例如：李兴华、戴健华、曾福生：《湖南农民工市民化意愿倾向分析及对策选择》，载《华中农业大学学报（社会科学版）》，2007 年第 6 期，第 32～36 页；胡晓书、许传新：《新生代中国农民进城意愿及相关因素分析》，载《中国劳动》，2015 年第 4 期，第 26～30 页；宋洁：《省统计局调查显示——陕西四成农民工有进城落户意愿》，载《西安晚报》，2017 年 2 月 15 日；李晓阳、黄毅祥、许秀川：《农民工"候鸟式"迁移影响因素分析——基于重庆市 9 个主城区的农民工调查》，载《中国人口·资源与环境》，2015 年第 9 期，第 70～80 页；陈庆鹏、刘澈元：《影响"新生代农民工"进城意愿的内源因素分析——基于泛北部湾中国区域广西全州、荔浦两县农村的调研》，载《开发研究》，2013 年第 6 期，第 84～87 页；钱龙、钱文荣、洪名勇：《就近务工提升了农民工城镇化意愿吗——基于贵阳市的调查》，载《农业现代化研究》，2016 年第 1 期，第 102～109 页；汪曼、莉张维：《省统计局调查报告我省四成农民工愿进城落户》，http://sx.leju.com/news/2014-11-23/08575942088268366800472.shtml，2014 年 11 月 23 日；等等。

[2] 例如：王华：《广州城市化进程中郊区农民迁移意愿分析》，载《地理与地理信息科学》，2009 年第 2 期，第 75～78 页；未萌、张燕、陈志刚：《基于农民进城定居意愿调查的城乡统筹发展规划研究——以崇礼区高家营镇为例》，载《农业与技术》，2016 年第 19 期，第 147～149 页；等等。

第五章 西南民族地区农村居民在新型城镇化中"进城"意愿

表 5.2 已有文献关于农村居民"进城"意愿调查及其结论情况

文献作者	文献来源	调查者	调查时间	地区归属	调查地点	调查样本数量	调查结论
陆益龙	《向往城市还是留恋乡村？——农民城镇化意愿的实证研究》，载《人文杂志》，2014年第12期，第94~101页。	中国综合社会调查	2010	全国范围	全国抽样	4519	有10.9%的农民有主动城镇化的意向和计划，有89.1%的农民未来5年没有进城定居计划。
李飞、杜云素	《阶层分化与农民乡城永久迁移——基于CGSS2010数据分析》，载《人口与经济》，2017年第3期，第66~76页。	中国综合社会调查	2010	全国范围	全国抽样	11785	被访者中有8.6%已经在城镇定居，9.9%的人未来5年愿意到城镇定居，67.9%的人未来5年不会到城镇定居，13.6%的人未回答。
李宝仪、杨龙、吴本健	《经济状况、人力资本与贫困农民城镇定居意愿》，2017年第1期，第26~31页。	中国综合社会调查	2010	全国范围	全国抽样	11873	贫困农民的"进城"意愿为7.42%，有92.58%的贫困农民不愿意"进城"，非贫困农民的"进城"意愿为13.54%，愿意"进城"的为86.46%。

121

续表

文献作者	文献来源	调查者	调查时间	地区归属	调查地点	调查样本数量	调查结论
张馨月、伊庆山	《理性选择视角下农村人口进城定居意愿研究——基于CGS2010的实证研究》，载《辽宁农业科学》，2015年第4期，第38~42页。	中国综合社会调查	2010	全国范围	全国抽样	5248	未来5年有计划到城镇定居的占19.5%，没有此项计划的占80.5%。
聂伟、王小璐	《人力资本、家庭禀赋与农民的城镇定居意愿——基于CGS2010数据库资料分析》，载《南京农业大学学报（社会科学版）》，2014年第5期，第53~61页。	中国综合社会调查	2010	全国范围	全国抽样	5729	愿意到城镇定居的占11.4%，不愿意的占88.6%。
黄振华、万丹	《农民的城镇定居意愿及其特征分析——基于全国30个省267个村4980位农民的调查》，载《经济学家》，2013年第11期，第86~93页。	华中师范大学中国农村研究院	2013年1月~2013年2月	全国范围	全国抽样	4980	愿意到城镇定居的占39.06%，不愿意的占60.94%。

续表

文献作者	文献来源	调查者	调查时间	地区归属	调查地点	调查样本数量	调查结论
李超、孟庆国、都希希	《农户定居城镇意愿及其财产性影响因素差异——基于一般、小康、富裕三类农户的比较分析》，载《湖南农业大学学报（社会科学版）》，2015年第6期，第58~64页。	清华大学中国农村研究院	2014年7月~2014年9月	全国范围	陕西、河南、山东、内蒙古、重庆、湖北、贵州、黑龙江、四川、云南、海南、湖南、吉林、北京、山西、江苏、福建、河北、浙江、安徽、江西等	3753	离开农村搬到城镇居住的农户占36.69%，不打算搬到城镇的占49.63%，目前还不确定的占13.68%。
卫龙宝、储德平、伍骏骞	《农村城镇化进程中经济较发达地区农民迁移意愿分析——基于浙江省的实证研究》，载《农业技术经济》，2014年第1期，第91~98页。	课题组	2013	东部地区	浙江省	643	愿意迁移的农民占53.3%，不愿意的占20.4%，没想过这个问题的占26.3%。
虞鹰	《户籍同权方能提升农民进城意愿》，http://www.huaxia.com/xw/mttt/2014/06/3919520.html，2014年6月6日。	国家统计局中山调查队	2014年6月	东部地区	广东省中山市	—	希望落户城镇的农民占41.5%，不希望落户的占20.7%，暂时没考虑的占37.8%。

123

续表

文献作者	文献来源	调查者	调查时间	地区归属	调查地点	调查样本数量	调查结论
李孟波、郭海霞、程旭	《基于农民进城定居意愿调查的城乡统筹发展规划研究——以崇礼区高家营镇为例》，载《农业与技术》，2016年第19期，第147~149页。	李孟波、郭海霞、程旭	2014	东部地区	河北省张家口市高家营镇	113	愿意到城市定居的农民占72%，不愿意的占28%。
王晓易	《河南农民城镇化意愿调查：农民城镇落户首选县城》，http://money.163.com/15/1027/16/B6UPNA3000253B0H.html，2015年10月27日。	河南省地方经济社会调查队	2015年10月	中部地区	河南省18个省辖市	1782	愿意进城落户的农民占84.2%，不愿意的占15.8%。
焦作市委农村工作办公室	《焦作市农民进城居住意愿调查报告》，http://www.jzswnb.gov.cn/NewsView.asp?id=168，2013-06-18/2017-08-19。	焦作市新型农村社区建设指挥部办公室	2013年1月至2013年4月	中部地区	河南省焦作市	173882	愿意进城居住的占56.9%，不愿意的占43.1%。
朱琳、刘彦随	《城镇化进程中农民进城落户意愿影响因素——以河南省郸城县为例》，载《地理科学进展》，2012年第4期，第461~467页。	朱琳、刘彦随	2010	中部地区	河南省郸城县	169	愿意进城落户的农民占76.3%，不愿意的占23.7%。

124

第五章 西南民族地区农村居民在新型城镇化中的"进城"意愿

续表

文献作者	文献来源	调查者	调查时间	地区归属	调查地点	调查样本数量	调查结论
秦文锋、徐海涛、许茹、李劲峰	《农村户口"含金量"上涨有地方现"逆城镇化"》，http://www.chinacourt.org/article/detail/2016/07/id/2024158.shtml，2016年7月19日。	湖北省宜城市	2016	中部地区	湖北省宜城市	—	70%农民愿意进城居住，但不愿意迁户口。
成艾华、田嘉莉	《农民市民化意愿影响因素的实证分析》，载《中南民族大学学报（人文社会科学版）》，2014年第1期，第133~137页。	成艾华、田嘉莉	2013年7月	中部地区	湖北省鹤峰县	329	愿意迁居落户城镇的农民占60.8%，不愿意的占39.2%。
古小波	《新型城镇化进程中农民进城意愿影响因素研究——以延安市为例》，2015年第11期，第44~45页。	古小波	2016	西部地区	陕西省延安市	87	愿意搬住城市、县城或者新型社区的村民占到60.92%；不愿意搬往城市、县城或新型社区居住的居民占21.82%；说不清的村民占17.24%。

125

续表

文献作者	文献来源	调查者	调查时间	地区归属	调查地点	调查样本数量	调查结论
蒲城县人民政府办公室	《蒲城农民进城落户意愿高存在问题不容忽视》，http://www.pucheng.gov.cn/gk/gk17/gk1703/70215.htm，2017年1月16日。	蒲城调查队	2017年1月	西部地区	陕西省蒲城县	100	71%的农民愿意落户城镇，14%的农民有意愿，但落户条件不成熟，15%农民不愿意落户城镇。
夏正智	《推进新型城镇化应充分尊重农民意愿》，载《中共山西省委党校学报》，2015年第5期，第61~65页。	重庆市江津农委	2013年7月	西部地区	重庆市江津区	50户农民	50户调查户全部愿意进城落户。
赵雯雯、韩芳	《新型城镇化背景下农村人口移居城镇意愿的影响因素研究——以新疆昌吉州为例》，载《山东农业科学》，2016年第8期，第159~166页。	赵雯雯、韩芳	2014	民族省区	新疆维吾尔族自治区昌吉州玛纳斯县、奇台县、木垒县	200	奇台县有移居意愿的占48%，没有移居意愿的占52%；玛纳斯县有移居意愿的占42.3%，没有移居意愿的占57.7%；木垒县有移居意愿的占63.3%，没有移居意愿的占36.7%。

续表

文献作者	文献来源	调查者	调查时间	地区归属	调查地点	调查样本数量	调查结论
王萌萌	《各地户籍制度改革落实追踪》，http://news.xinhuanet.com/local/2016-05/05/c_1118811537.htm，2016年5月5日。	南宁市公安局	2016	民族省区	广西壮族自治区南宁市	1054	愿意到城镇落户的占55%，不愿到城镇落户的占45%。
聂莹、王宾、于法稳	《新型城镇化背景下少数民族农民进城意愿影响因素：以云南省峨山县为例》，载《贵州农业科学》，2017年第7期，第154~158页。	聂莹、王宾、于法稳	2016年7月	民族省区	云南省峨山彝族自治县	129	愿意进城定居的占31.8%，不愿的占68.2%。

127

西南民族地区新型城镇化：政策认知与"进城"意愿

2010年之前的调查研究[1]，因为2010年之前时间过于久远，国家经济社会发展形势和政策导向已经有明显变化，没有可比较性，调查时间以文献中的说明或记载为准，不以文献发表时间为标准。同时为了比较方便，符合要求的调查研究文献根据其调查的范围和地区分为全国范围、东部地区、中部地区、西部非民族省区和民族省区[2]。

数据显示，与全国范围内的农村居民的"进城"意愿相比，西南民族地区农村居民的"进城"意愿要强烈得多，5项利用CGSS（中国综合社会调查）2010年数据分析的研究文献显示农村居民愿意"进城"的比例基本在10%～20%，远远低于西南民族地区农村居民59.8%的比例；2013年华中师范大学中国农村研究院和2014年清华大学中国农村研究院的调查显示接近40%的农村居民愿意"进城"，但这个比例仍低于西南民族地区农村居民的意愿比例。当然，此处与全国范围内的比较可能存在失真。首先是因为2010年实施调查时新型城镇化的理念和政策都还未提出，城乡经济社会发展格局对人口流动尤其是农村居民流向城市的控制依然比较严格，因此农村居民的"进城"意愿比较低，随着新型城镇化理念与政策的相继完善，以及城乡经济社会发展格局对人口流动限制的放松，2013年华中师范大学中国农村研究院和2014年清华大学中国农村研究院的调查结论显示农村居民"进城"意愿有明显的提升趋势；其次CGSS是综合性社会调查，并非专门针对农村居民"进城"意愿的调查，关于农村居民"进城"意愿问题上的调查效度会存在偏差。因此，此处的比较并不能真正说明西南民族地区农村居民的"进城"意愿比全国农村居民的"进城"意愿强烈。

关于东部地区农村居民"进城"愿意的调查文献有3项：浙江省的调查显示，愿意迁移到城镇的农村居民占53.3%，不愿意的占

---

[1] 例如：焦玉良、龙晓添：《农民流动决策及其特点之实证分析——基于对山东省高密市的调查》，载《西北人口》，2005年第3期，第29～32页；刘晓丽、戴文浪：《城市化进程中农民迁移意愿影响因素研究——基于广东298位农民的实证分析》，载《广东农业科学》，2011年第1期，第232～234页；等等。

[2] "民族省区"指5个自治区和青海、贵州、云南3个民族省。

第五章 西南民族地区农村居民在新型城镇化中的"进城"意愿

20.4%，没想过这个问题的占26.3%；广东省中山市的调查显示，希望落户城镇的农民占41.5%，不希望落户的占20.7%，暂时没考虑的占37.8%；河北省张家口市高家营镇的调查则显示愿意到城市定居的农民占72%，不愿意的占28%。河北省张家口市高家营镇的调查结果中愿意"进城"的农村居民的比例达到72%，明显高于西南民族地区的比例；浙江省和广东省中山市的调查由于有愿意、不愿意和没想过/没考虑3种选择，对意愿的分布会有影响，尽管直接表示愿意"进城"的比例在40%~55%，低于西南民族地区的比例，但直接表示不愿意"进城"的比例不超过21%，只有西南民族地区40.2%的一半，如果将没想过/没考虑的那部分农村居民的"进城"意愿按照同时期愿意和不愿意的比例推定分配，则两地农村居民愿意"进城"的比例会达到72.3%和66.7%，明显高于西南民族地区农村居民愿意"进城"的比例。同时还要考虑到东部地区的城镇化水平明显高于西部地区和西南民族地区的现状，第一章图1.5和1.6显示，截至2013年国家新型城镇化政策正式出台时，东部地区的城镇化率已经达到66.9%，而西部地区则只有45.43%，西南民族地区各省区则均未超过45%，东部地区与西南民族地区相比，要高出20多个百分点，接近70%。按照城镇化的规律，当城镇化率超过70%，城乡之间的人口流动就会相对稳定，农村居民迁往城镇的空间会缩小。从这个角度看，城镇化本身就落后的中西部地区尤其是西部民族地区城镇化率还有很大的上升空间，需要大规模的人口向城镇转移，农民的"进城"意愿应该更强烈。但已有调查结论显示，西南民族地区农村居民的"进城"意愿并不高于，甚至是低于东部地区农村居民的"进城"意愿。同样，由于3项文献的调查范围不大，没有覆盖整个东部地区，分别只涉及一个省、一个市和一个镇，样本规模小，其结论的科学性无法保证，因此比较分析只作参考。

已有文献中关于中部地区农村居民"进城"意愿的调查有5项，分别涉及河南省和湖北省。河南省地方经济社会调查队在河南省18个省辖市的调查显示，愿意"进城"的农村居民高达84.2%，另外两项关于焦作市和郸城县的调查则显示愿意"进城"的农村居民分别占

56.9%和76.3%；湖北省宜城市和鹤峰县的调查显示愿意"进城"的农村居民分别占70.0%和60.8%。两个省的调查都显示农村居民有比较强的"进城"意愿，愿意"进城"的农村居民比例高于西南民族地区农村居民，尤其是河南省全省范围内的调查显示，农村居民愿意"进城"的比例高出西南民族地区将近25个百分点。需要注意的是，中部地区的调查同样也存在样本的代表性的问题，只涉及两个省，结论会存在偏差。

已有文献中关于西部非民族省区的调查有3项，分别涉及陕西省和重庆市。陕西省延安市和蒲城县的调查显示，愿意"进城"的农村居民的比例分为60.9%和71%；重庆市江津区的50户农村则表示都愿意"进城"落户。从3项调查数据来看，西部非民族省区农村居民的"进城"意愿也高于西南民族地区。但3项西部非民族地区农村居民"进城"意愿的调查只涉及一个地级市、一个县和一个市辖区，而且样本都不超过100，代表性比较差，结论仅供参考。

关于民族省区的调查文献有3项，涉及西北民族地区的新疆维吾尔自治区以及西南民族地区的广西壮族自治区和云南省。新疆维吾尔自治区昌吉州玛纳斯县、奇台县、木垒县的调查显示，愿意"进城"的农村居民分别为48%、52%和63.3%；广西壮族自治区南宁市的调查显示，愿意"进城"的农村居民占55%；云南省峨山彝族自治县的调查则显示，愿意"进城"的农村居民仅占31.8%。从这些文献的数据来看，民族地区农村居民的"进城"意愿程度整体上不及东部地区尤其是中部地区农村居民。本研究调查显示，西南民族地区59.8%的农村居民"愿意"进城，这个比例也是低于中部地区和东部地区农村居民的意愿。但本研究的调查显示的西南民族地区农村居民愿意"进城"的比例要略高于民族省区的调查文献的结论，尤其是高于云南省峨山彝族自治县的调查结论。当然，要注意到民族省区的3项调查中除广西壮族自治区南宁市的调查外，另外两项调查的样本量较小，代表性不足，结论具有局限性。

二、西南民族地区农村居民不愿意"进城"的原因

西南民族地区农村居民不愿意"进城"的原因如表5.3所示。由于不愿意"进城"的原因不可穷尽,调查时列举原因的方法是在问卷中先依据文献和前期访谈列出若干项常见原因,在调查时被调查者在给定选项之外增加的原因,在问卷回收后统计时进行重新归类编码,最终形成14种具体原因,无法归类且频数很小的原因归为其他原因。14种具体原因大致可以分为心理情感、农村发展和城镇局限3个方面,其中心理情感方面包括"农村生活环境舒适,水、空气质量好""在村子里生活久了有感情,不想离开""落叶归根,老了还是想回来""城镇生活邻里关系冷淡""亲朋好友都在农村,进城生活会觉得孤单""城镇生活比较受约束""家里世代都在农村生活,想传承家族文化"7项,农村发展方面包括"村里也在发展,各项基础建设正在实施""村里的福利越来越好""从村子到城里,交通便利""村子处于城镇近郊""在农村生活与在城镇生活没有太大的矛盾"5项,城镇局限包括"在城镇里没有房子""在城镇里没有工作"2项。

表 5.3　西南民族地区农村居民不愿意"进城"的原因

原因	人次	百分比(%)
农村生活环境舒适,水、空气质量好	536	54.1
在城镇里没有房子	466	47.1
在村子里生活久了有感情,不想离开	457	46.2
落叶归根,老了还是想回来	372	37.6
村里也在发展,各项基础建设正在实施	331	33.4
城镇生活邻里关系冷淡	308	33.1
村里的福利越来越好	307	31.0

续表

原因	人次	百分比（%）
亲朋好友都在农村，进城生活会觉得孤单	268	27.1
在城镇里没有工作	263	26.6
城镇生活比较受约束	199	20.1
从村子到城里，交通便利	147	14.8
村子处于城镇近郊	108	10.9
家里世代都在农村生活，想传承家族文化	106	10.7
在农村生活与在城镇生活没有太大的矛盾	70	7.1
其他原因	28	2.8
合计	3966	400.6

注：表格对应的问题为多项选择题，表中统计的百分比为个案百分比，合计超过100%。

显然，西南民族地区农村居民不愿意"进城"绝大多数的原因是由于心理情感和农村发展方面的原因，或者说心理上对农村生活的留恋和农村自身发展的吸引会阻碍西南民族地区农村居民"进城"；因担心"进入"城镇后的生存生活问题方面的原因涉及到住房和就业两个方面，尤其是没有住房最为关键。从各具体原因的频率比例来看，达到30%以上的选项依次是"农村生活环境舒适，水、空气质量好""在城镇里没有房子""在村子里生活久了有感情，不想离开""落叶归根，老了还是想回来""村里也在发展，各项基础建设正在实施""城镇生活邻里关系冷淡""村里的福利越来越好"7项，心理情感原因占4项，农村发展原因占2项，其中"农村生活环境舒适，水、空气质量好"超过50%，"在村子里生活久了有感情，不想离开"则超过40%，分别排第1位和第3位，说明农村生活的情感因素对西南民族地区农村居民的重要性。

表5.4显示了西南民族地区不同特征农村居民不愿意"进城"原因上的差异：从民族成分来看，少数民族农村居民尤其是人口较少的少数

第五章　西南民族地区农村居民在新型城镇化中的"进城"意愿

民族农村居民更看重农村生活方式和心理情感方面,例如"农村生活环境舒适""在村子生活久了有感情""落叶归根思想""进城生活孤单"等,选择的比例都超过汉族农村居民;从年龄来看,年龄越大的农村居民越看重"在村子生活久了有感情""落叶归根思想""进城生活孤单""城镇生活比较受约束"等心理情感方面,年龄越轻的农村居民则越看重"农村也在发展""村里福利越来越好"等农村发展方面,同时也看重"农村生活环境舒适",而处于36~45岁中青年阶段的农村居民,基本是家庭骨干成员和经济支柱,则将在城镇没有房子和工作也作为重要原因;从学历来看,学历越低的农村居民既越重视"在村子生活久了有感情""落叶归根思想""城镇邻里关心冷淡""进城生活孤单"等心理情感方面,也越重视"在城镇没有房子"和"在城里没有工作"等城镇局限方面,学历越高的农村居民则越重视"农村也在发展""村里福利越来越好"等农村发展方面,同时也更看重"农村生活环境舒适"的方面;从家庭全年收入来看,家庭收入越低的农村居民越看重在"城镇没有房子""在城里没有工作"等城镇局限方面和"在村子生活久了有感情""进城生活孤单"等心理情感方面,家庭收入越高的农村居民则越看重"农村也在发展"等农村发展方面,同时无论家庭收入高低都很看重"农村生活环境舒适"方面;从居住地点来看,越是居住离城镇距离远的农村居民越是重视"在城镇没有房子"和"在城里没有工作"的问题,而越是离城镇近的农村居民则越重视"农村生活环境舒适"方面,同时到城镇交通便利也是重要原因。从西南民族地区不同特征农村居民不愿意"进城"原因的差异来看:越是少数民族、年龄大、学历低、家庭收入低的农村居民,农村生活心理情感方面越是重要原因;越是年纪轻、学历高、家庭收入高的农村居民则更看重农村发展的吸引力;学历低、家庭收入低以及处于中青年阶段的农村居民还把在城镇没有住房和就业作为重要原因;另外,"农村生活环境舒适"是各个群体农村居民不愿意"进城"的共同重要原因。

表 5.4 西南民族地区不同特征农村居民不愿意"进城"的原因比较

单位：%

		农村生活环境舒适	在城镇没有房子	在村子生活久了有感情	落叶归根思想	农村地在发展	城镇邻里关心冷淡	村里福利越来越好	进城生活孤单	在城里没工作	城镇生活比较受约束	农村到城里交通便利	村子处于城镇近郊	传承家族文化	农村与城镇生活没矛盾	其他原因
民族	汉族	52.2	49.0	47.2	38.1	31.1	31.5	31.0	21.5	26.1	21.1	12.5	9.7	10.6	8.0	1.0
	主要少数民族	56.2	43.8	56.7	39.7	37.1	28.3	29.5	25.5	29.1	15.5	19.9	10.4	11.6	4.8	8.0
	其他少数民族	58.1	45.6	56.9	43.8	36.3	34.4	33.8	36.9	23.8	23.8	15.6	16.3	10.0	7.5	1.3
年龄	18岁以下	56.5	39.1	27.51	21.7	42.0	21.7	39.0	13.0	15.9	13.0	13.0	13.0	11.6	8.7	8.7
	19~35岁	61.4	44.6	42.6	31.2	35.6	34.2	35.9	20.1	21.5	18.5	16.4	13.8	8.1	9.4	3.7
	36~45岁	49.3	51.5	44.2	32.1	29.2	34.7	37.0	23.7	36.9	23.7	14.6	9.1	7.7	6.9	1.8
	46~60岁	52.4	48.5	50.2	44.5	35.4	25.8	35.8	34.1	29.3	20.1	17.5	10.5	14.4	4.4	0.9
	60岁以上	49.6	44.5	62.2	62.2	29.4	30.3	30.3	47.1	16.8	20.2	7.6	7.6	16.8	5.9	3.4
学历	小学	51.2	47.2	48.2	43.1	30.5	59.1	29.6	35.0	29.9	21.0	12.1	6.5	12.9	5.1	3.0
	初中	51.3	50.9	44.4	39.8	31.9	44.7	30.1	25.1	27.6	17.2	16.8	12.9	9.7	5.4	3.2
	高中或者中专	59.6	47.0	45.0	29.1	33.1	32.5	34.4	19.2	27.2	19.9	17.2	16.6	8.6	10.6	0.7
	大专	55.2	38.8	44.8	32.8	38.8	23.7	37.3	22.4	14.9	29.9	19.4	9.0	10.4	7.5	1.5
	本科及以上	63.2	30.4	44.7	27.2	42.1	36.0	40.7	17.5	19.3	18.4	12.3	14.9	7.9	11.4	5.3

第五章 西南民族地区农村居民在新型城镇化中的"进城"意愿

续表

		农村生活环境舒适	在城镇没有房子	在村子生活久了有感情	落叶归根思想	农村也在发展	城镇邻里关心冷淡	村里福利越来越好	进城生活孤单	在城里没工作	城镇生活比较受约束	农村到城里交通便利	村子处于城镇近郊	传承家族文化	农村与城镇生活没矛盾	其他原因
家庭收入	3万元以内	51.4	49.1	48.4	41.1	32.7	27.9	29.4	29.1	32.7	19.3	13.4	10.1	11.5	6.1	1.5
	3万~8万元	56.9	47.0	46.6	37.0	32.0	34.2	37.0	25.6	22.4	22.4	17.1	13.2	8.9	8.2	1.1
	8万~12万元	54.4	40.9	40.4	32.8	41.1	29.8	26.3	28.1	19.3	22.8	15.8	10.5	8.8	7.0	1.8
	12万元及以上	61.9	28.6	33.3	28.6	47.6	27.6	38.1	19.0	14.3	28.6	19.0	28.6	9.5	14.3	4.8
居住地	村庄	55.3	47.5	46.0	40.4	34.2	30.6	30.3	29.5	28.5	19.4	13.3	6.8	12.2	5.8	3.6
	镇近郊	58.6	44.8	35.6	20.7	24.1	24.1	21.8	17.2	27.6	16.1	11.5	16.1	6.9	5.7	4.6
	镇上	54.3	51.2	58.3	32.3	32.3	39.4	33.9	22.8	26.0	26.0	18.9	11.0	4.7	7.1	0
	县城近郊	50.9	44.7	38.6	38.6	36.0	29.8	37.7	25.4	20.2	21.1	22.8	26.3	12.3	13.2	1.8
	中等城市近郊	37.8	40.0	53.3	44.4	37.8	31.1	33.3	28.9	15.6	17.8	11.1	17.8	11.1	11.1	0

注：为制作表格方便，表格中的原因是表5.3表格中对应原因的简缩表达。

135

三、西南民族地区农村居民愿意"进城"的原因

西南民族地区农村居民愿意"进城"的原因如表 5.5 所示。同样由于愿意"进城"的原因不可穷尽，调查时列举原因的方法是在问卷中先依据文献和前期访谈列出若干项常见原因，在调查时被调查者在给定选项之外增加的原因，在问卷回收后统计时进行重新归类编码，最终形成 8 种具体原因，无法归类且频数很小的原因归为其他原因。从调查结果来看，西南民族地区农村居民愿意"进城"的原因基本上是由于城镇的优越性，包括"城镇生活条件好""城镇医疗条件好""城镇就业机会多""城镇教育条件好""城镇交通便利""城镇公共服务好"6 个方面，所占比例均超过 44%，其中"城镇生活条件好""城镇医疗条件好""城镇就业机会多""城镇教育条件好"基本都在 60% 以上。还有部分原因是"农村劳动力过剩"和"家人在城镇工作，进城与家人一起生活"，但所占比例很小。因此，城镇相对优越的生存生活条件是吸引西南民族地区农村居民"进城"的基本原因。

表 5.5　　　　西南民族地区农村居民意愿"进城"的原因

原因	人次	百分比（%）
城镇生活条件好	1026	69.8
城镇医疗条件好	926	63.0
城镇就业机会多	899	61.2
城镇教育条件好	871	59.3
城镇交通便利	824	56.1
城镇公共服务好	654	44.5
农村劳动力过剩	193	13.1
家人在城镇工作，进城与家人一起生活	125	8.5
其他原因	21	1.4
合计	5539	377.1

注：表格对应的问题为多项选择题，表中统计的百分比为个案百分比，合计超过 100%。

第五章 西南民族地区农村居民在新型城镇化中的"进城"意愿

从西南民族地区不同特征农村居民愿意"进城"原因的比较来看（见表 5.6），不同特征的农村居民愿意"进城"的原因比较一致，但同时也存在局部的差异：从民族成分来看，少数民族农村居民更看重城镇的"就业机会多""教育条件好"和"交通便利"；从年龄来看，年龄越小的农村居民越看重城镇"就业机会多""教育条件好"和"公共服务好"，而年龄越大的农村居民越看重"城镇医疗条件好"，尤其是 60 岁以上老人，选择"城镇医疗条件好"的比例高达 80%；从学历来看，学历越高的农村居民越看重"城镇就业机会多"和"城镇公共服务好"，而学历越低的农村居民选择"农村劳动力过剩"的越多；从家庭收入来看，家庭收入越高的农村居民选择"城镇生活条件好""城镇医疗条件好"和"城镇公共服务好"的比例越高，显示经济能力强的农村居民更注重追求城镇高质量的生活品质；从居住地点来看，越是远离城镇的农村居民越看重"城镇公共服务好"，城镇相对于农村公共服务的优越性对偏远农村居民更具有吸引力。

表 5.6　西南民族地区不同特征农村居民愿意"进城"的原因比较　　单位：%

		城镇生活条件好	城镇医疗条件好	城镇就业机会多	城镇教育条件好	城镇交通便利	城镇公共服务好	农村劳动力过剩	进城与家人一起生活	其他原因
民族	汉族	70.9	64.1	59.8	58.2	53.9	45.5	13.6	8.3	1.8
	主要少数民族	66.7	57.0	61.9	62.5	56.4	39.9	14.8	8.6	0.7
	其他少数民族	70.0	65.9	65.9	68.5	65.9	46.8	9.1	9.5	0.9
年龄	18 岁以下	74.6	50.9	61.5	65.6	54.4	42.0	15.4	10.7	1.8
	19~35 岁	69.9	63.3	66.2	63.4	56.2	50.8	10.9	6.9	1.2
	36~45 岁	69.3	63.9	54.7	59.3	55.6	35.8	13.8	8.0	1.4
	46~60 岁	67.4	67.4	58.8	51.3	60.4	31.7	15.5	10.7	1.6
	60 岁以上	66.7	82.1	35.9	35.9	48.7	30.8	28.2	23.1	2.6

续表

		城镇生活条件好	城镇医疗条件好	城镇就业机会多	城镇教育条件好	城镇交通便利	城镇公共服务好	农村劳动力过剩	进城与家人一起生活	其他原因
学历	小学	68.7	65.5	57.1	56.7	55.2	35.7	18.7	9.5	2.0
	初中	69.2	59.2	59.0	56.9	56.4	37.1	13.1	8.9	2.8
	高中或者中专	70.6	66.1	63.6	59.7	53.9	47.0	16.1	8.5	1.2
	大专	72.1	57.9	61.4	55.0	49.3	42.1	8.6	7.9	0
	本科及以上	69.2	64.9	64.9	65.9	62.0	59.7	7.5	7.5	0
家庭收入	3万元以内	64.3	61.4	62.2	60.2	54.4	34.6	10.2	7.5	1.0
	3万~8万元	72.0	64.7	63.5	58.4	57.6	49.8	18.9	9.6	2.0
	8万~12万元	73.7	68.4	62.3	59.6	55.3	50.0	11.4	11.4	0
	12万元及以上	73.7	74.9	42.1	56.1	59.6	59.1	8.8	12.3	3.5
居住地	村庄	70.9	64.3	61.3	61.3	58.9	60.4	14.9	7.8	1.4
	镇近郊	63.2	65.8	63.2	54.2	61.3	50.3	12.9	10.3	3.2
	镇上	68.4	62.2	60.5	58.5	53.7	48.3	13.3	10.4	1.4
	县城近郊	69.5	57.6	59.3	52.1	46.6	46.6	11.9	8.9	0.4
	中等城市近郊	76.7	65.0	63.3	70.8	58.3	46.7	5.8	5.0	1.7

四、西南民族地区农村居民"进城"关心的问题

如果愿意"进城",西南民族地区农村居民关心的问题是什么?如表5.7所示:排在前两位的分别是住房和就业,而且所占比例分别高达75.6%和74.3%,这两个方面是进入城镇后最基本的生活生存问题,也是前文分析的西南民族地区农村居民不愿意"进城"的原因,如果不能解决住房和就业问题尤其是住房问题,就成为那些学历低、家庭收入低以及处于中青年阶段的农村居民"进城"的障碍;在住房和就业问题之后,教育、医疗、社会保障、环境、交通分别占56.8%、52.0%、47.9%、36.4%、35.6%,这5个方面是在最基本生存生活问

第五章 西南民族地区农村居民在新型城镇化中的"进城"意愿

题之外的生活品质与发展问题;值得关注的是,"进城"之后"遗留"的与农村密切相关的户籍和土地归属问题排在最后两位,分别只占32.4%和16.1%,尤其是土地的归属问题所关注的比例很低,这与很多调查研究所认为的土地归属问题最为农村居民所关注是不同的。这可能表明,西南民族地区农村居民如果"进城",最为关注"进城"后的生存生活问题,对户籍、土地归属等涉及从农村迁往城镇时的深层权益问题关注还不够。

表5.7　　　　西南民族地区农村居民"进城"关心的问题

关心问题	人次	百分比(%)
住房	1110	75.6
就业	1092	74.3
教育	834	56.8
医疗	764	52.0
社会保障	703	47.9
环境	535	36.4
交通	523	35.6
户籍	476	32.4
迁入城镇后的土地归属问题	237	16.1
其他问题	43	2.9
合计	6317	430.0

注:表格对应的问题为多项选择题,表中统计的百分比为个案百分比,合计超过100%。

表5.8显示了西南民族地区不同特征农村居民"进城"关心问题的差异:从民族成分来看,少数民族农村居民更关注住房、就业、教育和土地归属问题;从年龄来看,19~35岁和36~45岁阶段的农村居民非常关注住房、就业等最基本生存生活问题,同时越年轻的农村居民越关注教育问题,而年龄越大的农村居民越关注土地归属问题;从学历来看,学历越高的农村居民越关注教育、环境、交通等生活品质与发展问

题,而学历越低的农村居民越关注户籍和土地归属问题;从家庭收入来看,家庭收入越低的农村居民越关注户籍和土地归属问题;从居住地点来看,越是远离城镇的农村居民越关注户籍和土地归属问题。基本上,中青年农村居民更关注住房、就业等最基本生存生活问题,"进城"首先要谋求最基本的生存;学历低、家庭收入低和远离城镇的农村居民更关注户籍和土地归属问题,因为他们对户籍和土地有更直接的依赖关系;年纪轻和学历高的农村居民更关注教育、环境、交通等生活品质与发展问题;少数民族农村居民既更关注住房、就业等最基本生存生活问题,也对教育、户籍和土地归属等问题有更突出的关注,整体上少数民族农村居民更为关注的问题比较分散,涉及多个方面。

表5.8 西南民族地区不同特征农村居民"进城"关心的问题差异 单位:%

		住房	就业	教育	医疗	社会保障	环境	交通	户籍	土地归属	其他问题
民族	汉族	73.4	73.3	55.0	51.6	49.4	36.3	43.6	30.2	15.3	3.0
	主要少数民族	79.8	76.0	58.2	47.4	45.3	31.4	34.8	36.1	18.7	1.4
	其他少数民族	80.3	77.5	63.3	60.6	44.0	43.6	45.9	38.0	20.2	4.6
年龄	18岁以下	69.6	69.0	62.0	43.9	46.2	37.4	38.6	26.9	9.9	2.3
	19~35岁	76.3	79.4	60.8	51.2	52.0	40.2	37.0	31.2	13.5	2.8
	36~45岁	76.8	76.5	55.3	49.6	39.3	27.3	31.1	34.6	15.2	2.6
	46~60岁	76.8	63.2	52.6	60.5	48.9	35.3	35.8	34.7	26.3	4.2
	60岁以上	69.2	38.5	28.2	84.6	48.7	48.7	35.9	35.9	48.7	5.1
学历	小学	77.5	69.6	50.2	59.3	40.3	29.6	30.0	38.0	23.7	7.1
	初中	77.0	71.6	54.2	52.3	40.8	27.9	32.4	36.9	16.2	3.3
	高中或者中专	74.0	78.5	58.9	49.2	52.9	35.6	33.5	35.6	15.7	0.9
	大专	68.8	80.4	55.1	44.2	55.8	44.2	37.7	31.2	12.3	2.9
	本科及以上	77.2	75.6	63.7	50.8	55.0	50.8	41.8	28.3	11.9	1.3

第五章 西南民族地区农村居民在新型城镇化中的"进城"意愿

续表

		住房	就业	教育	医疗	社会保障	环境	交通	户籍	土地归属	其他问题
家庭收入	3万元以内	72.7	74.7	57.5	50.1	43.7	32.6	34.1	33.9	18.5	2.9
	3万~8万元	76.9	75.3	56.7	55.4	49.1	35.7	36.6	34.5	17.5	3.6
	8万~12万元	75.0	80.2	62.1	50.0	50.9	48.3	35.3	31.9	15.5	0.9
	12万元及以上	73.7	59.6	57.9	49.1	54.4	36.8	36.8	22.8	7.0	1.8
居住地	村庄	76.5	76.4	55.3	53.8	46.8	36.7	37.3	30.7	27.6	3.6
	镇近郊	77.1	67.3	53.6	60.8	48.4	40.5	40.5	41.8	22.2	5.2
	镇上	73.5	71.8	57.8	51.4	49.7	37.8	36.4	34.4	15.6	2.0
	县城近郊	73.3	79.2	56.8	43.2	45.8	27.5	24.6	27.1	10.6	0.8
	中等城市近郊	77.7	68.6	66.1	49.6	52.9	43.8	39.7	35.5	12.4	2.5

从上述西南民族地区农村居民"进城"意愿的基本情况来看，愿意"进城"和不愿意"进城"的比例基本是"六四开"，从基本形态来看，愿意"进城"的比例稍高于不愿意"进城"的比例，但愿意"进城"和不愿意"进城"的比例都没有形成"一边倒"的状况。基于已有相关调查结论的参考性比较，西南民族地区农村居民的"进城"意愿要低于东部地区农村居民的"进城"意愿，更低于中部地区农村居民的"进城"意愿，也低于西部非民族省区农村居民的"进城"意愿，但略高于已有文献中关于西部民族省区农村居民的"进城"意愿。

阻碍西南民族地区农村居民"进城"的主要原因是心理上对农村生活的留恋和农村自身发展的吸引，还包括担心进入城镇后的住房和就业等生存生活问题无法解决，而城镇相对优越的生存生活条件是吸引西南民族地区农村居民"进城"的基本原因。对于愿意"进城"的农村居民，最为关注住房、就业等进入城镇后最基本的生活生存问题，其次是教育、医疗、社会保障、环境、交通等生活品质与发展问题，而"进城"之后"遗留"的与农村密切相关的户籍和土地归属问题排在最后两位，其关注程度最低。同时，不同民族、年龄、学历、家庭收入、居住地点的西南地区农村居民在愿不愿意"进城"的原因及"进城"关注的问题上存在差异。

第二节　西南民族地区农村居民"进城"意愿的影响因素

关于农村居民"进城"意愿的影响因素已经有诸多文献进行了讨论分析，本书第二章"调查问卷设计"部分对此进行了详细的综述，以此为参考并结合本研究的需要将个人特征（性别、年龄、民族、学历、是否外出务工、外出务工地点）、家庭特征（家庭人口数量、土地面积、土地状况、家庭主要收入来源、家庭全年收入、参加新型农村合作医疗保险情况、参加新型农村合作养老保险情况、是否购买商业保险、是否有子女上中小学）和地区特征（居住地类型和所在省份）作为可能影响"进城"意愿的因素纳入问卷问题之中。

将这些因素与"进城"意愿进行交叉卡方分析的结果如表5.9所示，其中家庭人口、土地面积和家庭全年收入是将原始数据转换成定序变量之后再进行交叉卡方分析。结果显示：除务工地点和是否有子女上中小学之外，其他所有因素与"进城"意愿的交叉卡方分析显著性水平均小于0.05，显示这些因素都可能对西南民族地区农村居民的"进城"意愿有影响。

表5.9　　　　　西南民族地区不同特征农村居民
"进城"意愿的交叉卡方分析

基本情况特征（影响因素）			是否愿意"进城"		卡方检验	
			不愿意（%）	愿意（%）	Pearson卡方值	sig（双侧）
个人特征	性别	男	42.2	57.8	3.189	0.056
		女	38.2	61.8		

第五章 西南民族地区农村居民在新型城镇化中的"进城"意愿

续表

基本情况特征（影响因素）			是否愿意"进城"		卡方检验	
			不愿意（%）	愿意（%）	Pearson 卡方值	sig（双侧）
个人特征	年龄	18岁以下	28.5	71.5	188.807	0.000
		19~35岁	29.1	70.9		
		36~45岁	44.0	56.0		
		46~60岁	55.0	45.0		
		60岁以上	75.3	24.7		
	民族	汉族	37.5	62.5	13.939	0.001
		主要少数民族	46.5	53.5		
		其他少数民族	42.0	58.0		
	学历	小学	59.3	40.7	145.250	0.000
		初中	39.2	60.8		
		高中或者中专	31.9	68.1		
		大专（高职）	32.2	67.8		
		本科及以上	27.0	73.0		
	是否外出务工	否	44.8	55.2	33.243	0.000
		是	33.1	66.9		
	务工地点	镇上	43.1	56.9	4.020	0.259
		县城	32.0	68.0		
		中等城市	31.5	68.5		
		大城市	34.2	65.8		
家庭特征	家庭人口	1~3人	39.6	60.4	9.295	0.026
		4~6人	38.8	61.2		
		7~9人	48.2	51.8		
		10人以上	47.4	52.6		
	土地面积	3亩以下	38.1	61.9	26.356	0.000
		3~6亩	43.0	57.0		
		6~10亩	30.6	69.4		
		10亩及以上	49.4	50.6		

续表

基本情况特征（影响因素）			是否愿意"进城"		卡方检验	
			不愿意（%）	愿意（%）	Pearson 卡方值	sig（双侧）
家庭特征	土地状况	自己种植	46.8	53.2	62.997	0.000
		转租承包	32.7	67.3		
		放置荒废	32.9	67.1		
		政府征收	34.4	65.6		
		其他	20.9	79.1		
	家庭主要收入来源	务农收入	53.5	46.5	108.421	0.000
		打工收入	33.7	66.3		
		个体经营收入	28.3	71.7		
		创办企业收入	21.7	78.3		
		财产收入	41.9	58.1		
		其他	37.5	62.5		
	家庭全年收入	3万元以内	47.9	52.1	48.985	0.000
		3万~8万元	33.8	66.2		
		8万~12万元	32.8	67.2		
		12万元以上	26.6	73.4		
	是否参加新农合	都没参加	50.9	49.1	6.691	0.035
		部分参加	37.7	62.3		
		都参加	40.3	59.7		
	是否参加新型农村养老保险	都没参加	40.0	60.0	8.463	0.015
		部分参加	37.8	62.2		
		都参加	44.4	55.6		
	是否购买商业保险	没有	43.8	56.2	47.746	0.000
		有	27.5	72.5		
	是否有子女上中小学	没有	40.5	59.5	0.138	0.711
		有	39.8	60.2		

第五章 西南民族地区农村居民在新型城镇化中的"进城"意愿

续表

基本情况特征（影响因素）			是否愿意"进城"		卡方检验	
			不愿意（%）	愿意（%）	Pearson 卡方值	sig（双侧）
地区特征	居住地	村庄	48.1	51.9	72.875	0.000
		镇近郊	36.1	63.9		
		镇上	30.2	69.8		
		县城近郊	32.7	67.3		
		中等城市近郊	26.9	73.1		
	省域	广西	34.6	65.4	47.543	0.000
		云南	35.8	64.2		
		贵州	49.5	50.5		

使用回归分析进一步观察上述因素对西南民族地区农村居民"进城"意愿的具体影响情况（表5.10）。在回归分析时剔除了"务工地点"因素，因为"务工地点"的交叉卡方分析显示对西南民族地区农村居民进城"意愿"没有影响，而且这个问题只有在前一个问题中选择"有进城务工经历"的被调查者才回答，如果纳入会排除"没有进城务工经历"的那部分被调查者。同时，在个人特征、家庭特征和地区特征之外，增加了"政策认知"的因素，因为有研究在其他地区的调查发现，政策认知程度越高的农村居民"进城"意愿越强烈[1]。由于因变量是愿意"进城"和不愿意"进城"的二元变量，因此采用二元Logistic回归模型。自变量中的民族、土地状况、家庭主要收入来源、省份4个变量采用虚拟变量处理，家庭人口、土地面积、全年收入采用原始数据，为连续变量，并对家庭收入数据取自然对数，以消除异方差性问题；年龄、学历、是否参加新型农业合作医疗保险、是否参加新型农村养老保险4个变量是定序变量；政策认知水平为被调查者对各层级各方

---

[1] 王丽红、刘桂峰：《京郊农村城镇化路径研究——基于京郊农民城镇化意愿调查》，载《调研世界》，2014年第9期，第36~39页。

表 5.10　西南民族地区农村居民"进城"意愿影响因素的 Logistic 回归分析

	变量	模型 1	模型 2	模型 3	模型 4	模型 5	模型 6	模型 7
个人特征	性别（以女性为参照）	-0.084 (0.088)				-0.111 (0.099)	-0.088 (0.094)	-0.088 (0.101)
	年龄	-0.383*** (0.046)				-0.406*** (0.052)	-0.411*** (0.049)	-0.429*** (0.054)
	民族（以汉族为参照）							
	主要少数民族	-0.347*** (0.107)					0.102 (0.119)	0.058 (0.130)
	其他少数民族	-0.167 (0.123)					-0.038 (0.135)	-0.018 (0.142)
	学历	0.202*** (0.035)				0.113*** (0.043)	0.095** (0.040)	0.074* (0.044)
	是否外出务工（以未外出打工为参照）	0.492*** (0.090)				0.453*** (0.102)	0.352*** (0.106)	0.277** (0.116)
家庭特征	家庭人口		-0.037 (0.033)			0.008 (0.034)	0.042 (0.032)	0.034 (0.036)
	土地面积		-0.011*** (0.004)			-0.013*** (0.004)	-0.012*** (0.003)	-0.013*** (0.004)

续表

变量		模型1	模型2	模型3	模型4	模型5	模型6	模型7
土地状况（以自己种植为参照）								
	转租承包		0.164** (0.137)				0.190* (0.137)	0.160* (0.145)
	放置荒废		0.115* (0.166)				0.276* (0.165)	0.190 (0.176)
	政府征收		0.162 (0.194)				0.114 (0.191)	0.210 (0.207)
	其他		0.616** (0.297)				0.513* (0.274)	0.463 (0.308)
家庭特征	主要收入来源（以务农收入为参照）							
	打工收入		0.660*** (0.115)				0.421*** (0.120)	0.439*** (0.131)
	个体经营收入		0.512*** (0.178)				0.523*** (0.175)	0.363* (0.192)
	创办企业收入		0.828 (0.656)				0.865 (0.608)	0.838 (0.682)

续表

变量		模型 1	模型 2	模型 3	模型 4	模型 5	模型 6	模型 7
	财产收入		0.076 (0.422)				0.068 (0.435)	0.004 (0.459)
	其他		0.069 (0.403)				0.572 (0.381)	0.374 (0.433)
家庭特征	家庭全年收入		0.246*** (0.048)			0.265*** (0.050)		0.188*** (0.053)
	是否参加新农合		0.101 (0.094)			0.123 (0.097)	0.138 (0.090)	0.125 (0.100)
	是否参加新农保		−0.151* (0.078)			−0.191** (0.080)	−0.165** (0.075)	−0.167** (0.083)
	是否购买商业保险		0.511*** (0.126)			0.464*** (0.131)	0.382*** (0.126)	0.387*** (0.136)
	是否有子女上中小学（以没有子女上中小学为参照）		0.044 (0.097)			0.062 (0.100)	0.020 (0.095)	0.074 (0.102)

续表

	变量	模型1	模型2	模型3	模型4	模型5	模型6	模型7
地区特征	居住地点			0.250*** (0.032)		0.115*** (0.041)	0.075* (0.040)	0.084** (0.043)
	省份（以广西为参照）							
	云南			-0.087 (0.106)			0.137 (0.121)	0.201 (0.136)
	贵州			-0.630*** (0.104)			-0.498*** (0.119)	-0.306** (0.136)
政策认知	对新型城镇化政策的了解程度				0.359*** (0.077)	-0.008 (0.098)	0.025 (0.093)	-0.036 (0.100)
	常数项	0.873*** (0.201)	-2.924*** (0.566)	0.130 (0.099)	-0.197 (0.143)	-2.323*** (0.600)	0.128** (0.412)	-1.160** (0.644)
模型描述	卡方	235.796***	167.072***	110.101***	21.942***	272.867***	349.375***	304.292***
	df	6	16	3	1	13	25	26
	NagelKerke R^2	0.125	0.107	0.059	0.012	0.172	0.190	0.192
	Cox&Snell R^2	0.093	0.079	0.044	0.009	0.127	0.141	0.142
	N	2420	2019	2461	2461	2001	2306	1984

注：***、**、*分别表示在1%、5%、10%水平下显著。

西南民族地区新型城镇化：政策认知与"进城"意愿

面政策认识的平均得分，为连续变量。表5.10中的模型1、模型2、模型3、模型4为分别对个特征、家庭特征、地区特征和认知程度的回归；模型7为全部因素都纳入的回归；模型6是剔除家庭全年收入之后的归回，因为这个变量有一部分缺失，剔除之后与模型7进行比较；模型5是剔除所有虚拟变量之后的回归，以与模型7进行比较，避免虚拟变量过多对回归结果造成的影响。

Logistic回归分析的结果表明：在个人特征中，年龄、学历和是否外出务工对西南民族地区农村居民的"进城"意愿有显著影响，年龄越大的农村居民"进城"意愿越低，而学历越高的农村居民的"进城"意愿越强，有外出务工经历的农村居民的"进城"意愿越强；模型1还显示，民族成分对农村居民的"进城"意愿有一定影响，属于主要少数民族的农村居民的"进城"意愿相对于汉族居民而言要弱，但在加入其他方面的特征后，民族成分的影响消失；性别对农村居民的"进城"意愿没有影响，尽管在上一章的分析中显示男性比女性对新型城镇化政策的认知程度更高，但男性和女性的"进城"意愿没有显著差别。

在家庭特征中，土地面积、土地状况、主要收入来源、家庭全年收入、是否参加新型农村养老保险、是否购买商业保险对西南地区农村居民的"进城"意愿有影响。家庭拥有土地面积越多的农村居民"进城"意愿越弱；相对于自己种植而言，家庭土地为转租承包或荒弃废置的农村居民的"进城"意愿更强；相对于务农收入而言，家庭主要收入为打工收入或个体经营收入的农村居民的"进城"意愿更强。这3个因素显示，西南民族地区农村中，家庭经济活动非农性越强的居民"进城"意愿越强，而越依靠农业生产的居民的"进城"意愿越弱。从家庭全年收入来看，家庭收入越高的农村居民的"进城"意愿越强，表明经济能力越强的农村居民更有能力"进城"。家庭成员参加新型农村养老保险越多的农村居民的"进城"意愿越弱，养老保险是作用是对未来（进入老龄以后）生活的基本保障，家庭成员参加新型农村养老保险的比例越高，表明对在农村生活的未来预期越稳定，重新进入城镇生活的动力就弱；相反，家庭成员额外自行购买商业保险的农村居民的

第五章 西南民族地区农村居民在新型城镇化中的"进城"意愿

"进城"意愿更强,因为商业保险增强了家庭成员当前抗风险的能力,其"进城"的能力和意愿也会更强。但是家庭成员参加新型农村合作医疗保险的情况对西南民族地区农村居民的"进城"意愿没有影响,主要是由于当前新型农村合作医疗保险的保障水平尤其是西部欠发达民族地区的保障水平仍然比较低,对家庭抗风险的能力影响不是很大,因而对其是否愿意"进城"的意愿影响也比较小。与对新型城镇化政策认知不同,家庭人口数量对"进城"意愿没有影响,尽管家庭人口多有利于新型城镇化政策信息的获取和交流,但并没有提高其"进城"意愿,表5.9中交叉卡方分析显示有影响是将连续性变量转化为定序变量后产生的偏差。是否有子女在上中小学与表5.9中的卡方分析一致,对"进城"意愿没有影响。在上一节表5.5和表5.7中,西南民族地区农村居民愿意"进城"的原因和"进城"关注的问题,教育都是重要方面,而表5.10的回归分析显示是否有子女上中小学却对"进城"意愿没有影响,是由于表5.6和表5.8中表明对教育问题更为关注和重视的是年龄越小的农村居民,很多都是年轻人,第二章表2.8显示35岁以下的占50%以上,这部分很多没有孩子或者孩子比较小,导致52.3%的被调查者没有子女在上中小学,进而是否有子女上中小学对其"进城"意愿不产生显著影响。

从地区特征来看,居住地点和所在省域对西南民族地区农村居民是否愿意"进城"有影响。居住地点离城镇越近的农村居民"进城"意愿越强,当前居住地点离城镇越近,对城市生活方式越适应,上一节表5.4已经表明,离城镇越近对进入城镇生活时对住房和就业问题的担心越小,同时对农村生活的留恋也越弱。在所属省份层面,贵州农村居民相对于广西农村居民而言,其"进城"意愿更弱,云南农村居民的"进城"意愿与广西农村居民的"进城"意愿没有显著差异。将所属省域与不愿意"进城"的原因进行交叉分析发现,贵州农村居民对在城镇没有住房和没有工作最为担心,由此造成其"进城"意愿最弱。

模型4显示西南民族地区农村居民的新型城镇化政策了解程度对其"进城"意愿有影响,对新型城镇化政策了解程度越高的农村居民其"进城"意愿越强;但是模型5、模型6和模型7显示,在加入其他方面的因素后，政策认知程度对"进城"意愿没有显著性影响。说明政策认知程度差异对西南民族地区农村居民"进城"意愿的影响不稳健。

第三节 西南民族地区农村居民"进城"地点及影响因素

一、西南民族地区农村居民"进城"地点选择基本情况

对于愿意"进城"的西南民族地区农村居民，选择的"进城"地点，即城镇的类型是各不相同的。如表5.11所示：西南民族地区农村居民愿意"进城"者首选大中城市，有接近40%的比例；其次是小城市和县城，分别占35.1%和22.7%；选择建制镇的比例极低，仅为3.1%。这表明，西南民族地区农村居民如果愿意"进城"，"进城"的主要地点是真正意义上的城市尤其是大中城市，建制镇对他们的吸引力非常弱。

表5.11　　　　　西南民族地区农村居民"进城"地点偏好

你愿意迁入哪一个地方生活	频数	占百分比（%）
镇上	46	3.1
县城	333	22.7
小城市	516	35.1
大中城市	575	39.1
合计	1470	100

二、西南民族地区农村居民"进城"地点选择影响因素

首先将个人特征、家庭特征、地区特征和政策认知程度与西南民族地区农村居民"进城"意向地点进行交叉卡方分析，如果以0.1作为显著性检验的标准，结果显示个人特征中的年龄、民族、学历、务工地点，家庭特征中的土地面积、土地状况、家庭主要收入来源、家庭全年收入、是否购买商业保险、是否有子女上中小学，地区特征中的居住地

地点和所在省份,以及对新型城镇化政策的了解程度等因素对"进城"地点的选择都有影响。表5.12为西南民族地区不同特征农村居民"进城"地点差异的比较分析。

表5.12　　西南民族地区不同特征农村居民"进城"地点差异

基本情况特征（影响因素）			你愿意迁入哪一个地方生活				卡方检验	
			镇上（%）	县城（%）	小城市（%）	大中城市（%）	卡方值	sig
个人特征	性别	男	3.6	23.4	32.4	40.6	5.325	0.149
		女	2.7	21.8	37.8	37.7		
	年龄	18岁以下	1.1	12.4	30.0	56.5	81.297	0.000
		19~35岁	3.5	17.7	36.7	42.1		
		36~45岁	2.9	29.6	35.3	32.2		
		46~60岁	4.2	31.9	34.6	29.3		
		60岁以上	2.7	53.8	25.6	17.9		
	民族	汉族	2.4	21.2	35.3	41.1	10.962	0.090
		主要少数民族	4.8	25.8	35.7	33.7		
		其他少数民族	4.1	24.9	33.9	37.1		
	学历	小学	5.5	35.2	30.8	28.5	78.893	0.000
		初中	3.4	29.3	33.3	34.0		
		高中或者中专	2.4	18.0	36.0	43.6		
		大专（高职）	2.9	12.9	40.3	43.9		
		本科及以上	1.6	12.6	37.7	48.1		
	是否外出务工	否	3.1	22.5	33.9	40.5	1.695	0.638
		是	3.2	22.9	36.6	37.3		
	务工地点	镇上	16.2	41.9	32.6	9.3	86.394	0.000
		县城	2.6	38.1	41.5	17.8		
		中等城市	3.1	20.3	36.7	39.9		
		大城市	0.5	13.6	33.9	52.0		

续表

基本情况特征（影响因素）			你愿意迁入哪一个地方生活				卡方检验	
			镇上(%)	县城(%)	小城市(%)	大中城市(%)	卡方值	sig
家庭特征	家庭人口	1~3人	3.0	15.8	41.9	39.3	12.810	0.106
		4~6人	3.3	23.4	34.0	39.3		
		7~9人	2.1	28.3	31.7	37.9		
		10人以上	0	10.0	60.0	30.0		
	土地面积	3亩以下	2.1	17.1	38.0	42.8	34.558	0.000
		3~6亩	4.3	28.8	30.1	36.9		
		6~10亩	2.0	28.1	37.2	32.7		
		10亩及以上	5.0	22.6	34.0	38.4		
	土地状况	自己种植	4.4	28.1	34.3	33.2	71.769	0.000
		转租承包	2.7	17.5	35.0	44.8		
		放置荒废	0.6	17.6	32.1	49.7		
		政府征收	2.4	24.0	47.2	26.4		
		其他	0	6.7	33.7	59.6		
	家庭主要收入来源	务农收入	3.9	33.5	32.0	30.6	61.823	0.000
		打工收入	2.6	20.9	37.2	39.3		
		个体经营收入	3.9	12.3	33.8	50.0		
		创办企业收入	0	11.8	29.4	58.8		
		财产收入	0	5.3	36.8	57.9		
		其他	4.0	12.0	36.0	48.0		
	家庭全年收入	3万元以内	4.9	31.4	30.4	33.3	66.421	0.000
		3万~8万元	1.7	19.8	39.8	38.7		
		8万~12万元	1.7	16.5	32.2	49.6		
		12万元以上	0	5.3	26.8	67.9		
	是否参加新农合	都没参加	1.9	17.0	37.7	43.4	6.447	0.375
		部分参加	2.1	19.9	38.4	39.6		
		都参加	3.5	23.8	33.9	38.8		

第五章　西南民族地区农村居民在新型城镇化中的"进城"意愿

续表

基本情况特征（影响因素）			你愿意迁入哪一个地方生活				卡方检验	
			镇上（%）	县城（%）	小城市（%）	大中城市（%）	卡方值	sig
家庭特征	是否参加新型农村养老保险	都没参加	3.2	19.6	34.8	42.4	7.532	0.275
		部分参加	2.6	21.8	36.0	39.6		
		都参加	4.1	26.1	33.6	36.2		
	是否购买商业保险	没有	3.2	25.0	35.8	36.0	19.997	0.000
		有	2.8	16.3	33.4	47.5		
	是否有子女上中小学	没有	2.9	19.9	36.4	40.8	7.119	0.068
		有	3.3	25.5	33.6	37.6		
地区特征	居住地	村庄	4.5	29.1	31.9	34.5	81.972	0.000
		镇近郊	1.9	19.8	46.5	31.8		
		镇上	3.1	19.4	32.3	45.2		
		县城近郊	0.8	19.7	42.7	36.8		
		中等城市近郊	1.6	5.0	29.8	63.6		
	省份	广西	3.4	18.5	36.8	41.3	17.604	0.007
		云南	2.4	22.7	38.3	36.6		
		贵州	3.7	27.4	29.1	39.8		

为检验和进一步详细分析上述因素对西南农村居民"进城"地点选择的具体影响，对所有因素进行了有序 Logistic 回归分析（见表5.13）。由于因变量是四分定序变量，既不是二元变量，也不是严格的连续变量，因此不能直接采用二元 Logistic 回归或线性回归模型，而要使用有序 Logistic 回归分析。

表 5.13　西南民族地区农村居民"进城"地点影响因素的有序 Logistic 回归分析

	变量	模型 1	模型 2	模型 3	模型 4	模型 5	模型 6	模型 7
阈值	[进城地点=1]	-3.787*** (0.267)	-0.804 (0.719)	-3.091*** (0.179)	-2.602*** (0.210)	-1.179* (0.734)	-3.498*** (0.493)	-1.096 (0.784)
	[进城地点=2]	-1.358*** (0.226)	1.786*** (0.706)	-0.689*** (0.116)	-0.217 (0.162)	1.441* (0.721)	-0.957** (0.470)	1.568** (0.771)
	[进城地点=3]	0.231 (0.223)	3.386*** (0.711)	0.856*** (0.117)	1.313*** (0.166)	3.098*** (0.726)	0.733 (0.470)	3.262*** (0.776)
个人特征	性别（以女性为参照）	0.090 (0.099)				0.042 (0.111)	0.085 (0.104)	0.052 (0.113)
	年龄	-0.317*** (0.056)				-0.373*** (0.062)	-0.385*** (0.059)	-0.394*** (0.063)
	民族（以汉族为参照）							
	主要少数民族	-0.312** (0.125)					-0.216 (0.137)	-0.068 (0.150)
	其他少数民族	-0.159 (0.140)					-0.179 (0.151)	-0.098 (0.161)

续表

变量		模型1	模型2	模型3	模型4	模型5	模型6	模型7
个人特征	学历	0.197*** (0.038)				0.110** (0.046)	0.053 (0.043)	0.071 (0.048)
	是否外出务工（以未外出务工为参照）	0.008 (0.099)				0.021 (0.112)	-0.113 (0.116)	-0.072 (0.127)
	家庭人口		-0.091** (0.039)			-0.060 (0.039)	-0.007 (0.037)	-0.054 (0.041)
	土地面积		0.007 (0.006)			0.006 (0.006)	0.012 (0.007)	0.006 (0.007)
家庭特征	土地状况（以自己种植为参照）							
	转租承包		0.193 (0.153)				0.291** (0.148)	0.298* (0.160)
	放置荒废		0.383** (0.183)				0.577*** (0.179)	0.431** (0.192)
	政府征收		-0.538*** (0.209)				-0.305 (0.204)	-0.432** (0.218)
	其他		0.654** (0.278)				0.702*** (0.255)	0.587** (0.291)

续表

变量		模型 1	模型 2	模型 3	模型 4	模型 5	模型 6	模型 7
家庭特征	家庭主要收入来源（以务农收入为参照）							
	打工收入		0.332** (0.140)				0.237* (0.141)	0.177 (0.155)
	个体经营收入		0.432** (0.201)				0.347* (0.190)	0.110 (0.213)
	创办企业收入		0.493 (0.555)				0.678 (0.562)	0.245 (0.587)
	财产收入		0.887* (0.526)				0.778 (0.523)	0.617 (0.542)
	其他		0.436 (0.494)				0.409 (0.426)	0.270 (0.507)
	全年收入		0.327*** (0.060)			0.312*** (0.059)		0.303*** (0.063)
	是否参加新农合		-0.065 (0.111)			-0.035 (0.113)	0.072 (0.103)	0.008 (0.115)

158

续表

变量		模型1	模型2	模型3	模型4	模型5	模型6	模型7
家庭特征	是否参加新农保		-0.152* (0.090)			-0.285*** (0.091)	-0.229*** (0.086)	-0.223** (0.094)
	是否购买商业保险（以没有购买商业保险为参照）		0.327** (0.131)			0.243* (0.131)	0.293** (0.126)	0.231* (0.136)
	是否有子女上中小学（以没有子女上中小学为参照）		-0.221** (0.111)			-0.202* (0.112)	-0.193* (0.106)	-0.203* (0.114)
	居住地点			0.239*** (0.036)		0.125*** (0.043)	0.119*** (0.043)	0.105** (0.046)
地区特征	省区（以广西为参照）							
	云南			-0.218* (0.116)			-0.040 (0.129)	-0.111 (0.148)
	贵州			-0.288** (0.123)			-0.170 (0.137)	-0.096 (0.155)
政策认知	政策认知水平				0.502*** (0.091)	0.370*** (0.109)	0.410*** (0.103)	0.418*** (0.112)

续表

	变量	模型 1	模型 2	模型 3	模型 4	模型 5	模型 6	模型 7
模型描述	-2 的对数似然值	1252.245	2684.383	229.515	335.705	2629.933	3027.237	2574.340
	F	98.083***	113.891***	49.591***	31.064***	169.520***	197.028***	195.786***
	df	6	16	3	1	13	25	26
	Cox&Snell R^2	0.066	0.091	0.033	0.021	0.133	0.134	0.153
	NagelKerke R^2	0.073	0.100	0.037	0.023	0.147	0.148	0.169
	N	1442	1196	1463	1463	1188	1368	1176

注：***、**、* 分别表示在 1%、5%、10% 水平下显著。

第五章　西南民族地区农村居民在新型城镇化中的"进城"意愿

回归模型的因变量是四分有序变量，因此在回归分析中产生3个阈值。自变量中的家庭人口、土地面积和家庭全年收入是采用原始数据连续性变量，民族成分、土地状况、家庭主要收入来源和所在省份均设置为多元虚拟变量，政策认知水平为连续性变量，其他均为二元变量或定序变量。根据变量类型的差异，在回归时将二元变量、定序变量和连续性变量放入模型"协变量"中，将无序多分的虚拟变量放入模型的"因子"中。表5.13中的模型1、模型2、模型3、模型4是分别放入个人特征、家庭特征、地区特征和政策认知程度的回归结果，模型5是放入除虚拟变量以外所有变量的回归结果，模型6是放入除家庭全年收入以外所有变量的回归接轨，模型7是放入全部变量的回归结果。模型5与模型7比较是避免虚拟变量过多造成影响，模型6与模型7比较是避免家庭年收入回归分析造成影响，因为有部分问卷在这个问题的回答上有缺失。

从个人特征来看，年龄对西南民族地区农村居民"进城"地点的选择有显著影响，年龄越大的农村居民越不愿意进入高等级城市，因为越是迁入到大中城市，对年龄大的居民而言适应成本会越高。模型1和模型5显示，学历越高的农村居民越愿意进入高等级城市，学历越高的农村居民越是追求城市的品质；模型1则显示，民族对西南民族地区农村居民的"进城"地点选择有一定的影响，如果是主要少数民族农村居民，越愿意进入中小城镇；但学历和民族两个因素的影响不稳健，在加入其他因素后影响不再显著。性别和是否曾外出务工对"进城"地点的选择没有影响。

从家庭特征来看，土地状况、家庭主要收入来源、家庭全年收入、是否参加新型农村养老保险、是否购买商业保险和是否有子女上中小学等因素对西南民族地区农村居民"进城"地点的选择的有显著影响。家庭土地状况中，相对于自己种植，转租承包、荒弃废置、政府征收等非直接农业生产状况的农村居民更愿意进入高等级城市；与此相关，相对于务农收入，家庭主要收入来源为打工收入、个体经营收入等非农业收入的农村居民更愿意进入高等级城市；同时，家庭全年收入越高的农村居民越愿意进入高等级城市。这表明，越是从事非农经济活动，经济能力越强的农村居民，越愿意选择进入大中城市。在参加社会保险方面，家庭成员参加新型农村养老保险比例越高的农村居民，越不愿意进入高等级城市，表明依赖新型农村养老保险的农村居民，更愿意留在中小城镇，但购买了商业保险的农村居民更愿意进入大中城市。值得注意的是，与前文分析的是否有子女上中小学对西南民族地区农村居民是否愿意"进城"没有影响不同，是否有子女上中小学对愿意"进城"者的"进城"地点选择有显著影响，有子女在上中小学的农村居民更不愿意进入高等级城市，这与子女在大中城市入学困难和成本高有关系。另外，模型2显示，家庭人口数量对"进城"地点的选择有一定影响，家庭人口数量越多的农村居民越不愿意进入大中城市，因为家庭人口越多进入大中城市的成本越高。土地面积对西南地区农村居民"进城"地点的选择没有影响。

从地区特征来看，越是居住在城镇附近的农村居民越愿意进入高等级城市，因为他们已经离城镇甚至大中城市很近了，如果"进城"必然选择更高等级的城市；从不同省份间的差别来看，模型3显示，相对于广西农村居民，云南和贵州的农村居民更不愿意进入高等级城市，或者说更愿意进入中小城镇。

政策认知水平对西南民族地区农村居民"进城"地点的选择有显著影响，对新型城镇化政策了解程度越高的农村居民，越愿意进入高等级城市。

本 章 结 论

本章基于《西南民族地区农村居民对新型城镇化政策的认知与"进城"意愿调查问卷》第3部分（第34~38题）的数据，采用描述统计、卡方分析和不同模型的归回分析方法分析了西南民族地区农村居民对新型城镇化的"进城"意愿情况，具体包括是否愿意"进城"的基本状况、影响"进城"意愿的主要因素，以及如果愿意"进城"对

第五章 西南民族地区农村居民在新型城镇化中的"进城"意愿

城镇类型的选择及影响因素3个方面的问题。

关于西南民族地区农村居民"进城"意愿的基本情况是，愿意"进城"和不愿意"进城"的比例基本是"六四开"，愿意"进城"和不愿意"进城"的比例都没有形成"一边倒"的状况。与已有相关调查结论的比较显示，西南民族地区农村居民的"进城"意愿要低于东部地区尤其是中部地区农村居民的"进城"意愿，也低于西部非民族省区农村居民的"进城"意愿。但需要注意的是，作为对比的调查文献很多存在样本规模较小和覆盖面不足的问题，因此对比是参考性的。

阻碍西南民族地区农村居民"进城"的主要原因是心理上对农村生活的留恋和农村自身发展的吸引以及对进入城镇后的住房和就业等生存生活问题的担心，而城镇相对优越的生存生活条件是吸引西南民族地区农村居民"进城"的基本原因。愿意"进城"的农村居民最关注进入城镇后最基本的生活生存问题，其次是生活品质与发展问题，而对"进城"之后"遗留"的与农村密切相关的户籍和土地归属问题的关注程度最低。

不同民族、年龄、学历、家庭收入、居住地点的西南地区农村居民在愿不愿意"进城"的原因及"进城"关注的问题上存在差异。对于不愿意"进城"的原因，越是少数民族、年龄大、学历低、家庭收入低的农村居民越是由于农村生活心理情感方面造成的，越是年纪轻、学历高、家庭收入高的农村居民则是由于更看重农村发展的吸引力造成的，学历低、家庭收入低以及处于中青年阶段的农村居民还把在城镇没有住房和就业作为重要障碍，而"农村生活环境舒适"是各个群体农村居民不愿意"进城"的共同重要原因；对于愿意"进城"原因，不同特征的农村居民之间相对一致，同时也存在局部的差异，少数民族农村居民更看重城镇的"就业机会多""教育条件好"和"交通便利"，年龄越小的农村居民越看重城镇"就业机会多""教育条件好"和"公共服务好"，年龄越大的农村居民越看重"城镇医疗条件好"，学历越高的农村居民越看重"城镇就业机会多"和"城镇公共服务好"，而学历越低的农村居民因为"农村劳动力过剩"的越多，家庭经济能力强

西南民族地区新型城镇化：政策认知与"进城"意愿

的农村居民更注重追求城镇高质量的生活品质，越是远离城镇的农村居民越看重城镇相对于农村公共服务的优越性；对于"进城"关注的问题，中青年农村居民更关注住房、就业等最基本生存生活问题，学历低、家庭收入低和远离城镇的农村居民更关注户籍和土地归属问题，年纪轻和学历高的农村居民更关注教育、环境、交通等生活品质与发展问题，少数民族农村居民更为关注的问题则比较分散。

关于西南民族地区农村居民"进城"意愿的影响因素，回归分析表明个人特征中的年龄、学历和是否外出务工，家庭特征中的土地面积、土地状况、主要收入来源、家庭全年收入、是否参加新型农村养老保险、是否购买商业保险，以及地区特征中的居住地点和所属省份对"进城"意愿有显著影响，年龄越轻、学历越高、有外出务工经历、家庭土地面积越少、土地为非直接农业生产、主要收入来源非农化、家庭成员购买有商业保险、居住地点离城镇越近的农村居民"进城"意愿越强，同时相对于广西而言，贵州省农村居民的"进城"意愿要弱。另外，民族成分和对新型城镇化政策的了解程度对西南民族地区农村的"进城"意愿也有一定的影响，少数民族的农村居民相对汉族农村居民的"进城"意愿要弱，对新型城镇化政策了解程度越高的农村居民的"进城"意愿越强，但这两个因素的影响不稳健。个人特征中的性别以及家庭特征中的人口数量、是否参加新型农村合作医疗保险、是否有子女上中小学3个因素对"进城"意愿没有任何影响。

关于西南民族地区农村居民"进城"地点的选择，整体上偏好真正意义上的城市尤其是大中城市，但不同特征农村居民之间有明显差异。有序多元回归分析结果显示，学历越高、土地状况为非自己种植、家庭主要收入来源为非务农收入、家庭全年收入越高、购买了商业保险、居住地点离城镇越近、对新型城镇化政策认知程度越高的农村居民，越愿意进入大中城市；而年龄越大、少数民族的、家庭人口越多的、家庭成员参加新型农村养老保险比例越高的、有子女在上中小学的、所在省份为云南和贵州的农村居民更愿意选择中小城镇。其中，民族成分、学历、家庭人口数量和所在省份对"进城"地点意愿的影响不稳健。

第六章

基本结论与政策建议

第一节 基本结论

新型城镇化是当前我国经济社会发展的重要战略,其核心特征是要推进"人"的城镇化。但从公共政策的视角来看,新型城镇化战略的实施效果不是单纯由政策的"供给侧"——政策制定方决定的,更重要的是取决于政策的"需求侧"——政策目标群体,其对新型城镇化政策的认知程度和是否愿意"进城"的意愿情况直接决定政策实施的效果。在我国民族地区,由于地理位置、自然条件、经济结构、文化特征和历史因素,城镇化水平明显落后于全国平均水平,而西南民族地区在所有民族地区中又处于最为落后的状态,要实现新型城镇化的"赶超"战略,需要更大规模的农村居民转移为市民人口。因此调查分析西南民族地区社会民众和农村居民对新型城镇化政策的认知程度和"进城"意愿情况具有重要意义。

本研究基于对网络民众和农村居民的调查,分析西南民族地区民众尤其是农村居民对各层级、各方面新型城镇化政策的认知和"进城"意愿情况,具体包括:(1)西南民族地区民众对新型城镇化政策的认知情况如何?即如何看待新型城镇化和是否了解新型城镇化政策?(2)西

西南民族地区新型城镇化：政策认知与"进城"意愿

南民族地区农村居民是否愿意"进城"生活？愿意"进城"与不愿意"进城"的主要原因和影响因素是什么？如果愿意"进城"会选择什么样的城市？根据调查问题的特点，对于西南民族地区民众如何看待新型城镇化的问题，采用非介入性调查中的网络文本调查的方法，而对于西南民族地区农村居民对新型城镇化政策的了解和"进城"意愿情况，则采用直接调查中的问卷访谈调查方法。调查研究基本结论如下：

一、西南民族地区网络民众对新型城镇化政策的评论

本研究分析的西南民族地区民众对新型城镇化的态度是通过网络民众对新型城镇化政策的网络评论体现出来。在国家新型城镇化政策层面，西南民族地区网民对《国家新型城镇化规划（2014－2020年）》既有直接的积极支持态度，也有相当部分（超过50%）持期望态度，即期望新型城镇化要充分考虑农村居民"进城"的现实生存生活问题，并且在政策上要充分考虑各地的经济文化实际情况。从跟帖评论的核心议题来看，西南民族地区网络民众高度集中于新型城镇化中"执行政策需要考虑的条件和因素"以及"政策实施的建议和措施"两大主题，突出强调新型城镇化要尊重农民的选择和意愿，"进不进城"以及"进什么样的城"要根据自己的实际情况而定，并且十分关注新型城镇化进程中诸如住房、就业、教育、卫生、养老等民生问题，同时建议政策的制定和执行要切实考虑民族地区和欠发达地区特殊情况，例如要考虑少数民族文化保护、农民观念落后、政策信息不畅以及向边远地区给予更多政策倾斜等。对于与国家新型城镇化规划配套的《国务院关于进一步推进户籍制度改革的意见》，西南民族地区网民全部持积极态度，但从跟帖评论的核心议题来看，基本集中在"对户籍改革的评价"主题上，很少将户籍改革与新型城镇化关联起来，尽管赞成改革户籍制度改革以方便人口流动，但没有体现明显的从农村向城镇流动的意向。

相对于对国家层面新型城镇化政策的评论，西南民族地区网络民众对于所在省区的新型城镇化政策的跟帖评论，不仅关注的问题非常具

体，而且出现了较高比例（45.1%）的质疑态度，反映出西南民族地区网络民众对当地省级新型城镇化诸多具体方面存在不满意。这与网民跟帖倾向于就与自己密切相关的具体问题就事论事地讨论，而不是从一个省域或者某个地区统筹发展的战略性层面去理解和看待问题有关。从跟帖评论的核心议题来看，西南民族地区民众非常关注当地新型城镇化规划的科学性和合理性问题，尤其是担心规划的稳定性问题，某种意义上反映出民众对规划能否落实的信心不足，同时认为城镇化的发展必须要有产业经济发展的支撑，而且要大力发展特色小城镇，特别重视就业、住房、户籍、交通、环境等民生问题，对于是否"进城"这个关键问题，认为要尊重农民意愿，"进城"与不"进城"因人而异。

从网络新闻和论坛跟帖评论的整体情况来看，西南民族地区民众关注各级新型城镇化政策与所在地区的经济社会发展水平和民族文化特征相结合，以及由此产生的新型城镇化政策实施的具体问题，尽管对新型城镇化政策尤其是国家层面新型城镇化政策整体上持积极态度，但没有表现出明显的"进城"倾向。当然，由于搜集到的网络新闻和论坛评论跟帖数量比较有限以及网民代表性的不足，分析的结论存在局限。

二、西南民族地区农村居民对新型城镇化政策的认知

本研究分析的对新型城镇化政策的认知是指对新型城镇化政策的了解情况。西南民族地区农村居民了解新型城镇化政策的意愿非常强烈，但不同群体之间存在差异：越是年纪轻、学历高、近年有外出务工经历、家庭全年收入高、家庭成员参加或购买各种保险比例高的农村居民对新型城镇化政策的认知意愿更强烈，而少数民族的、家庭土地面积多的和居住地点靠近城镇的农村居民对新型城镇化政策的认知意愿则会降低。

尽管西南民族地区农村居民对新型城镇化政策的了解意愿强烈，但现实认知的途径不足。当前西南民族地区农村居民大部分主要是通过电视和网络来了解新型城镇化政策，通过公益短信以及报纸杂志、政府标

语、政府人员宣讲、村干部宣讲等传统方式了解得很少，另外还有一部分农村居民表示没有任何途径来了解，新型城镇化政策信息在西南民族地区的传播仍然存在较大的"真空"地带，尤其是受到社会发展程度和经济能力的制约，网络还没有在政策信息的传播中起到应有的作用。西南民族地区农村居民希望了解新型城镇化政策的途径主要是网络、电视、政府人员和村干部宣讲，其中网络途径是期望的首选途径，但选择网络途径的主要是年龄小、学历高、家庭收入高和靠近城镇的农村居民，而年龄大、学历低、家庭全年收入低和居住地点离城镇远的农村居民主要选择电视和宣讲途径，同时少数民族居民相对汉族居民而言，选择电视途径的比例高，选择网络途径的比例低。

由于认知意愿差异和现实途径限制，西南民族地区农村居民对新型城镇化政策的了解程度整体上非常低，大部分都表示"不太了解"。从不同层面、不同方面的政策内容来看，西南民族地区农村居民对与日常生活密切相关的具体政策的了解程度要略高于宏观的综合性规划政策的了解程度，并且对国家层面、省级层面和市县层面的宏观综合规划性政策的了解还呈现 U 型特征；在具体政策中对就业政策、义务教育政策、医疗卫生政策和社会保障政策的了解程度相对较高，对户籍政策的了解程度相对较低，同时有很大部分农村居民依然认为将户籍从农村迁往城镇是困难的。从影响因素来看，具有汉族身份、年龄小、学历高、近年有外出务工经历、家庭以非农收入为主、家庭全年收入高和居住地点靠近城镇的农村居民对新型城镇化政策的整体了解程度相对较高一些。

三、西南民族地区农村居民在新型城镇化中的"进城"意愿

西南民族地区农村居民愿意"进城"和不愿意"进城"的比例大致呈"六四开"，愿意"进城"和不愿意"进城"都没有形成"一边倒"的状况，基本符合西南民族地区网络民众在新型城镇化新闻和论坛跟帖中反映的态度情况。从相关调查结论的参考性对比来看，西南民族地区农村居民的"进城"意愿要低于东部地区尤其是中部地区农村居

民的"进城"意愿，也低于西部地区非民族省区农村居民的"进城"意愿。阻碍西南民族地区农村居民"进城"的主要原因是心理上对农村生活的留恋和农村自身发展的吸引，以及对进入城镇后对住房和就业等生存生活问题的担心，而城镇相对优越的生存生活条件是吸引西南民族地区农村居民"进城"的基本原因。愿意"进城"的西南民族地区农村居民首先关注进入城镇后最基本的生活生存问题，其次关注生活品质与发展问题。

不同特征的农村居民在愿不愿意"进城"的原因和"进城"关注的问题上存在一定差异。在不愿意"进城"的原因上，少数民族、年龄大、学历低、家庭全年收入低的农村居民主要是由于对农村生活的心理情感，年纪轻、学历高、家庭全年收入高的农村居民则主要由于看重农村发展的吸引力，其中学历低、家庭全年收入低以及处于中青年阶段的农村居民还把在城镇没有住房和就业作为重要障碍；对于愿意"进城"的原因，少数民族农村居民更看重城镇的"就业机会多""教育条件好"和"交通便利"，年龄越小的农村居民越看重城镇的"就业机会多""教育条件好"和"公共服务好"，而年龄越大的农村居民越看重城镇的"医疗条件好"，学历越高的农村居民越看重城镇的"就业机会多"和"公共服务好"，而学历越低的农村居民很多是由于"农村劳动力过剩"，家庭经济能力强的农村居民更注重追求城镇高质量的生活品质，越是远离城镇的农村居民越看重城镇相对于农村公共服务的优越性；对于"进城"关注的问题，中青年农村居民更关注住房、就业等最基本生存生活问题，学历低、家庭全年收入低和远离城镇的农村居民更关注户籍和土地归属问题，年纪轻和学历高的农村居民更关注教育、环境、交通等生活品质与发展问题，少数民族农村居民关注的问题则比较分散，涉及各个方面。

从西南民族地区农村居民"进城"意愿的影响因素来看，年纪越轻、学历越高、近年有外出务工经历、家庭土地面积越少、土地为非直接农业生产、家庭主要收入来源非农化、家庭购买了商业保险、居住地点离城镇越近的农村居民"进城"意愿越强。民族成分和对新型城镇化政策的了解程度对西南民族地区农村的"进城"意愿也有一定的影响，少数民族的农村居民相对汉族农村居民的"进城"意愿要弱，对新型城镇化政策了解程度越高的农村居民的"进城"意愿越强。

西南民族地区农村居民对"进城"地点的选择，整体上偏好真正意义上的城市尤其是大中城市，但不同特征农村居民之间有明显差异。学历越高、土地状况为非自己种植、家庭主要收入来源为非务农收入、家庭全年收入越高、购买了商业保险、居住地点离城镇越近、对新型城镇化政策认知程度越高的农村居民，越愿意进入大中城市；而年龄越大、少数民族的、家庭人口越多的、家庭成员参加新型农村养老保险比例越高的、有子女在上中小学的、所在省份为云南和贵州的农村居民更愿意选择中小城镇；其中民族成分、学历、家庭人口数量和所在省区对"进城"地点有影响但影响不稳健。

第二节　政策建议

新型城镇化是我国经济社会发展的重要战略，对于西南民族地区则是经济社会发展的"赶超"战略，要实现各省区在规划中提出的到2020年常住人口城镇化率达到54%（广西）、50%（云南和贵州），户籍人口城镇化率达到34.5%（广西）、38%（云南）、43%（贵州）的目标，农业转移人口市民化的任务十分艰巨。从常住人口城镇化率来看，2016年广西、云南、贵州分别是48.1%、45.03%、44.1%，离2020年的目标分别约有6%、5%、6%的差距，也就意味着在剩下不到4年的时间里，分别至少要新增300万、240万、220万城镇常住人口。为更好地实现这些目标，基于本调查研究分析的西南民族地区民众尤其是农村居民对新型城镇化政策的认知和"进城"意愿情况，提出如下政策建议：

第六章 基本结论与政策建议

一、加大新型城镇化政策宣传力度

西南民族地区农村居民对新型城镇化政策的了解程度十分有限，要进一步拓展政策信息的传播渠道和改善政策信息的宣传方式。首先是重点选择有效的宣传途径，特别是要充分发展和利用网络途径，尤其是对于年龄小、学历高、家庭全年收入高和靠近城镇的农村居民，要通过互联网和移动网络在主流媒体上加大宣传力度，而对于年龄大、学历低、家庭全年收入低和居住地点离城镇远的农村居民则要重点使用电视和宣讲途径；其次是要改革宣传内容，宣传内容不能过于复杂或过于简单，要与西南民族地区农村居民的文化知识水平相适应，使他们能够真正理解，要策划系列性、连续性、专题性网络和电视宣传片，主动提高农村居民关注的频率；再次就是要立足于少数民族的特点，在政策宣传过程中要结合当地的民族特色和民族风俗，广泛使用少数民族语言，使少数民族的农村居民能够方便、快捷地了解新型城镇化政策；最后就是要注重"精准宣传"，即重点关注年纪轻、学历高、近年来有外出务工经历、家庭土地面积越少、土地为非直接农业生产、家庭主要收入来源非农化且收入高、家庭购买了商业保险、居住地点离城镇近的农村居民，这部分农村居民是未来"进城"的核心力量。

二、"产城"融合培育大中城市群

西南民族地区农村居民"进城"的首选是大中城市，尤其是学历高、土地状况为非自己种植、家庭主要收入来源为非务农收入、家庭全年收入高、购买了商业保险、居住地点离城镇近、对新型城镇化政策认知程度高的农村居民更偏好大中城市。而当前西南三省区中尽管南宁、昆明、贵阳作为区域性中心城市，但真正意义上的中心城区人口均不到300万元，与东部地区甚至中部地区的中心城市相比，规模依然很小，而其他地市级城区人口多在100万元以下甚至是50万元不到，城镇体系的辐射能力、吸引能力和承载能力十分有限，因此必须要培育发展大中城市群，形成合理的城市布局。西南民族地区大中城市群的培育要以产业结构的调整优化和集聚发展为基础，充分利用"一带一路"倡议、中国—东盟区域合作、澜沧江—湄公河次区域合作、孟中印缅经济走廊、北部湾经济区、珠江—西江经济带乃至长江经济带等国家战略布局机遇，在承接国际国内产业转移的同时，发挥区域优势，发展旅游休闲、绿色能源、健康养生、数据智慧、港口物流、民族文化等新兴产业，显著提升就业和发展的吸引力。在此基础上，各省区分别以南宁、昆明、贵阳为区域核心，以柳州、桂林、梧州、玉林、曲靖、昭通、玉溪、大理、安顺、遵义、大盘水、毕节等为重要节点，形成广西北部湾——桂中——桂东南——桂北、云南滇中——沿边开放城镇带——若干区域性城镇带——若干对内对外开放经济走廊、贵州贵阳——安顺——遵义——若干区域城镇组的城市圈格局，明显提高大中城市对迁入人口的容纳能力。大中城市群布局的规划要反复论证和完善，在确定后则要"一本蓝图绘到底"。

三、积极发展地域和民族特色城镇

尽管大部分西南民族地区农村居民如果愿意"进城"会选择大中城市，但年龄大、少数民族的、家庭人口多的、家庭成员参加新型农村养老保险比例越高的、有子女在上中小学的、所在省份为云南和贵州的农村居民更愿意选择中小城镇；同时无论是民众的网络跟帖评论还是农村居民的问卷调查，都显示很多人不愿意"进城"的原因是对农村生活的情感留恋和在当地也可以发展，这部分农村居民也可以通过发展小城镇实现"就地城镇化"，既可以降低农村居民尤其是少数民族农村居民"进城"的物质和心理成本，又可以促进城乡协调发展，保护民族文化传统。因此，西南民族地区需要大规模建设和发展地域特色和民族特色城镇，充分挖掘现有林区、垦区、矿区、口岸、港口、边关、水系、山地村镇、民族村寨的潜力，将其规划为具有鲜明地区特色和民族

第六章 基本结论与政策建议

特色的中小城镇，使其成为新型城镇化中城镇布局的重要组成部分。同时，对于革命老区、贫困地区、大石山区和石漠化地区的农村居民，要充分利用"精准扶贫"的契机，通过探索直接异地搬迁实现在小城镇的城镇化。在做小城镇建设和发展规划过程中，要充分调研和听取当地农村居民的意见和建议，提高规划布局的科学性和合理性。

四、加快促进农村经济产业转型升级

农村居民"进城"需要相应的"进城"意愿和能力，传统的依靠土地资源的劳动密集型农业生产方式会极大制约农村居民的"进城"意愿和能力。调查也显示，西南民族地区近年有外出务工经历、家庭土地面积少、土地为非直接农业生产、家庭主要收入来源非农化且收入高的农村居民有更强的"进城"意愿。因此需要加快促进西南民族地区农村经济产业的转型升级，大力发展旅游休闲、生态养生、文化传播、产品加工等"非农"产业，提高农村居民的收入水平，进而提高其"进城"意愿和能力。尤其是民族村落，要结合民族村寨的特点，引导发展"非农"产业和现代产业，改变少数民族农村居民的职业结构，将他们从传统农业生产中"解放"出来，从而有意愿和能力"进城"。

五、完善农村居民"进城"公共服务

农村居民"进城"是系统工程，是涉及个人和家庭方方面面问题的"重大决策"。调查显示，吸引西南民族地区农村居民"进城"的基本原因是城镇相对优越的生存生活条件，愿意"进城"的农村居民最关注的进入城镇后最基本的生活生存问题，而不愿意"进城"的农村居民是对就业、住房等核心问题以及对城镇生活适应的担忧。因此，推进新型城镇化必须完善农村居民"进城"的公共服务体系。首先是在城市发展和建设过程中，要注重提升基础设施、环境卫生、交通条件等硬件公共服务品质；其次是保障"进城"农村居民实现职业和身份的双重转换，享有城市居民的同等身份待遇，完善就业、住房、教育、医疗、社会保障等方面的基本公共服务，尤其是高度重视就业和住房两个涉及生存生活的核心问题，同时要根据不同特征群体农村居民的需求重点建立基本公共服务的"供给侧"对接体系；再次是要打造适应"进城"农民的社区文化生活体系，逐步消除农村居民"进城"的心理障碍和适应成本。

六、切实改进和提升城市民族工作

相对汉族农村居民，少数民族农村居民在"进城"上表现出更多的担忧，尤其是心理方面的焦虑。这就要求切实做好城市民族工作，包括切实保障少数民族农村居民"进城"后的各项合法权益、尊重少数民族居民的文化生活习惯、发展民族文化产业、规划和建设形式多样的民族社区和多民族互嵌社区，积极吸纳少数民族居民参与社区和城市管理。尤其是云南和贵州两省，相对广西而言，其少数民族构成更多样化和差别化，需要更细致和完善和城市民族工作体系和机制。

附　录

国家新型城镇化规划（2014－2020年）（全文）

目　录

第一篇　规划背景

第一章　重大意义
第二章　发展现状
第三章　发展态势

第二篇　指导思想和发展目标

第四章　指导思想
第五章　发展目标

第三篇　有序推进农业转移人口市民化

第六章　推进符合条件农业转移人口落户城镇
　　第一节　健全农业转移人口落户制度
　　第二节　实施差别化落户政策
第七章　推进农业转移人口享有城镇基本公共服务
　　第一节　保障随迁子女平等享有受教育权利
　　第二节　完善公共就业创业服务体系
　　第三节　扩大社会保障覆盖面

　　　　第四节　改善基本医疗卫生条件
　　　　第五节　拓宽住房保障渠道
　　第八章　建立健全农业转移人口市民化推进机制
　　　　第一节　建立成本分担机制
　　　　第二节　合理确定各级政府职责
　　　　第三节　完善农业转移人口社会参与机制

第四篇　优化城镇化布局和形态

　　第九章　优化提升东部地区城市群
　　第十章　培育发展中西部地区城市群
　　第十一章　建立城市群发展协调机制
　　第十二章　促进各类城市协调发展
　　　　第一节　增强中心城市辐射带动功能
　　　　第二节　加快发展中小城市
　　　　第三节　有重点地发展小城镇
　　第十三章　强化综合交通运输网络支撑
　　　　第一节　完善城市群之间综合交通运输网络
　　　　第二节　构建城市群内部综合交通运输网络
　　　　第三节　建设城市综合交通枢纽
　　　　第四节　改善中小城市和小城镇交通条件

第五篇　提高城市可持续发展能力

　　第十四章　强化城市产业就业支撑
　　　　第一节　优化城市产业结构
　　　　第二节　增强城市创新能力
　　　　第三节　营造良好就业创业环境
　　第十五章　优化城市空间结构和管理格局
　　　　第一节　改造提升中心城区功能
　　　　第二节　严格规范新城新区建设

　　　　　第三节　改善城乡接合部环境
第十六章　提升城市基本公共服务水平
　　　　　第一节　优先发展城市公共交通
　　　　　第二节　加强市政公用设施建设
　　　　　第三节　完善基本公共服务体系
第十七章　提高城市规划建设水平
　　　　　第一节　创新规划理念
　　　　　第二节　完善规划程序
　　　　　第三节　强化规划管控
　　　　　第四节　严格建筑质量管理
第十八章　推动新型城市建设
　　　　　第一节　加快绿色城市建设
　　　　　第二节　推进智慧城市建设
　　　　　第三节　注重人文城市建设
第十九章　加强和创新城市社会治理
　　　　　第一节　完善城市治理结构
　　　　　第二节　强化社区自治和服务功能
　　　　　第三节　创新社会治安综合治理
　　　　　第四节　健全防灾减灾救灾体制

第六篇　推动城乡发展一体化

第二十章　完善城乡发展一体化体制机制
　　　　　第一节　推进城乡统一要素市场建设
　　　　　第二节　推进城乡规划、基础设施和公共服务一体化
第二十一章　加快农业现代化进程
　　　　　第一节　保障国家粮食安全和重要农产品有效供给
　　　　　第二节　提升现代农业发展水平
　　　　　第三节　完善农产品流通体系
第二十二章　建设社会主义新农村

第一节　提升乡镇村庄规划管理水平
第二节　加强农村基础设施和服务网络建设
第三节　加快农村社会事业发展

第七篇　改革完善城镇化发展体制机制

第二十三章　推进人口管理制度改革
第二十四章　深化土地管理制度改革
第二十五章　创新城镇化资金保障机制
第二十六章　健全城镇住房制度
第二十七章　强化生态环境保护制度

第八篇　规划实施

第二十八章　加强组织协调
第二十九章　强化政策统筹
第三十章　　开展试点示范
第三十一章　健全监测评估

附 录

国家新型城镇化规划（2014~2020年），根据中国共产党第十八次全国代表大会报告、《中共中央关于全面深化改革若干重大问题的决定》、中央城镇化工作会议精神、《中华人民共和国国民经济和社会发展第十二个五年规划纲要》和《全国主体功能区规划》编制，按照走中国特色新型城镇化道路、全面提高城镇化质量的新要求，明确未来城镇化的发展路径、主要目标和战略任务，统筹相关领域制度和政策创新，是指导全国城镇化健康发展的宏观性、战略性、基础性规划。

第一篇 规划背景

我国已进入全面建成小康社会的决定性阶段，正处于经济转型升级、加快推进社会主义现代化的重要时期，也处于城镇化深入发展的关键时期，必须深刻认识城镇化对经济社会发展的重大意义，牢牢把握城镇化蕴含的巨大机遇，准确研判城镇化发展的新趋势新特点，妥善应对城镇化面临的风险挑战。

第一章 重大意义

城镇化是伴随工业化发展，非农产业在城镇集聚、农村人口向城镇集中的自然历史过程，是人类社会发展的客观趋势，是国家现代化的重要标志。按照建设中国特色社会主义五位一体总体布局，顺应发展规律，因势利导，趋利避害，积极稳妥扎实有序推进城镇化，对全面建成小康社会、加快社会主义现代化建设进程、实现中华民族伟大复兴的中国梦，具有重大现实意义和深远历史意义。

——城镇化是现代化的必由之路。工业革命以来的经济社会发展史表明，一国要成功实现现代化，在工业化发展的同时，必须注重城镇化发展。当今中国，城镇化与工业化、信息化和农业现代化同步发展，是现代化建设的核心内容，彼此相辅相成。工业化处于主导地位，是发展的动力；农业现代化是重要基础，是发展的根基；信息化具有后发优势，为发展注入新的活力；城镇化是载体和平台，承载工业化和信息化发展空间，带动农业现代化加快发展，发挥着不可替代的融合作用。

——城镇化是保持经济持续健康发展的强大引擎。内需是我国经济发展的根本动力，扩大内需的最大潜力在于城镇化。目前我国常住人口城镇化率为53.7%，户籍人口城镇化率只有36%左右，不仅远低于发达国家80%的平均水平，也低于人均收入与我国相近的发展中国家60%的平均水平，还有较大的发展空间。城镇化水平持续提高，会使更多农民通过转移就业提高收入，通过转为市民享受更好的公共服务，从而使城镇消费群体不断扩大、消费结构不断升级、消费潜力不断释放，也会带来城市基础设施、公共服务设施和住宅建设等巨大投资需求，这将为经济发展提供持续的动力。

——城镇化是加快产业结构转型升级的重要抓手。产业结构转型升级是转变经济发展方式的战略任务，加快发展服务业是产业结构优化升级的主攻方向。目前我国服务业增加值占国内生产总值比重仅为46.1%，与发达国家74%的平均水平相距甚远，与中等收入国家53%的平均水平也有较大差距。城镇化与服务业发展密切相关，服务业是就业的最大容纳器。城镇化过程中的人口集聚、生活方式的变革、生活水平的提高，都会扩大生活性服务需求；生产要素的优化配置、三次产业的联动、社会分工的细化，也会扩大生产性服务需求。城镇化带来的创新要素集聚和知识传播扩散，有利于增强创新活力，驱动传统产业升级和新兴产业发展。

——城镇化是解决农业农村农民问题的重要途径。我国农村人口过多、农业水土资源紧缺，在城乡二元体制下，土地规模经营难以推行，传统生产方式难以改变，这是"三农"问题的根源。我国人均耕地仅0.1公顷，农户户均土地经营规模约0.6公顷，远远达不到农业规模化经营的门槛。城镇化总体上有利于集约节约利用土地，为发展现代农业腾出宝贵空间。随着农村人口逐步向城镇转移，农民人均资源占有量相应增加，可以促进农业生产规模化和机械化，提高农业现代化水平和农民生活水平。城镇经济实力提升，会进一步增强以工促农、以城带乡能力，加快农村经济社会发展。

——城镇化是推动区域协调发展的有力支撑。改革开放以来，我国东部沿海地区率先开放发展，形成了京津冀、长江三角洲、珠江三角洲等一批城市群，有力推动了东部地区快速发展，成为国民经济重要的增长极。但与此同时，中西部地区发展相对滞后，一个重要原因就是城镇化发展很不平衡，中西部城市发育明显不足。目前东部地区常住人口城镇化率达到62.2%，而中部、西部地区分别只有48.5%、44.8%。随着西部大开发和中部崛起战略的深入推进，东部沿海地区产业转移加快，在中西部资源环境承载能力较强地区，加快城镇化进程，培育形成新的增长极，有利于促进经济增长和市场空间由东向西、由南向北梯次拓展，推动人口经济布局更加合理、区域发展更加协调。

——城镇化是促进社会全面进步的必然要求。城镇化作为人类文明进步的产物，既能提高生产活动效率，又能富裕农民、造福人民，全面提升生活质量。随着城镇经济的繁荣，城镇功能的完善，公共服务水平和生态环境质量的提升，人们的物质生活会更加殷实充裕，精神生活会更加丰富多彩；随着城乡二元体制逐步破除，城市内部二元结构矛盾逐步化解，全体人民将共享现代文明成果。这既有利于维护社会公平正义、消除社会风险隐患，也有利于促进人的全面发展和社会和谐进步。

第二章　发展现状

改革开放以来，伴随着工业化进程加速，我国城镇化经历了一个起点低、速度快的发展过程。1978~2013年，城镇常住人口从1.7亿人增加到7.3亿人，城镇化率从17.9%提升到53.7%，年均提高1.02个百分点；城市数量从193个增加到658个，建制镇数量从2173个增加到20113个。京津冀、长江三角洲、珠江三角洲三大城市群，以2.8%的国土面积集聚了18%的人口，创造了36%的国内生产总值，成为带动我国经济快速增长和参与国际经济合作与竞争的主要平台。城市水、

西南民族地区新型城镇化：政策认知与"进城"意愿

电、路、气、信息网络等基础设施显著改善，教育、医疗、文化体育、社会保障等公共服务水平明显提高，人均住宅、公园绿地面积大幅增加。城镇化的快速推进，吸纳了大量农村劳动力转移就业，提高了城乡生产要素配置效率，推动了国民经济持续快速发展，带来了社会结构深刻变革，促进了城乡居民生活水平全面提升，取得的成就举世瞩目。

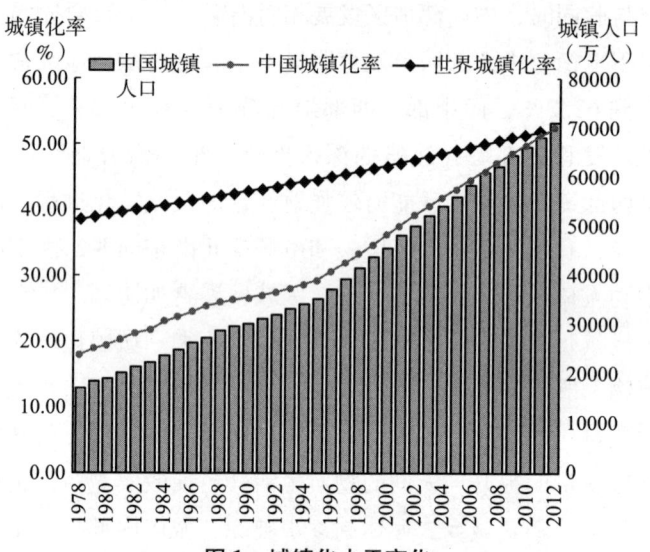

图1　城镇化水平变化

表1　城市（镇）数量和规模变化情况　　　　单位：个

	1978年	2010年
城市	193	658
1000万以上人口城市	0	6
500万~1000万人口城市	2	10
300万~500万人口城市	2	21
100万~300万人口城市	25	103
50万~100万人口城市	35	138
50万以下人口城市	129	380
建制镇	2173	19410

注：2010年数据根据第六次全国人口普查数据整理。

表2　　　　　　城市基础设施和服务设施变化情况

指标	2000年	2012年
用水普及率（%）	63.9	97.2
燃气普及率（%）	44.6	93.2
人均道路面积（平方米）	6.1	14.4
人均住宅建筑面积（平方米）	20.3	32.9
污水处理率（%）	34.3	87.3
人均公园绿地面积（平方米）	3.7	12.3
普通中学（所）	14473	17333
病床数（万张）	142.6	273.3

在城镇化快速发展过程中，也存在一些必须高度重视并着力解决的突出矛盾和问题。

——大量农业转移人口难以融入城市社会，市民化进程滞后。目前农民工已成为我国产业工人的主体，受城乡分割的户籍制度影响，被统计为城镇人口的2.34亿农民工及其随迁家属，未能在教育、就业、医疗、养老、保障性住房等方面享受城镇居民的基本公共服务，产城融合不紧密，产业集聚与人口集聚不同步，城镇化滞后于工业化。城镇内部出现新的二元矛盾，农村留守儿童、妇女和老人问题日益凸显，给经济社会发展带来诸多风险隐患。

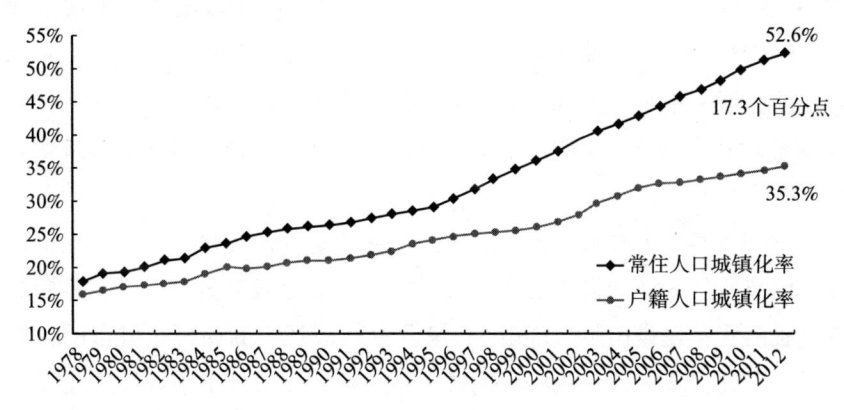

图2　常住人口城镇化率与户籍人口城镇化率的差距

西南民族地区新型城镇化：政策认知与"进城"意愿

——"土地城镇化"快于人口城镇化，建设用地粗放低效。一些城市"摊大饼"式扩张，过分追求宽马路、大广场，新城新区、开发区和工业园区占地过大，建成区人口密度偏低。1996~2012年，全国建设用地年均增加724万亩，其中城镇建设用地年均增加357万亩；2010~2012年，全国建设用地年均增加953万亩，其中城镇建设用地年均增加515万亩。2000~2011年，城镇建成区面积增长76.4%，远高于城镇人口50.5%的增长速度；农村人口减少1.33亿人，农村居民点用地却增加了3045万亩。一些地方过度依赖土地出让收入和土地抵押融资推进城镇建设，加剧了土地粗放利用，浪费了大量耕地资源，威胁到国家粮食安全和生态安全，也加大了地方政府性债务等财政金融风险。

——城镇空间分布和规模结构不合理，与资源环境承载能力不匹配。东部一些城镇密集地区资源环境约束趋紧，中西部资源环境承载能力较强地区的城镇化潜力有待挖掘；城市群布局不尽合理，城市群内部分工协作不够、集群效率不高；部分特大城市主城区人口压力偏大，与综合承载能力之间的矛盾加剧；中小城市集聚产业和人口不足，潜力没有得到充分发挥；小城镇数量多、规模小、服务功能弱，这些都增加了经济社会和生态环境成本。

——城市管理服务水平不高，"城市病"问题日益突出。一些城市空间无序开发、人口过度集聚，重经济发展、轻环境保护，重城市建设、轻管理服务，交通拥堵问题严重，公共安全事件频发，城市污水和垃圾处理能力不足，大气、水、土壤等环境污染加剧，城市管理运行效率不高，公共服务供给能力不足，城中村和城乡接合部等外来人口集聚区人居环境较差。

——自然历史文化遗产保护不力，城乡建设缺乏特色。一些城市景观结构与所处区域的自然地理特征不协调，部分城市贪大求洋、照搬照抄，脱离实际建设国际大都市，"建设性"破坏不断蔓延，城市的自然和文化个性被破坏。一些农村地区大拆大建，照搬城市小区模式建设新农村，简单用城市元素与风格取代传统民居和田园风光，导致乡土特色和民俗文化流失。

——体制机制不健全，阻碍了城镇化健康发展。现行城乡分割的户籍管理、土地管理、社会保障制度，以及财税金融、行政管理等制度，固化着已经形成的城乡利益失衡格局，制约着农业转移人口市民化，阻碍着城乡发展一体化。

第三章 发展态势

根据世界城镇化发展普遍规律，我国仍处于城镇化率30%～70%的快速发展区间，但延续过去传统粗放的城镇化模式，会带来产业升级缓慢、资源环境恶化、社会矛盾增多等诸多风险，可能落入"中等收入陷阱"，进而影响现代化进程。随着内外部环境和条件的深刻变化，城镇化必须进入以提升质量为主的转型发展新阶段。

——城镇化发展面临的外部挑战日益严峻。在全球经济再平衡和产业格局再调整的背景下，全球供给结构和需求结构正在发生深刻变化，庞大生产能力与有限市场空间的矛盾更加突出，国际市场竞争更加激烈，我国面临产业转型升级和消化严重过剩产能的挑战巨大；发达国家能源资源消费总量居高不下，人口庞大的新兴市场国家和发展中国家对能源资源的需求迅速膨胀，全球资源供需矛盾和碳排放权争夺更加尖锐，我国能源资源和生态环境面临的国际压力前所未有，传统高投入、高消耗、高排放的工业化城镇化发展模式难以为继。

——城镇化转型发展的内在要求更加紧迫。随着我国农业富余劳动力减少和人口老龄化程度提高，主要依靠劳动力廉价供给推动城镇化快速发展的模式不可持续；随着资源环境瓶颈制约日益加剧，主要依靠土地等资源粗放消耗推动城镇化快速发展的模式不可持续；随着户籍人口与外来人口公共服务差距造成的城市内部二元结构矛盾日益凸显，主要依靠非均等化基本公共服务压低成本推动城镇化快速发展的模式不可持续。工业化、信息化、城镇化和农业现代化发展不同步，导致农业根基不稳、城乡区域差距过大、产业结构不合理等突出问题。我国城镇化发展由速度型向质量型转型势在必行。

——城镇化转型发展的基础条件日趋成熟。改革开放30多年来我国经济快速增长，为城镇化转型发展奠定了良好物质基础。国家着力推动基本公共服务均等化，为农业转移人口市民化创造了条件。交通运输网络的不断完善、节能环保等新技术的突破应用，以及信息化的快速推进，为优化城镇化空间布局和形态，推动城镇可持续发展提供了有力支撑。各地在城镇化方面的改革探索，为创新体制机制积累了经验。

第二篇　指导思想和发展目标

我国城镇化是在人口多、资源相对短缺、生态环境比较脆弱、城乡区域发展不平衡的背景下推进的，这决定了我国必须从社会主义初级阶段这个最大实际出发，遵循城镇化发展规律，走中国特色新型城镇化道路。

第四章　指导思想

高举中国特色社会主义伟大旗帜，以邓小平理论、"三个代表"重要思想、科学发展观为指导，紧紧围绕全面提高城镇化质量，加快转变城镇化发展方式，以人的城镇化为核心，有序推进农业转移人口市民化；以城市群为主体形态，推动大中小城市和小城镇协调发展；以综合承载能力为支撑，提升城市可持续发展水平；以体制机制创新为保障，通过改革释放城镇化发展潜力，走以人为本、四化同步、优化布局、生态文明、文化传承的中国特色新型城镇化道路，促进经济转型升级和社会和谐进步，为全面建成小康社会、加快推进社会主义现代化、实现中华民族伟大复兴的中国梦奠定坚实基础。

要坚持以下基本原则：

——以人为本，公平共享。以人的城镇化为核心，合理引导人口流动,有序推进农业转移人口市民化,稳步推进城镇基本公共服务常住人口全覆盖,不断提高人口素质,促进人的全面发展和社会公平正义,使全体居民共享现代化建设成果。

——四化同步,统筹城乡。推动信息化和工业化深度融合、工业化和城镇化良性互动、城镇化和农业现代化相互协调,促进城镇发展与产业支撑、就业转移和人口集聚相统一,促进城乡要素平等交换和公共资源均衡配置,形成以工促农、以城带乡、工农互惠、城乡一体的新型工农、城乡关系。

——优化布局,集约高效。根据资源环境承载能力构建科学合理的城镇化宏观布局,以综合交通网络和信息网络为依托,科学规划建设城市群,严格控制城镇建设用地规模,严格划定永久基本农田,合理控制城镇开发边界,优化城市内部空间结构,促进城市紧凑发展,提高国土空间利用效率。

——生态文明,绿色低碳。把生态文明理念全面融入城镇化进程,着力推进绿色发展、循环发展、低碳发展,节约集约利用土地、水、能源等资源,强化环境保护和生态修复,减少对自然的干扰和损害,推动形成绿色低碳的生产生活方式和城市建设运营模式。

——文化传承,彰显特色。根据不同地区的自然历史文化禀赋,体现区域差异性,提倡形态多样性,防止千城一面,发展有历史记忆、文化脉络、地域风貌、民族特点的美丽城镇,形成符合实际、各具特色的城镇化发展模式。

——市场主导,政府引导。正确处理政府和市场关系,更加尊重市场规律,坚持使市场在资源配置中起决定性作用,更好发挥政府作用,切实履行政府制定规划政策、提供公共服务和营造制度环境的重要职责,使城镇化成为市场主导、自然发展的过程,成为政府引导、科学发展的过程。

——统筹规划,分类指导。中央政府统筹总体规划、战略布局和制度安排,加强分类指导;地方政府因地制宜、循序渐进抓好贯彻落实;尊重基层首创精神,鼓励探索创新和试点先行,凝聚各方共识,实现重点突破，总结推广经验，积极稳妥扎实有序推进新型城镇化。

第五章 发展目标

——城镇化水平和质量稳步提升。城镇化健康有序发展，常住人口城镇化率达到60%左右，户籍人口城镇化率达到45%左右，户籍人口城镇化率与常住人口城镇化率差距缩小2个百分点左右，努力实现1亿左右农业转移人口和其他常住人口在城镇落户。

——城镇化格局更加优化。"两横三纵"为主体的城镇化战略格局基本形成，城市群集聚经济、人口能力明显增强，东部地区城市群一体化水平和国际竞争力明显提高，中西部地区城市群成为推动区域协调发展的新的重要增长极。城市规模结构更加完善，中心城市辐射带动作用更加突出，中小城市数量增加，小城镇服务功能增强。

——城市发展模式科学合理。密度较高、功能混用和公交导向的集约紧凑型开发模式成为主导，人均城市建设用地严格控制在100平方米以内，建成区人口密度逐步提高。绿色生产、绿色消费成为城市经济生活的主流，节能节水产品、再生利用产品和绿色建筑比例大幅提高。城市地下管网覆盖率明显提高。

——城市生活和谐宜人。稳步推进义务教育、就业服务、基本养老、基本医疗卫生、保障性住房等城镇基本公共服务覆盖全部常住人口，基础设施和公共服务设施更加完善，消费环境更加便利，生态环境明显改善，空气质量逐步好转，饮用水安全得到保障。自然景观和文化特色得到有效保护，城市发展个性化，城市管理人性化、智能化。

——城镇化体制机制不断完善。户籍管理、土地管理、社会保障、财税金融、行政管理、生态环境等制度改革取得重大进展，阻碍城镇化健康发展的体制机制障碍基本消除。

专栏1　　　　　　　　　　新型城镇化主要指标

指标	2012年	2020年
城镇化水平		
常住人口城镇化率（%）	52.6	60左右
户籍人口城镇化率（%）	35.3	45左右
基本公共服务		
农民工随迁子女接受义务教育比例（%）		≥99
城镇失业人员、农民工、新成长劳动力免费接受基本职业技能培训覆盖率（%）		≥95
城镇常住人口基本养老保险覆盖率（%）	66.9	≥90
城镇常住人口基本医疗保险覆盖率（%）	95	98
城镇常住人口保障性住房覆盖率（%）	12.5	≥23
基础设施		
百万以上人口城市公共交通占机动化出行比例（%）	45*	60
城镇公共供水普及率（%）	81.7	90
城市污水处理率（%）	87.3	95
城市生活垃圾无害化处理率（%）	84.8	95
城市家庭宽带接入能力（Mbps）	4	≥50
城市社区综合服务设施覆盖率（%）	72.5	100
资源环境		
人均城市建设用地（平方米）		≤100
城镇可再生能源消费比重（%）	8.7	13
城镇绿色建筑占新建建筑比重（%）	2	50
城市建成区绿地率（%）	35.7	38.9
地级以上城市空气质量达到国家标准的比例（%）	40.9	60

注：①带*为2011年数据。
　　②城镇常住人口基本养老保险覆盖率指标中，常住人口不含16周岁以下人员和在校学生。
　　③城镇保障性住房：包括公租房（含廉租房）、政策性商品住房和棚户区改造安置住房等。
　　④人均城市建设用地：国家《城市用地分类与规划建设用地标准》规定，人均城市建设用地标准为65.0～115.0平方米，新建城市为85.1～105.0平方米。
　　⑤城市空气质量国家标准：在1996年标准基础上，增设了PM2.5浓度限值和臭氧8小时平均浓度限值，调整了PM10、二氧化氮、铅等浓度限值。

第三篇 有序推进农业转移人口市民化

按照尊重意愿、自主选择，因地制宜、分步推进，存量优先、带动增量的原则，以农业转移人口为重点，兼顾高校和职业技术院校毕业生、城镇间异地就业人员和城区城郊农业人口，统筹推进户籍制度改革和基本公共服务均等化。

第六章 推进符合条件农业转移人口落户城镇

逐步使符合条件的农业转移人口落户城镇，不仅要放开小城镇落户限制，也要放宽大中城市落户条件。

第一节 健全农业转移人口落户制度

各类城镇要健全农业转移人口落户制度，根据综合承载能力和发展潜力，以就业年限、居住年限、城镇社会保险参保年限等为基准条件，因地制宜制定具体的农业转移人口落户标准，并向全社会公布，引导农业转移人口在城镇落户的预期和选择。

第二节 实施差别化落户政策

以合法稳定就业和合法稳定住所（含租赁）等为前置条件，全面放开建制镇和小城市落户限制，有序放开城区人口50万~100万的城市落户限制，合理放开城区人口100万~300万的大城市落户限制，合理确定城区人口300万~500万的大城市落户条件，严格控制城区人口500万以上的特大城市人口规模。大中城市可设置参加城镇社会保险年限的要求，但最高年限不得超过5年。特大城市可采取积分制等方式设置阶梯式落户通道调控落户规模和节奏。

第七章　推进农业转移人口享有城镇基本公共服务

农村劳动力在城乡间流动就业是长期现象，按照保障基本、循序渐进的原则，积极推进城镇基本公共服务由主要对本地户籍人口提供向对常住人口提供转变，逐步解决在城镇就业居住但未落户的农业转移人口享有城镇基本公共服务问题。

第一节　保障随迁子女平等享有受教育权利

建立健全全国中小学生学籍信息管理系统，为学生学籍转接提供便捷服务。将农民工随迁子女义务教育纳入各级政府教育发展规划和财政保障范畴，合理规划学校布局，科学核定教师编制，足额拨付教育经费，保障农民工随迁子女以公办学校为主接受义务教育。对未能在公办学校就学的，采取政府购买服务等方式，保障农民工随迁子女在普惠性民办学校接受义务教育的权利。逐步完善农民工随迁子女在流入地接受中等职业教育免学费和普惠性学前教育的政策，推动各地建立健全农民工随迁子女接受义务教育后在流入地参加升学考试的实施办法。

第二节　完善公共就业创业服务体系

加强农民工职业技能培训，提高就业创业能力和职业素质。整合职业教育和培训资源，全面提供政府补贴职业技能培训服务。强化企业开展农民工岗位技能培训责任，足额提取并合理使用职工教育培训经费。鼓励高等学校、各类职业院校和培训机构积极开展职业教育和技能培训，推进职业技能实训基地建设。鼓励农民工取得职业资格证书和专项职业能力证书，并按规定给予职业技能鉴定补贴。加大农民工创业政策扶持力度，健全农民工劳动权益保护机制。实现就业信息全国联网，为农民工提供免费的就业信息和政策咨询。

专栏 2	农民工职业技能提升计划

01 就业技能培训

对转移到非农产业务工经商的农村劳动者开展专项技能或初级技能培训。依托技工院校、中高等职业院校、职业技能实训基地等培训机构，加大各级政府投入，开展政府补贴农民工就业技能培训，每年培训 1000 万人次，基本消除新成长劳动力无技能从业现象。对少数民族转移就业人员实行双语技能培训。

02 岗位技能提升培训

对与企业签订一定期限劳动合同的在岗农民工进行提高技能水平培训。鼓励企业结合行业特点和岗位技能需求，开展农民工在岗技能提升培训，每年培训农民工 1000 万人次。

03 高技能人才和创业培训

对符合条件的具备中高级技能的农民工实施高技能人才培训计划，完善补贴政策，每年培养 100 万高技能人才。对有创业意愿并具备创业条件的农民工开展提升创业能力培训。

04 劳动预备制培训

对农村未能继续升学并准备进入非农产业就业或进城务工的应届初高中毕业生、农村籍退役士兵进行储备性专业技能培训。

05 社区公益性培训

组织中高等职业院校、普通高校、技工院校开展面向农民工的公益性教育培训，与街道、社区合作，举办灵活多样的社区培训，提升农民工的职业技能和综合素质。

06 职业技能培训能力建设

依托现有各类职业教育和培训机构，提升改造一批职业技能实训基地。鼓励大中型企业联合技工院校、职业院校，建设一批农民工实训基地。支持一批职业教育优质特色学校和示范性中高等职业院校建设。

第三节 扩大社会保障覆盖面

扩大参保缴费覆盖面，适时适当降低社会保险费率。完善职工基本养老保险制度，实现基础养老金全国统筹，鼓励农民工积极参保、连续参保。依法将农民工纳入城镇职工基本医疗保险，允许灵活就业农民工参加当地城镇居民基本医疗保险。完善社会保险关系转移接续政策，在农村参加的养老保险和医疗保险规范接入城镇社保体系，建立全国统一的城乡居民基本养老保险制度，整合城乡居民基本医疗保险制度。强化企业缴费责任，扩大农民工参加城镇职工工伤保险、失业保险、生育保险比例。推进商业保险与社会保险衔接合作，开办各类补充性养老、医疗、健康保险。

第四节　改善基本医疗卫生条件

根据常住人口配置城镇基本医疗卫生服务资源，将农民工及其随迁家属纳入社区卫生服务体系，免费提供健康教育、妇幼保健、预防接种、传染病防控、计划生育等公共卫生服务。加强农民工聚居地疾病监测、疫情处理和突发公共卫生事件应对。鼓励有条件的地方将符合条件的农民工及其随迁家属纳入当地医疗救助范围。

第五节　拓宽住房保障渠道

采取廉租住房、公共租赁住房、租赁补贴等多种方式改善农民工居住条件。完善商品房配建保障性住房政策，鼓励社会资本参与建设。农民工集中的开发区和产业园区可以建设单元型或宿舍型公共租赁住房，农民工数量较多的企业可以在符合规定标准的用地范围内建设农民工集体宿舍。审慎探索由集体经济组织利用农村集体建设用地建设公共租赁住房。把进城落户农民完全纳入城镇住房保障体系。

第八章　建立健全农业转移人口市民化推进机制

强化各级政府责任，合理分担公共成本，充分调动社会力量，构建政府主导、多方参与、成本共担、协同推进的农业转移人口市民化机制。

第一节　建立成本分担机制

建立健全由政府、企业、个人共同参与的农业转移人口市民化成本分担机制，根据农业转移人口市民化成本分类，明确成本承担主体和支出责任。

政府要承担农业转移人口市民化在义务教育、劳动就业、基本养老、基本医疗卫生、保障性住房以及市政设施等方面的公共成本。企业要落实农民工与城镇职工同工同酬制度，加大职工技能培训投入，依法为农民工缴纳职工养老、医疗、工伤、失业、生育等社会保险费用。农民工要积极参加城镇社会保险、职业教育和技能培训等，并按照规定承担相关费用，提升融入城市社会的能力。

第二节　合理确定各级政府职责

中央政府负责统筹推进农业转移人口市民化的制度安排和政策制定，省级政府负责制定本行政区农业转移人口市民化总体安排和配套政策，市县政府负责制定本行政区城市和建制镇农业转移人口市民化的具体方案和实施细则。各级政府根据基本公共服务的事权划分，承担相应的财政支出责任，增强农业转移人口落户较多地区政府的公共服务保障能力。

第三节　完善农业转移人口社会参与机制

推进农民工融入企业、子女融入学校、家庭融入社区、群体融入社会，建设包容性城市。提高各级党代会代表、人大代表、政协委员中农民工的比例，积极引导农民工参加党组织、工会和社团组织，引导农业转移人口有序参政议政和参加社会管理。加强科普宣传教育，提高农民工科学文化和文明素质，营造农业转移人口参与社区公共活动、建设和管理的氛围。城市政府和用工企业要加强对农业转移人口的人文关怀，丰富其精神文化生活。

第四篇　优化城镇化布局和形态

根据土地、水资源、大气环流特征和生态环境承载能力，优化城镇化空间布局和城镇规模结构，在《全国主体功能区规划》确定的城镇化地区，按照统筹规划、合理布局、分工协作、以大带小的原则，发展集聚效率高、辐射作用大、城镇体系优、功能互补强的城市群，使之成为支撑全国经济增长、促进区域协调发展、参与国际竞争合作的重要平台。构建以陆桥通道、沿长江通道为两条横轴，以沿海、京哈京广、包昆通道为三条纵轴，以轴线上城市群和节点城市为依托、其他城镇化地区为重要组成部分，大中小城市和小城镇协调发展的"两横三纵"城镇化战略格局。

第九章 优化提升东部地区城市群

东部地区城市群主要分布在优化开发区域，面临水土资源和生态环境压力加大、要素成本快速上升、国际市场竞争加剧等制约，必须加快经济转型升级、空间结构优化、资源永续利用和环境质量提升。

京津冀、长江三角洲和珠江三角洲城市群，是我国经济最具活力、开放程度最高、创新能力最强、吸纳外来人口最多的地区，要以建设世界级城市群为目标，继续在制度创新、科技进步、产业升级、绿色发展等方面走在全国前列，加快形成国际竞争新优势，在更高层次参与国际合作和竞争，发挥其对全国经济社会发展的重要支撑和引领作用。科学定位各城市功能，增强城市群内中小城市和小城镇的人口经济集聚能力，引导人口和产业由特大城市主城区向周边和其他城镇疏散转移。依托河流、湖泊、山峦等自然地理格局建设区域生态网络。

东部地区其他城市群，要根据区域主体功能定位，在优化结构、提高效益、降低消耗、保护环境的基础上，壮大先进装备制造业、战略性新兴产业和现代服务业，推进海洋经济发展。充分发挥区位优势，全面提高开放水平，集聚创新要素，增强创新能力，提升国际竞争力。统筹区域、城乡基础设施网络和信息网络建设，深化城市间分工协作和功能互补，加快一体化发展。

第十章　培育发展中西部地区城市群

中西部城镇体系比较健全、城镇经济比较发达、中心城市辐射带动作用明显的重点开发区域，要在严格保护生态环境的基础上，引导有市场、有效益的劳动密集型产业优先向中西部转移，吸纳东部返乡和就近转移的农民工，加快产业集群发展和人口集聚，培育发展若干新的城市群，在优化全国城镇化战略格局中发挥更加重要作用。

加快培育成渝、中原、长江中游、哈长等城市群，使之成为推动国土空间均衡开发、引领区域经济发展的重要增长极。加大对内对外开放力度，有序承接国际及沿海地区产业转移，依托优势资源发展特色产业，加快新型工业化进程，壮大现代产业体系，完善基础设施网络，健全功能完备、布局合理的城镇体系，强化城市分工合作，提升中心城市辐射带动能力，形成经济充满活力、生活品质优良、生态环境优美的新型城市群。依托陆桥通道上的城市群和节点城市，构建丝绸之路经济带，推动形成与中亚乃至整个欧亚大陆的区域大合作。

中部地区是我国重要粮食主产区，西部地区是我国水源保护区和生态涵养区。培育发展中西部地区城市群，必须严格保护耕地特别是基本农田，严格保护水资源，严格控制城市边界无序扩张，严格控制污染物排放，切实加强生态保护和环境治理，彻底改变粗放低效的发展模式，确保流域生态安全和粮食生产安全。

第十一章　建立城市群发展协调机制

统筹制定实施城市群规划，明确城市群发展目标、空间结构和开发方向，明确各城市的功能定位和分工，统筹交通基础设施和信息网络布局，加快推进城市群一体化进程。加强城市群规划与城镇体系规划、土地利用规划、生态环境规划等的衔接，依法开展规划环境影响评价。中央政府负责跨省级行政区的城市群规划编制和组织实施，省级政府负责本行政区内的城市群规划编制和组织实施。

建立完善跨区域城市发展协调机制。以城市群为主要平台，推动跨区域城市间产业分工、基础设施、环境治理等协调联动。重点探索建立城市群管理协调模式，创新城市群要素市场管理机制，破除行政壁垒和垄断，促进生产要素自由流动和优化配置。建立城市群成本共担和利益共享机制，加快城市公共交通"一卡通"服务平台建设，推进跨区域互联互通，促进基础设施和公共服务设施共建共享，促进创新资源高效配置和开放共享，推动区域环境联防联控联治，实现城市群一体化发展。

第十二章 促进各类城市协调发展

优化城镇规模结构，增强中心城市辐射带动功能，加快发展中小城市，有重点地发展小城镇，促进大中小城市和小城镇协调发展。

第一节 增强中心城市辐射带动功能

直辖市、省会城市、计划单列市和重要节点城市等中心城市，是我国城镇化发展的重要支撑。沿海中心城市要加快产业转型升级，提高参与全球产业分工的层次，延伸面向腹地的产业和服务链，加快提升国际化程度和国际竞争力。内陆中心城市要加大开发开放力度，健全以先进制造业、战略性新兴产业、现代服务业为主的产业体系，提升要素集聚、科技创新、高端服务能力，发挥规模效应和带动效应。区域重要节点城市要完善城市功能，壮大经济实力，加强协作对接，实现集约发展、联动发展、互补发展。特大城市要适当疏散经济功能和其他功能，推进劳动密集型加工业向外转移，加强与周边城镇基础设施连接和公共服务共享，推进中心城区功能向1小时交通圈地区扩散，培育形成通勤高效、一体发展的都市圈。

第二节 加快发展中小城市

把加快发展中小城市作为优化城镇规模结构的主攻方向，加强产业和公共服务资源布局引导，提升质量，增加数量。鼓励引导产业项目在资源环境承载力强、发展潜力大的中小城市和县城布局，依托优势资源发展特色产业，夯实产业基础。加强市政基础设施和公共服务设施建设，教育医疗等公共资源配置要向中小城市和县城倾斜，引导高等学校和职业院校在中小城市布局、优质教育和医疗机构在中小城市设立分支机构，增强集聚要素的吸引力。完善设市标准，严格审批程序，对具备行政区划调整条件的县可有序改市，把有条件的县城和重点镇发展成为中小城市。培育壮大陆路边境口岸城镇，完善边境贸易、金融服务、交通枢纽等功能，建设国际贸易物流节点和加工基地。

专栏 3	重点建设的陆路边境口岸城镇
01	面向东北亚 丹东、集安、临江、长白、和龙、图们、珲春、黑河、绥芬河、抚远、同江、东宁、满洲里、二连浩特、甘其毛都、策克
02	面向中亚西亚 喀什、霍尔果斯、伊宁、博乐、阿拉山口、塔城
03	面向东南亚 东兴、凭祥、宁明、龙州、大新、靖西、那坡、瑞丽、磨憨、畹町、河口
04	面向南亚 樟木、吉隆、亚东、普兰、日屋

第三节　有重点地发展小城镇

按照控制数量、提高质量，节约用地、体现特色的要求，推动小城镇发展与疏解大城市中心城区功能相结合、与特色产业发展相结合、与服务"三农"相结合。大城市周边的重点镇，要加强与城市发展的统筹规划与功能配套，逐步发展成为卫星城。具有特色资源、区位优势的小城镇，要通过规划引导、市场运作，培育成为文化旅游、商贸物流、资源加工、交通枢纽等专业特色镇。远离中心城市的小城镇和林场、农场等，要完善基础设施和公共服务，发展成为服务农村、带动周边的综合性小城镇。对吸纳人口多、经济实力强的镇，可赋予同人口和经济规模相适应的管理权。

专栏4	县城和重点镇基础设施提升工程
01	**公共供水** 加强供水设施建设，实现县城和重点镇公共供水普及率85%以上。
02	**污水处理** 因地制宜建设集中污水处理厂或分散型生态处理设施，使所有县城和重点镇具备污水处理能力，实现县城污水处理率达85%左右、重点镇达70%左右。
03	**垃圾处理** 实现县城具备垃圾无害化处理能力，按照以城带乡模式推进重点镇垃圾无害化处理，重点建设垃圾收集、转运设施，实现重点镇垃圾收集、转运全覆盖。
04	**道路交通** 统筹城乡交通一体化发展，县城基本实现高等级公路连通，重点镇积极发展公共交通。
05	**燃气供热** 加快城镇天然气（含煤层气等）管网、液化天然气（压缩天然气）站、集中供热等设施建设，因地制宜发展大中型沼气、生物质燃气和地热能，县城逐步推进燃气替代生活燃煤，北方地区县城和重点镇集中供热水平明显提高。
06	**分布式能源** 城镇建设和改造要优先采用分布式能源，资源丰富地区的城镇新能源和可再生能源消费比重显著提高。鼓励条件适宜地区大力促进可再生能源建筑应用。

第十三章　强化综合交通运输网络支撑

完善综合运输通道和区际交通骨干网络，强化城市群之间交通联系，加快城市群交通一体化规划建设，改善中小城市和小城镇对外交通，发挥综合交通运输网络对城镇化格局的支撑和引导作用。到2020年，普通铁路网覆盖20万以上人口城市，快速铁路网基本覆盖50万以上人口城市；普通国道基本覆盖县城，国家高速公路基本覆盖20万以上人口城市；民用航空网络不断扩展，航空服务覆盖全国90%左右的人口。

第一节 完善城市群之间综合交通运输网络

依托国家"五纵五横"综合运输大通道，加强东中部城市群对外交通骨干网络薄弱环节建设，加快西部城市群对外交通骨干网络建设，形成以铁路、高速公路为骨干，以普通国省道为基础，与民航、水路和管道共同组成的连接东西、纵贯南北的综合交通运输网络，支撑国家"两横三纵"城镇化战略格局。

第二节 构建城市群内部综合交通运输网络

按照优化结构的要求，在城市群内部建设以轨道交通和高速公路为骨干，以普通公路为基础，有效衔接大中小城市和小城镇的多层次快速交通运输网络。提升东部地区城市群综合交通运输一体化水平，建成以城际铁路、高速公路为主体的快速客运和大能力货运网络。推进中西部地区城市群内主要城市之间的快速铁路、高速公路建设，逐步形成城市群内快速交通运输网络。

第三节 建设城市综合交通枢纽

建设以铁路、公路客运站和机场等为主的综合客运枢纽，以铁路和公路货运场站、港口和机场等为主的综合货运枢纽，优化布局，提升功能。依托综合交通枢纽，加强铁路、公路、民航、水运与城市轨道交通、地面公共交通等多种交通方式的衔接，完善集疏运系统与配送系统，实现客运"零距离"换乘和货运无缝衔接。

第四节 改善中小城市和小城镇交通条件

加强中小城市和小城镇与交通干线、交通枢纽城市的连接，加快国省干线公路升级改造，提高中小城市和小城镇公路技术等级、通行能力和铁路覆盖率，改善交通条件，提升服务水平。

第五篇　提高城市可持续发展能力

加快转变城市发展方式，优化城市空间结构，增强城市经济、基础设施、公共服务和资源环境对人口的承载能力，有效预防和治理"城市病"，建设和谐宜居、富有特色、充满活力的现代城市。

第十四章　强化城市产业就业支撑

调整优化城市产业布局和结构，促进城市经济转型升级，改善营商环境，增强经济活力，扩大就业容量，把城市打造成为创业乐园和创新摇篮。

第一节　优化城市产业结构

根据城市资源环境承载能力、要素禀赋和比较优势，培育发展各具特色的城市产业体系。改造提升传统产业，淘汰落后产能，壮大先进制造业和节能环保、新一代信息技术、生物、新能源、新材料、新能源汽车等战略性新兴产业。适应制造业转型升级要求，推动生产性服务业专业化、市场化、社会化发展，引导生产性服务业在中心城市、制造业密集区域集聚；适应居民消费需求多样化，提升生活性服务业水平，扩大服务供给，提高服务质量，推动特大城市和大城市形成以服务经济为主的产业结构。强化城市间专业化分工协作，增强中小城市产业承接能力，构建大中小城市和小城镇特色鲜明、优势互补的产业发展格局。推进城市污染企业治理改造和环保搬迁。支持资源枯竭城市发展接续替代产业。

第二节　增强城市创新能力

顺应科技进步和产业变革新趋势，发挥城市创新载体作用，依托科技、教育和人才资源优势，推动城市走创新驱动发展道路。营造创新的制度环境、政策环境、金融环境和文化氛围，激发全社会创新活力，推动技术创新、商业模式创新和管理创新。建立产学研协同创新机制，强化企业在技术创新中的主体地位，发挥大型企业创新骨干作用，激发中小企业创新活力。建设创新基地，集聚创新人才，培育创新集群，完善创新服务体系，发展创新公共平台和风险投资机构，推进创新成果资本化、产业化。加强知识产权运用和保护，健全技术创新激励机制。推动高等学校提高创新人才培养能力，加快现代职业教育体系建设，系统构建从中职、高职、本科层次职业教育到专业学位研究生教育的技术技能人才培养通道，推进中高职衔接和职普沟通。引导部分地方本科高等学校转型发展为应用技术类型高校。试行普通高校、高职院校、成人高校之间的学分转换，为学生多样化成才提供选择。

第三节　营造良好就业创业环境

发挥城市创业平台作用，充分利用城市规模经济产生的专业化分工效应，放宽政府管制，降低交易成本，激发创业活力。完善扶持创业的优惠政策，形成政府激励创业、社会支持创业、劳动者勇于创业新机制。运用财政支持、税费减免、创业投资引导、政策性金融服务、小额贷款担保等手段，为中小企业特别是创业型企业发展提供良好的经营环境，促进以创业带动就业。促进以高校毕业生为重点的青年就业和农村转移劳动力、城镇困难人员、退役军人就业。结合产业升级开发更多适合高校毕业生的就业岗位，实行激励高校毕业生自主创业政策，实施离校未就业高校毕业生就业促进计划。合理引导高校毕业生就业流向，鼓励其到中小城市创业就业。

第十五章　优化城市空间结构和管理格局

按照统一规划、协调推进、集约紧凑、疏密有致、环境优先的原则，统筹中心城区改造和新城新区建设，提高城市空间利用效率，改善城市人居环境。

第一节 改造提升中心城区功能

推动特大城市中心城区部分功能向卫星城疏散，强化大中城市中心城区高端服务、现代商贸、信息中介、创意创新等功能。完善中心城区功能组合，统筹规划地上地下空间开发，推动商业、办公、居住、生态空间与交通站点的合理布局与综合利用开发。制定城市市辖区设置标准，优化市辖区规模和结构。按照改造更新与保护修复并重的要求，健全旧城改造机制，优化提升旧城功能。加快城区老工业区搬迁改造，大力推进棚户区改造，稳步实施城中村改造，有序推进旧住宅小区综合整治、危旧住房和非成套住房改造，全面改善人居环境。

专栏5	棚户区改造行动计划

01　城市棚户区改造
　　加快推进集中成片城市棚户区改造，逐步将其他棚户区、城中村改造统一纳入城市棚户区改造范围，到2020年基本完成城市棚户区改造任务。

02　国有工矿棚户区改造
　　将位于城市规划区内的国有工矿棚户区统一纳入城市棚户区改造范围，按照属地原则将铁路、钢铁、有色、黄金等行业棚户区纳入各地棚户区改造规划组织实施。

03　国有林区棚户区改造
　　加快改造国有林区棚户区和国有林场危旧房，将国有林区（场）外其他林业基层单位符合条件的住房困难人员纳入当地城镇住房保障体系。

04　国有垦区危房改造
　　加快改造国有垦区危房，将华侨农场非归难侨危房改造统一纳入垦区危房改造中央补助支持范围。

第二节 严格规范新城新区建设

严格新城新区设立条件，防止城市边界无序蔓延。因中心城区功能过度叠加、人口密度过高或规避自然灾害等原因，确需规划建设新城新区，必须以人口密度、产出强度和资源环境承载力为基准，与行政区划相协调，科学合理编制规划，严格控制建设用地规模，控制建设标准过度超前。统筹生产区、办公区、生活区、商业区等功能区规划建设，推进功能混合和产城融合，在集聚产业的同时集聚人口，防止新城新区空心化。加强现有开发区城市功能改造，推动单一生产功能向城市综合功能转型，为促进人口集聚、发展服务经济拓展空间。

第三节 改善城乡接合部环境

提升城乡接合部规划建设和管理服务水平，促进社区化发展，增强服务城市、带动农村、承接转移人口功能。加快城区基础设施和公共服务设施向城乡接合部地区延伸覆盖，规范建设行为，加强环境整治和社会综合治理，改善生活居住条件。保护生态用地和农用地，形成有利于改善城市生态环境质量的生态缓冲地带。

第十六章 提升城市基本公共服务水平

加强市政公用设施和公共服务设施建设，增加基本公共服务供给，增强对人口集聚和服务的支撑能力。

第一节 优先发展城市公共交通

将公共交通放在城市交通发展的首要位置，加快构建以公共交通为主体的城市机动化出行系统，积极发展快速公共汽车、现代有轨电车等大容量地面公共交通系统，科学有序推进城市轨道交通建设。优化公共交通站点和线路设置，推动形成公共交通优先通行网络，提高覆盖率、准点率和运行速度，基本实现100万人口以上城市中心城区公共交通站点500米全覆盖。强化交通综合管理，有效调控、合理引导个体机动化交通需求。推动各种交通方式、城市道路交通管理系统的信息共享和资源整合。

第二节　加强市政公用设施建设

建设安全高效便利的生活服务和市政公用设施网络体系。优化社区生活设施布局，健全社区养老服务体系，完善便民利民服务网络，打造包括物流配送、便民超市、平价菜店、家庭服务中心等在内的便捷生活服务圈。加强无障碍环境建设。合理布局建设公益性菜市场、农产品批发市场。统筹电力、通信、给排水、供热、燃气等地下管网建设，推行城市综合管廊，新建城市主干道路、城市新区、各类园区应实行城市地下管网综合管廊模式。加强城镇水源地保护与建设和供水设施改造与建设，确保城镇供水安全。加强防洪设施建设，完善城市排水与暴雨外洪内涝防治体系，提高应对极端天气能力。建设安全可靠、技术先进、管理规范的新型配电网络体系，加快推进城市清洁能源供应设施建设，完善燃气输配、储备和供应保障系统，大力发展热电联产，淘汰燃煤小锅炉。加强城镇污水处理及再生利用设施建设，推进雨污分流改造和污泥无害化处置。提高城镇生活垃圾无害化处理能力。合理布局建设城市停车场和立体车库，新建大中型商业设施要配建货物装卸作业区和停车场，新建办公区和住宅小区要配建地下停车场。

第三节　完善基本公共服务体系

根据城镇常住人口增长趋势和空间分布，统筹布局建设学校、医疗卫生机构、文化设施、体育场所等公共服务设施。优化学校布局和建设规模，合理配置中小学和幼儿园资源。加强社区卫生服务机构建设，健全与医院分工协作、双向转诊的城市医疗服务体系。完善重大疾病防控、妇幼保健等专业公共卫生和计划生育服务网络。加强公共文化、公共体育、就业服务、社保经办和便民利民服务设施建设。创新公共服务供给方式，引入市场机制，扩大政府购买服务规模，实现供给主体和方式多元化，根据经济社会发展状况和财力水平，逐步提高城镇居民基本公共服务水平，在学有所教、劳有所得、病有所医、老有所养、住有所居上持续取得新进展。

第十七章　提高城市规划建设水平

适应新型城镇化发展要求，提高城市规划科学性，加强空间开发管制，健全规划管理体制机制，严格建筑规范和质量管理，强化实施监督，提高城市规划管理水平和建筑质量。

第一节　创新规划理念

把以人为本、尊重自然、传承历史、绿色低碳理念融入城市规划全过程。城市规划要由扩张性规划逐步转向限定城市边界、优化空间结构的规划，科学确立城市功能定位和形态，加强城市空间开发利用管制，合理划定城市"三区四线"，合理确定城市规模、开发边界、开发强度和保护性空间，加强道路红线和建筑红线对建设项目的定位控制。统筹规划城市空间功能布局，促进城市用地功能适度混合。合理设定不同功能区土地开发利用的容积率、绿化率、地面渗透率等规范性要求。建立健全城市地下空间开发利用协调机制。统筹规划市区、城郊和周边乡村发展。

专栏6　　　　　　　　城市"三区四线"规划管理

01　禁建区
　　基本农田、行洪河道、水源地一级保护区、风景名胜区核心区、自然保护区核心区和缓冲区、森林湿地公园生态保育区和恢复重建区、地质公园核心区、道路红线、区域性市政走廊用地范围内、城市绿地、地质灾害易发区、矿产采空区、文物保护单位保护范围等，禁止城市建设开发活动。

02　限建区
　　水源地二级保护区、地下水防护区、风景名胜区非核心区、自然保护区非核心区和缓冲区、森林公园非生态保育区、湿地公园非保育区和恢复重建区、地质公园非核心区、海陆交界生态敏感区和灾害易发区、文物保护单位建设控制地带、文物地下埋藏区、机场噪声控制区、市政走廊预留和道路红线外控制区、矿产采空区外围、地质灾害低易发区、蓄滞洪区、行洪河道外围一定范围等，限制城市建设开发活动。

续表

03 适建区	在已经划定为城市建设用地的区域,合理安排生产用地、生活用地和生态用地,合理确定开发时序、开发模式和开发强度。
04 绿线	划定城市各类绿地范围的控制线,规定保护要求和控制指标。
05 蓝线	划定在城市规划中确定的江、河、湖、库、渠和湿地等城市地表水体保护和控制的地域界线,规定保护要求和控制指标。
06 紫线	划定国家历史文化名城内的历史文化街区和省、自治区、直辖市人民政府公布的历史文化街区的保护范围界线,以及城市历史文化街区外经县级以上人民政府公布保护的历史建筑的保护范围界线。
07 黄线	划定对城市发展全局有影响、必须控制的城市基础设施用地的控制界线,规定保护要求和控制指标。

第二节 完善规划程序

完善城市规划前期研究、规划编制、衔接协调、专家论证、公众参与、审查审批、实施管理、评估修编等工作程序,探索设立城市总规划师制度,提高规划编制科学化、民主化水平。推行城市规划政务公开,加大公开公示力度。加强城市规划与经济社会发展、主体功能区建设、国土资源利用、生态环境保护、基础设施建设等规划的相互衔接。推动有条件地区的经济社会发展总体规划、城市规划、土地利用规划等"多规合一"。

第三节 强化规划管控

保持城市规划权威性、严肃性和连续性,坚持一本规划一张蓝图持之以恒加以落实,防止换一届领导改一次规划。加强规划实施全过程监管,确保依规划进行开发建设。健全国家城乡规划督察员制度,以规划强制性内容为重点,加强规划实施督察,对违反规划行为进行事前事中监管。严格实行规划实施责任追究制度,加大对政府部门、开发主体、居民个人违法违规行为的责任追究和处罚力度。制定城市规划建设考核指标体系,加强地方人大对城市规划实施的监督检查,将城市规划实施情况纳入地方党政领导干部考核和离任审计。运用信息化等手段,强化对城市规划管控的技术支撑。

第四节 严格建筑质量管理

强化建筑设计、施工、监理和建筑材料、装修装饰等全流程质量管控。严格执行先勘察、后设计、再施工的基本建设程序,加强建筑市场各类主体的资质资格管理,推行质量体系认证制度,加大建筑工人职业技能培训力度。坚决打击建筑工程招投标、分包转包、材料采购、竣工验收等环节的违法违规行为,惩治擅自改变房屋建筑主体和承重结构等违规行为。健全建筑档案登记、查询和管理制度,强化建筑质量责任追究和处罚,实行建筑质量责任终身追究制度。

第十八章 推动新型城市建设

顺应现代城市发展新理念新趋势,推动城市绿色发展,提高智能化水平,增强历史文化魅力,全面提升城市内在品质。

第一节 加快绿色城市建设

将生态文明理念全面融入城市发展,构建绿色生产方式、生活方式和消费模式。严格控制高耗能、高排放行业发展。节约集约利用土地、水和能源等资源,促进资源循环利用,控制总量,提高效率。加快建设可再生能源体系,推动分布式太阳能、风能、生物质能、地热能多元化、规模化应用,提高新能源和可再生能源利用比例。实施绿色建筑行动计划,完善绿色建筑标准及认证体系、扩大强制执行范围,加快既有建筑节能改造,大力发展绿色建材,强力推进建筑工业化。合理控制机动车保有量，加快新能源汽车推广应用，改善步行、自行车出行条件，倡导绿色出行。实施大气污染防治行动计划，开展区域联防联控联治，改善城市空气质量。完善废旧商品回收体系和垃圾分类处理系统，加强城市固体废弃物循环利用和无害化处置。合理划定生态保护红线，扩大城市生态空间，增加森林、湖泊、湿地面积，将农村废弃地、其他污染土地、工矿用地转化为生态用地，在城镇化地区合理建设绿色生态廊道。

专栏7	绿色城市建设重点

01 绿色能源
　　推进新能源示范城市建设和智能微电网示范工程建设，依托新能源示范城市建设分布式光伏发电示范区。在北方地区城镇开展风电清洁供暖示范工程。选择部分县城开展可再生能源热利用示范工程，加强绿色能源县建设。

02 绿色建筑
　　推进既有建筑供热计量和节能改造，基本完成北方采暖地区居住建筑供热计量和节能改造，积极推进夏热冬冷地区建筑节能改造和公共建筑节能改造。逐步提高新建建筑能效水平，严格执行节能标准。积极推进建筑工业化、标准化，提高住宅工业化比例。政府投资的公益性建筑、保障性住房和大型公共建筑全面执行绿色建筑标准和认证。

03 绿色交通
　　加快发展新能源、小排量等环保型汽车，加快充电站、充电桩、加气站等配套设施建设，加强步行和自行车等慢行交通系统建设，积极推进混合动力、纯电动、天然气等新能源和清洁燃料车辆在公共交通行业的示范应用。推进机场、车站、码头节能节水改造，推广使用太阳能等可再生能源。继续严格实行运营车辆燃料消耗量准入制度，到2020年淘汰全部黄标车。

04 产业园区循环化改造
　　以国家级和省级产业园区为重点，推进循环化改造，实现土地集约利用、废物交换利用、能量梯级利用，废水循环利用和污染物集中处理。

05 城市环境综合整治
　　实施清洁空气工程，强化大气污染综合防治，明显改善城市空气质量；实施安全饮用水工程，治理地表水、地下水，实现水质、水量双保障；开展存量生活垃圾治理工作；实施重金属污染防治工程，推进重点地区污染场地和土壤修复治理。实施森林、湿地保护与修复。

06 绿色新生活行动
　　在衣食住行游等方面，加快向简约适度、绿色低碳、文明节约方式转变。培育生态文化，引导绿色消费，推广节能环保型汽车、节能省地型住宅。健全城市废旧商品回收体系和餐厨废弃物资源化利用体系，减少使用一次性产品，抑制商品过度包装。

第二节　推进智慧城市建设

统筹城市发展的物质资源、信息资源和智力资源利用，推动物联网、云计算、大数据等新一代信息技术创新应用，实现与城市经济社会发展深度融合。强化信息网络、数据中心等信息基础设施建设。促进跨部门、跨行业、跨地区的政务信息共享和业务协同，强化信息资源社会化开发利用，推广智慧化信息应用和新型信息服务，促进城市规划管理信息化、基础设施智能化、公共服务便捷化、产业发展现代化、社会治理精细化。增强城市要害信息系统和关键信息资源的安全保障能力。

专栏 8	智慧城市建设方向

01　信息网络宽带化
　　推进光纤到户和"光进铜退"，实现光纤网络基本覆盖城市家庭，城市宽带接入能力达到 50Mbps，50% 家庭达到 100Mbps，发达城市部分家庭达到 1Gbps。推动 4G 网络建设，加快城市公共热点区域无线局域网覆盖。

02　规划管理信息化
　　发展数字化城市管理，推动平台建设和功能拓展，建立城市统一的地理空间信息平台及建（构）筑物数据库，构建智慧城市公共信息平台，统筹推进城市规划、国土利用、城市管网、园林绿化、环境保护等市政基础设施管理的数字化和精准化。

03　基础设施智能化
　　发展智能交通，实现交通诱导、指挥控制、调度管理和应急处理的智能化。发展智能电网，支持分布式能源的接入、居民和企业用电的智能管理。发展智能水务，构建覆盖供水全过程、保障供水质量安全的智能供排水和污水处理系统。发展智能管网，实现城市地下空间、地下管网的信息化管理和运行监控智能化。发展智能建筑，实现建筑设施、设备、节能、安全的智慧化管控。

04　公共服务便捷化
　　建立跨部门跨地区业务协同、共建共享的公共服务信息服务体系。利用信息技术，创新发展城市教育、就业、社保、养老、医疗和文化的服务模式。

05　产业发展现代化
　　加快传统产业信息化改造，推进制造模式向数字化、网络化、智能化、服务化转变。积极发展信息服务业，推动电子商务和物流信息化集成发展，创新并培育新型业态。

06　社会治理精细化
　　在市场监管、环境监管、信用服务、应急保障、治安防控、公共安全等社会治理领域，深化信息应用，建立完善相关信息服务体系，创新社会治理方式。

第三节　注重人文城市建设

发掘城市文化资源，强化文化传承创新，把城市建设成为历史底蕴厚重、时代特色鲜明的人文魅力空间。注重在旧城改造中保护历史文化遗产、民族文化风格和传统风貌，促进功能提升与文化文物保护相结合。注重在新城新区建设中融入传统文化元素，与原有城市自然人文特征相协调。加强历史文化名城名镇、历史文化街区、民族风情小镇文化资源挖掘和文化生态的整体保护，传承和弘扬优秀传统文化，推动地方特色文化发展，保存城市文化记忆。培育和践行社会主义核心价值观，加快完善文化管理体制和文化生产经营机制，建立健全现代公共文化服务体系、现代文化市场体系。鼓励城市文化多样化发展，促进传统文化与现代文化、本土文化与外来文化交融，形成多元开放的现代城市文化。

专栏9	人文城市建设重点

01　文化和自然遗产保护
加强国家重大文化和自然遗产地、国家考古遗址公园、全国重点文物保护单位、历史文化名城名镇名村保护设施建设，加强城市重要历史建筑和历史文化街区保护，推进非物质文化遗产保护利用设施建设。

02　文化设施
建设城市公共图书馆、文化馆、博物馆、美术馆等文化设施，每个社区配套建设文化活动设施，发展中小城市影剧院。

03　体育设施
建设城市体育场（馆）和群众性户外体育健身场地，每个社区有便捷实用的体育健身设施。

04　休闲设施
建设城市生态休闲公园、文化休闲街区、休闲步道、城郊休憩带。

05　公共设施免费开放
逐步免费开放公共图书馆、文化馆（站）、博物馆、美术馆、纪念馆、科技馆、青少年宫和公益性城市公园。

第十九章　加强和创新城市社会治理

树立以人为本、服务为先理念，完善城市治理结构，创新城市治理方式，提升城市社会治理水平。

第一节　完善城市治理结构

顺应城市社会结构变化新趋势，创新社会治理体制，加强党委领导，发挥政府主导作用，鼓励和支持社会各方面参与，实现政府治理和社会自我调节、居民自治良性互动。坚持依法治理，加强法治保障，运用法治思维和法治方式化解社会矛盾。坚持综合治理，强化道德约束，规范社会行为，调节利益关系，协调社会关系，解决社会问题。坚持源头治理，标本兼治、重在治本，以网格化管理、社会化服务为方向，健全基层综合服务管理平台，及时反映和协调人民群众各方面各层次利益诉求。加强城市社会治理法律法规、体制机制、人才队伍和信息化建设。激发社会组织活力，加快实施政社分开，推进社会组织明确权责、依法自治、发挥作用。适合由社会组织提供的公共服务和解决的事项，交由社会组织承担。

第二节　强化社区自治和服务功能

健全社区党组织领导的基层群众自治制度，推进社区居民依法民主管理社区公共事务和公益事业。加快公共服务向社区延伸，整合人口、劳动就业、社保、民政、卫生计生、文化以及综治、维稳、信访等管理职能和服务资源，加快社区信息化建设，构建社区综合服务管理平台。发挥业主委员会、物业管理机构、驻区单位积极作用，引导各类社会组织、志愿者参与社区服务和管理。加强社区社会工作专业人才和志愿者队伍建设，推进社区工作人员专业化和职业化。加强流动人口服务管理。

附 录

第三节 创新社会治安综合治理

建立健全源头治理、动态协调、应急处置相互衔接、相互支撑的社会治安综合治理机制。创新立体化社会治安防控体系，改进治理方式，促进多部门城市管理职能整合，鼓励社会力量积极参与社会治安综合治理。及时解决影响人民群众安全的社会治安问题，加强对城市治安复杂部位的治安整治和管理。理顺城管执法体制，提高执法和服务水平。加大依法管理网络力度，加快完善互联网管理领导体制，确保国家网络和信息安全。

第四节 健全防灾减灾救灾体制

完善城市应急管理体系，加强防灾减灾能力建设，强化行政问责制和责任追究制。着眼抵御台风、洪涝、沙尘暴、冰雪、干旱、地震、山体滑坡等自然灾害，完善灾害监测和预警体系，加强城市消防、防洪、排水防涝、抗震等设施和救援救助能力建设，提高城市建筑灾害设防标准，合理规划布局和建设应急避难场所，强化公共建筑物和设施应急避难功能。完善突发公共事件应急预案和应急保障体系。加强灾害分析和信息公开，开展市民风险防范和自救互救教育，建立巨灾保险制度，发挥社会力量在应急管理中的作用。

第六篇 推动城乡发展一体化

坚持工业反哺农业、城市支持农村和多予少取放活方针，加大统筹城乡发展力度，增强农村发展活力，逐步缩小城乡差距，促进城镇化和新农村建设协调推进。

第二十章 完善城乡发展一体化体制机制

加快消除城乡二元结构的体制机制障碍，推进城乡要素平等交换和公共资源均衡配置，让广大农民平等参与现代化进程、共同分享现代化成果。

第一节 推进城乡统一要素市场建设

加快建立城乡统一的人力资源市场，落实城乡劳动者平等就业、同工同酬制度。建立城乡统一的建设用地市场，保障农民公平分享土地增值收益。建立健全有利于农业科技人员下乡、农业科技成果转化、先进农业技术推广的激励和利益分享机制。创新面向"三农"的金融服务，统筹发挥政策性金融、商业性金融和合作性金融的作用，支持具备条件的民间资本依法发起设立中小型银行等金融机构，保障金融机构农村存款主要用于农业农村。加快农业保险产品创新和经营组织形式创新，完善农业保险制度。鼓励社会资本投向农村建设，引导更多人才、技术、资金等要素投向农业农村。

第二节 推进城乡规划、基础设施和公共服务一体化

统筹经济社会发展规划、土地利用规划和城乡规划，合理安排市县域城镇建设、农田保护、产业集聚、村落分布、生态涵养等空间布局。扩大公共财政覆盖农村范围，提高基础设施和公共服务保障水平。统筹城乡基础设施建设，加快基础设施向农村延伸，强化城乡基础设施连接，推动水电路气等基础设施城乡联网、共建共享。加快公共服务向农村覆盖，推进公共就业服务网络向县以下延伸，全面建成覆盖城乡居民的社会保障体系，推进城乡社会保障制度衔接，加快形成政府主导、覆盖城乡、可持续的基本公共服务体系，推进城乡基本公共服务均等化。率先在一些经济发达地区实现城乡一体化。

附 录

第二十一章 加快农业现代化进程

坚持走中国特色新型农业现代化道路，加快转变农业发展方式，提高农业综合生产能力、抗风险能力、市场竞争能力和可持续发展能力。

第一节 保障国家粮食安全和重要农产品有效供给

确保国家粮食安全是推进城镇化的重要保障。严守耕地保护红线，稳定粮食播种面积。加强农田水利设施建设和土地整理复垦，加快中低产田改造和高标准农田建设。继续加大中央财政对粮食主产区投入，完善粮食主产区利益补偿机制，健全农产品价格保护制度，提高粮食主产区和种粮农民的积极性，将粮食生产核心区和非主产区产粮大县建设成为高产稳产商品粮生产基地。支持优势产区棉花、油料、糖料生产，推进畜禽水产品标准化规模养殖。坚持"米袋子"省长负责制和"菜篮子"市长负责制。完善主要农产品市场调控机制和价格形成机制。积极发展都市现代农业。

第二节 提升现代农业发展水平

加快完善现代农业产业体系，发展高产、优质、高效、生态、安全农业。提高农业科技创新能力，做大做强现代种业，健全农技综合服务体系，完善科技特派员制度，推广现代化农业技术。鼓励农业机械企业研发制造先进实用的农业技术装备，促进农机农艺融合，改善农业设施装备条件，耕种收综合机械化水平达到70%左右。创新农业经营方式，坚持家庭经营在农业中的基础性地位，推进家庭经营、集体经营、合作经营、企业经营等共同发展。鼓励承包经营权在公开市场上向专业大户、家庭农场、农民合作社、农业企业流转，发展多种形式规模经营。鼓励和引导工商资本到农村发展适合企业化经营的现代种养业，向农业输入现代生产要素和经营模式。加快构建公益性服务与经营性服务相结合、专项服务与综合服务相协调的新型农业社会化服务体系。

第三节　完善农产品流通体系

统筹规划农产品市场流通网络布局，重点支持重要农产品集散地、优势农产品产地批发市场建设，加强农产品期货市场建设。加快推进以城市便民菜市场（菜店）、生鲜超市、城乡集贸市场为主体的农产品零售市场建设。实施粮食收储供应安全保障工程，加强粮油仓储物流设施建设，发展农产品低温仓储、分级包装、电子结算。健全覆盖农产品收集、存储、加工、运输、销售各环节的冷链物流体系。加快培育现代流通方式和新型流通业态，大力发展快捷高效配送。积极推进"农批对接""农超对接"等多种形式的产销衔接，加快发展农产品电子商务，降低流通费用。强化农产品商标和地理标志保护。

第二十二章　建设社会主义新农村

坚持遵循自然规律和城乡空间差异化发展原则，科学规划县域村镇体系，统筹安排农村基础设施建设和社会事业发展，建设农民幸福生活的美好家园。

第一节　提升乡镇村庄规划管理水平

适应农村人口转移和村庄变化的新形势，科学编制县域村镇体系规划和镇、乡、村庄规划，建设各具特色的美丽乡村。按照发展中心村、保护特色村、整治空心村的要求，在尊重农民意愿的基础上，科学引导农村住宅和居民点建设，方便农民生产生活。在提升自然村落功能基础上，保持乡村风貌、民族文化和地域文化特色，保护有历史、艺术、科学价值的传统村落、少数民族特色村寨和民居。

第二节　加强农村基础设施和服务网络建设

加快农村饮水安全建设，因地制宜采取集中供水、分散供水和城镇供水管网向农村延伸的方式解决农村人口饮用水安全问题。继续实施农村电网改造升级工程，提高农村供电能力和可靠性，实现城乡用电同网同价。加强以太阳能、生物沼气为重点的清洁能源建设及相关技术服务。基本完成农村危房改造。完善农村公路网络，实现行政村通班车。加强乡村旅游服务网络、农村邮政设施和宽带网络建设，改善农村消防安全条件。继续实施新农村现代流通网络工程，培育面向农村的大型流通企业，增加农村商品零售、餐饮及其他生活服务网点。深入开展农村环境综合整治，实施乡村清洁工程，开展村庄整治，推进农村垃圾、污水处理和土壤环境整治，加快农村河道、水环境整治，严禁城市和工业污染向农村扩散。

第三节　加快农村社会事业发展

合理配置教育资源，重点向农村地区倾斜。推进义务教育学校标准化建设，加强农村中小学寄宿制学校建设，提高农村义务教育质量和均衡发展水平。积极发展农村学前教育。加强农村教师队伍建设。建立健全新型职业化农民教育、培训体系。优先建设发展县级医院，完善以县级医院为龙头、乡镇卫生院和村卫生室为基础的农村三级医疗卫生服务网络，向农民提供安全价廉可及的基本医疗卫生服务。加强乡镇综合文化站等农村公共文化和体育设施建设，提高文化产品和服务的有效供给能力，丰富农民精神文化生活。完善农村最低生活保障制度。健全农村留守儿童、妇女、老人关爱服务体系。

第七篇　改革完善城镇化发展体制机制

加强制度顶层设计，尊重市场规律，统筹推进人口管理、土地管理、财税金融、城镇住房、行政管理、生态环境等重点领域和关键环节体制机制改革，形成有利于城镇化健康发展的制度环境。

第二十三章　推进人口管理制度改革

在加快改革户籍制度的同时，创新和完善人口服务和管理制度，逐步消除城乡区域间户籍壁垒，还原户籍的人口登记管理功能，促进人口有序流动、合理分布和社会融合。

——建立居住证制度。全面推行流动人口居住证制度，以居住证为载体，建立健全与居住年限等条件相挂钩的基本公共服务提供机制，并作为申请登记居住地常住户口的重要依据。城镇流动人口暂住证持有年限累计进居住证。

——健全人口信息管理制度。加强和完善人口统计调查制度，进一步改进人口普查方法，健全人口变动调查制度。加快推进人口基础信息库建设，分类完善劳动就业、教育、收入、社保、房产、信用、计生、税务等信息系统，逐步实现跨部门、跨地区信息整合和共享，在此基础上建设覆盖全国、安全可靠的国家人口综合信息库和信息交换平台，到2020年在全国实行以公民身份号码为唯一标识，依法记录、查询和评估人口相关信息制度，为人口服务和管理提供支撑。

第二十四章　深化土地管理制度改革

实行最严格的耕地保护制度和集约节约用地制度，按照管住总量、严控增量、盘活存量的原则，创新土地管理制度，优化土地利用结构，提高土地利用效率，合理满足城镇化用地需求。

——建立城镇用地规模结构调控机制。严格控制新增城镇建设用地规模，严格执行城市用地分类与规划建设用地标准，实行增量供给与存量挖潜相结合的供地、用地政策，提高城镇建设使用存量用地比例。探索实行城镇建设用地增加规模与吸纳农业转移人口落户数量挂钩政策。有效控制特大城市新增建设用地规模，适度增加集约用地程度高、发展潜力大、吸纳人口多的卫星城、中小城市和县城建设用地供给。适当控制工业用地，优先安排和增加住宅用地，合理安排生态用地，保护城郊菜地和水田，统筹安排基础设施和公共服务设施用地。建立有效调节工业用地和居住用地合理比价机制，提高工业用地价格。

——健全节约集约用地制度。完善各类建设用地标准体系，严格执行土地使用标准，适当提高工业项目容积率、土地产出率门槛，探索实行长期租赁、先租后让、租让结合的工业用地供应制度，加强工程建设项目用地标准控制。建立健全规划统筹、政府引导、市场运作、公众参与、利益共享的城镇低效用地再开发激励约束机制，盘活利用现有城镇存量建设用地，建立存量建设用地退出激励机制，推进老城区、旧厂房、城中村的改造和保护性开发，发挥政府土地储备对盘活城镇低效用地的作用。加强农村土地综合整治，健全运行机制，规范推进城乡建设用地增减挂钩，总结推广工矿废弃地复垦利用等做法。禁止未经评估和无害化治理的污染场地进行土地流转和开发利用。完善土地租赁、转让、抵押二级市场。

——深化国有建设用地有偿使用制度改革。扩大国有土地有偿使用范围，逐步对经营性基础设施和社会事业用地实行有偿使用。减少非公益性用地划拨，对以划拨方式取得用于经营性项目的土地，通过征收土地年租金等多种方式纳入有偿使用范围。

——推进农村土地管理制度改革。全面完成农村土地确权登记颁证工作，依法维护农民土地承包经营权。在坚持和完善最严格的耕地保护制度前提下，赋予农民对承包地占有、使用、收益、流转及承包经营权抵押、担保权能。保障农户宅基地用益物权，改革完善农村宅基地制度，在试点基础上慎重稳妥推进农民住房财产权抵押、担保、转让，严格执行宅基地使用标准，严格禁止一户多宅。在符合规划和用途管制前提下，允许农村集体经营性建设用地出让、租赁、入股，实行与国有土地同等入市、同权同价。建立农村产权流转交易市场，推动农村产权流转交易公开、公正、规范运行。

——深化征地制度改革。缩小征地范围，规范征地程序，完善对被征地农民合理、规范、多元保障机制。建立兼顾国家、集体、个人的土地增值收益分配机制，合理提高个人收益，保障被征地农民长远发展生计。健全争议协调裁决制度。

——强化耕地保护制度。严格土地用途管制，统筹耕地数量管控和质量、生态管护，完善耕地占补平衡制度，建立健全耕地保护激励约束机制。落实地方各级政府耕地保护责任目标考核制度，建立健全耕地保护共同责任机制；加强基本农田管理，完善基本农田永久保护长效机制，强化耕地占补平衡和土地整理复垦监管。

第二十五章 创新城镇化资金保障机制

加快财税体制和投融资机制改革，创新金融服务，放开市场准入，逐步建立多元化、可持续的城镇化资金保障机制。

——完善财政转移支付制度。按照事权与支出责任相适应的原则，合理确定各级政府在教育、基本医疗、社会保障等公共服务方面的事权，建立健全城镇基本公共服务支出分担机制。建立财政转移支付同农业转移人口市民化挂钩机制，中央和省级财政安排转移支付要考虑常住人口因素。依托信息化管理手段，逐步完善城镇基本公共服务补贴办法。

——完善地方税体系。培育地方主体税种，增强地方政府提供基本公共服务能力。加快房地产税立法并适时推进改革。加快资源税改革，逐步将资源税征收范围扩展到占用各种自然生态空间。推动环境保护费改税。

——建立规范透明的城市建设投融资机制。在完善法律法规和健全地方政府债务管理制度基础上，建立健全地方债券发行管理制度和评级制度，允许地方政府发行市政债券，拓宽城市建设融资渠道。创新金融服务和产品，多渠道推动股权融资，提高直接融资比重。发挥现有政策性金融机构的重要作用，研究制定政策性金融专项支持政策，研究建立城市基础设施、住宅政策性金融机构，为城市基础设施和保障性安居工程建设提供规范透明、成本合理、期限匹配的融资服务。理顺市政公用产品和服务价格形成机制，放宽准入，完善监管，制定非公有制企业进入特许经营领域的办法，鼓励社会资本参与城市公用设施投资运营。鼓励公共基金、保险资金等参与项目自身具有稳定收益的城市基础设施项目建设和运营。

第二十六章 健全城镇住房制度

建立市场配置和政府保障相结合的住房制度，推动形成总量基本平衡、结构基本合理、房价与消费能力基本适应的住房供需格局，有效保障城镇常住人口的合理住房需求。

——健全住房供应体系。加快构建以政府为主提供基本保障、以市场为主满足多层次需求的住房供应体系。对城镇低收入和中等偏下收入住房困难家庭，实行租售并举、以租为主，提供保障性安居工程住房，满足基本住房需求。稳定增加商品住房供应，大力发展二手房市场和住房租赁市场，推进住房供应主体多元化，满足市场多样化住房需求。

——健全保障性住房制度。建立各级财政保障性住房稳定投入机制，扩大保障性住房有效供给。完善租赁补贴制度，推进廉租住房、公共租赁住房并轨运行。制定公平合理、公开透明的保障性住房配租政策和监管程序，严格准入和退出制度，提高保障性住房物业管理、服务水平和运营效率。

——健全房地产市场调控长效机制。调整完善住房、土地、财税、金融等方面政策，共同构建房地产市场调控长效机制。各城市要编制城市住房发展规划，确定住房建设总量、结构和布局。确保住房用地稳定供应，完善住房用地供应机制，保障性住房用地应保尽保，优先安排政策性商品住房用地，合理增加普通商品住房用地，严格控制大户型高档商品住房用地。实行差别化的住房税收、信贷政策，支持合理自住需求，抑制投机投资需求。依法规范市场秩序，健全法律法规体系，加大市场监管力度。建立以土地为基础的不动产统一登记制度，实现全国住房信息联网，推进部门信息共享。

第二十七章 强化生态环境保护制度

完善推动城镇化绿色循环低碳发展的体制机制，实行最严格的生态环境保护制度，形成节约资源和保护环境的空间格局、产业结构、生产方式和生活方式。

——建立生态文明考核评价机制。把资源消耗、环境损害、生态效益纳入城镇化发展评价体系，完善体现生态文明要求的目标体系、考核办法、奖惩机制。对限制开发区域和生态脆弱的国家扶贫开发工作重点县取消地区生产总值考核。

——建立国土空间开发保护制度。建立空间规划体系，坚定不移实施主体功能区制度，划定生态保护红线，严格按照主体功能区定位推动发展，加快完善城镇化地区、农产品主产区、重点生态功能区空间开发管控制度，建立资源环境承载能力监测预警机制。强化水资源开发利用控制、用水效率控制、水功能区限制纳污管理。对不同主体功能区实行差别化财政、投资、产业、土地、人口、环境、考核等政策。

——实行资源有偿使用制度和生态补偿制度。加快自然资源及其产品价格改革，全面反映市场供求、资源稀缺程度、生态环境损害成本和修复效益。建立健全居民生活用电、用水、用气等阶梯价格制度。制定并完善生态补偿方面的政策法规，切实加大生态补偿投入力度，扩大生态补偿范围，提高生态补偿标准。

——建立资源环境产权交易机制。发展环保市场，推行节能量、碳排放权、排污权、水权交易制度，建立吸引社会资本投入生态环境保护的市场化机制，推行环境污染第三方治理。

——实行最严格的环境监管制度。建立和完善严格监管所有污染物排放的环境保护管理制度，独立进行环境监管和行政执法。完善污染物排放许可制，实行企事业单位污染物排放总量控制制度。加大环境执法力度，严格环境影响评价制度，加强突发环境事件应急能力建设，完善以预防为主的环境风险管理制度。对造成生态环境损害的责任者严格实行赔偿制度，依法追究刑事责任。建立陆海统筹的生态系统保护修复和污染防治区域联动机制。开展环境污染强制责任保险试点。

第八篇 规划实施

本规划由国务院有关部门和地方各级政府组织实施。各地区各部门要高度重视、求真务实、开拓创新、攻坚克难，确保规划目标和任务如期完成。

第二十八章 加强组织协调

合理确定中央与地方分工，建立健全城镇化工作协调机制。中央政府要强化制度顶层设计，统筹重大政策研究和制定，协调解决城镇化发展中的重大问题。国家发展改革委要牵头推进规划实施和相关政策落实，监督检查工作进展情况。各有关部门要切实履行职责，根据本规划提出的各项任务和政策措施，研究制定具体实施方案。地方各级政府要全面贯彻落实本规划，建立健全工作机制，因地制宜研究制定符合本地实际的城镇化规划和具体政策措施。加快培养一批专家型城市管理干部，提高城镇化管理水平。

第二十九章 强化政策统筹

根据本规划制定配套政策，建立健全相关法律法规、标准体系。加强部门间政策制定和实施的协调配合，推动人口、土地、投融资、住房、生态环境等方面政策和改革举措形成合力、落到实处。城乡规划、土地利用规划、交通规划等要落实本规划要求，其他相关专项规划要加强与本规划的衔接协调。

第三十章　开展试点示范

本规划实施涉及诸多领域的改革创新，对已经形成普遍共识的问题，如长期进城务工经商的农业转移人口落户、城市棚户区改造、农民工随迁子女义务教育、农民工职业技能培训和中西部地区中小城市发展等，要加大力度，抓紧解决。对需要深入研究解决的难点问题，如建立农业转移人口市民化成本分担机制，建立多元化、可持续的城镇化投融资机制，建立创新行政管理、降低行政成本的设市设区模式，改革完善农村宅基地制度等，要选择不同区域不同城市分类开展试点。继续推进创新城市、智慧城市、低碳城镇试点。深化中欧城镇化伙伴关系等现有合作平台，拓展与其他国家和国际组织的交流，开展多形式、多领域的务实合作。

第三十一章　健全监测评估

加强城镇化统计工作，顺应城镇化发展态势，建立健全统计监测指标体系和统计综合评价指标体系，规范统计口径、统计标准和统计制度方法。加快制定城镇化发展监测评估体系，实施动态监测与跟踪分析，开展规划中期评估和专项监测，推动本规划顺利实施。

广西壮族自治区新型城镇化规划
(2014－2020年)（节选）

(中共广西壮族自治区委员会　广西壮族自治区人民政府)

2014年7月22日

城镇化是现代化的必由之路，是推动经济提质增效升级的重要抓手，是促进城乡区域协调发展的重要途径，是广西与全国同步全面建成小康社会、加快建成我国西南中南地区开放发展新的战略支点的重要支撑。广西已进入实现"两个建成"目标的决定性阶段，处于城镇化快速发展的关键时期，推进新型城镇化发展意义重大。

广西壮族自治区新型城镇化规划（2014－2020年），根据党的十八大和十八届三中全会精神，依据《国家新型城镇化规划（2014－2020年）》、中央和自治区城镇化工作会议精神编制，对今后一个时期广西新型城镇化发展的基本路径、发展目标、战略任务、重大举措和制度创新作出总体部署，是指导广西城镇化健康发展的行动纲领。

第一章　城镇化发展进入新阶段

随着经济社会持续快速发展，广西城镇化步伐不断加快，取得了显著成效，进入了快速发展新阶段。必须深刻认识城镇化发展新趋势新特点，遵循客观规律，把握正确方向，努力探索具有时代特征、富有广西特色的新型城镇化道路。

第一节　发展现状

改革开放特别是新世纪以来，自治区党委、政府作出了一系列加快推进城镇化的重大战略部署，广西城镇化发展取得了明显成效，呈现出

西南民族地区新型城镇化：政策认知与"进城"意愿

城镇规模快速扩张、城镇体系不断完善、城镇功能持续提升、城乡面貌深刻变化等良好态势。但城镇化质量不高的问题日益突出，面临一系列亟待解决的矛盾和问题。

城镇化快速推进，但城镇化水平仍然偏低。1978～2012年，广西城镇常住人口从360万人增加到2038万人，年均增加48万人；城镇化率从10.64%提高到43.53%，年均提高0.94个百分点，尤其是2004年城镇化率突破30%以后步伐明显加快，年均提高1.5个百分点。但城镇化滞后局面没有根本改变，2012年城镇化率比全国低9.04个百分点，排全国第26位。

专栏1：广西城镇化水平变化

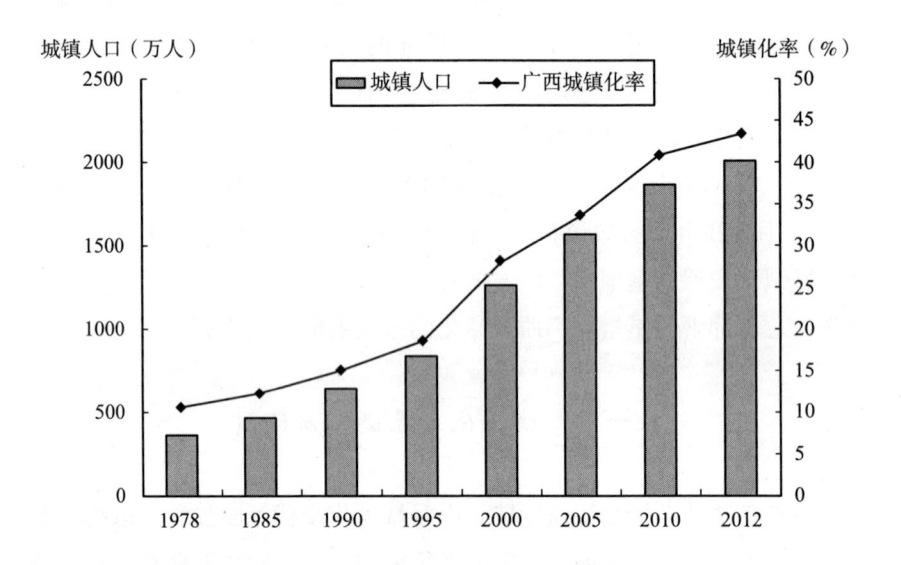

城镇规模不断扩大，但农民工市民化进程偏慢。1978～2012年，城镇建成区面积从181平方公里增加到2298平方公里，城市数量从4个增加到35个，建制镇数量从66个增加到715个。但人口城镇化滞后，2012年以常住人口计算的城镇化率为43.53%，以户籍人口计算的城镇化率为21.93%，两者相差21.6个百分点，1011万人居住在城镇但没有城镇户籍。同时，土地城镇化突出，2000～2012年城镇建成区

面积增长了1.3倍,而城镇人口仅增长56.4%,城镇人口密度和建设用地集约水平下降。

专栏2：常住人口与户籍人口城镇化率"剪刀差"

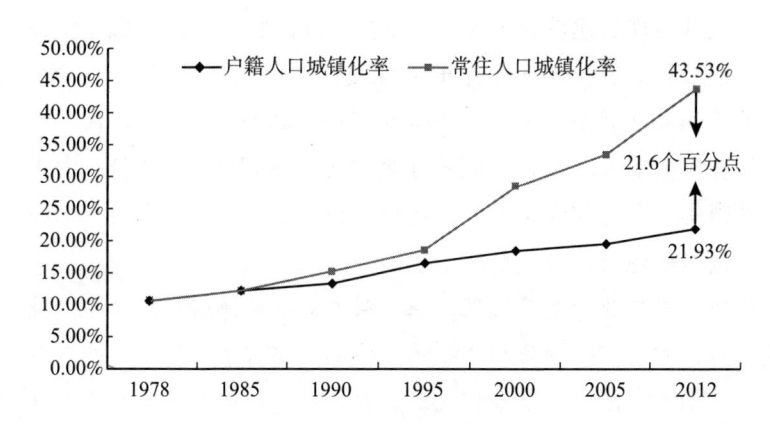

城镇体系逐步完善,但各类城镇发展不够协调。北部湾城市群成为国家重点培育的新兴城市群。南宁、柳州成为城区人口超100万的城市,50万~100万的城市3个,20万~50万的9个,10万~20万的21个,10万以下的县城54个,建制镇715个。但中心城市辐射带动能力不强,14个设区城市中有一半建成区人口少于30万,还没有超300万的城市；中小城市和小城镇发展滞后,平均每个县城建成区人口8万,每个建制镇0.8万,就近就地城镇化水平偏低。

专栏3	广西城镇体系变化	（单位：个）
城镇类型	1978年	2012年
100万人以上的特大城市	0	2
50万~100万人的大城市	0	3
20万~50万人的中等城市	1	9
10万~20万人的小城市	3	21
10万人以下的县城	80	54
建制镇	66	715

注：按照1980年的城市规模标准分类。

西南民族地区新型城镇化：政策认知与"进城"意愿

城镇基础设施持续加强，但建设方式比较粗放。城镇水、电、路、气、住宅、通信、公交、环保等基础设施大幅改善，教育、医疗、文化体育、社会保障等公共服务水平明显提高，综合承载力和人居环境显著提升。但城镇规划建设和管理水平不高、缺乏特色，一些城市空间开发无序，重经济发展、轻环境保护，重城市建设、轻管理服务，重地上、轻地下等问题比较突出；一些中心城市交通拥堵、住房紧张、环境污染、就业压力增大、生态空间不足等"城市病"开始显现；中小城市和小城镇集聚产业和人口不足，功能比较欠缺。一些地方过多依赖土地财政推进城镇建设，潜藏财政金融债务风险。

城镇化与工业化互动增强，但产业支撑依然薄弱。广西工业化进入中期阶段，主要依托城镇和产业园区布局，培育了一批新兴产业和产业集群，带动了城镇规模扩张和人口集聚，初步形成城镇化与工业化相互支撑、相互促进的良好态势。但工业化水平不高仍然制约着城镇化发展，特别是中小城市和小城镇产业基础薄弱，中心城市产业和城市布局不够协调，城区与园区"两张皮"现象比较突出，产城融合不够紧密。城镇化与工业化、信息化、农业现代化良性互动局面尚未形成。

统筹城乡步伐加快，但城乡二元结构亟待破除。广西北部湾经济区同城化迈出新步伐，扩权强县和扩权强镇有序推进，南宁、玉林等城乡综合配套改革试点全面铺开，统筹城乡发展取得进展。但城乡发展差距大、不平衡、不协调问题突出，城乡分割的户籍管理、土地管理、社会保障制度，以及财税金融、行政管理等制度改革滞后，制约了农民工市民化和城乡一体化进程，大量农业转移人口难以融入城市社会，游离于城镇基本公共服务体系之外，处于"半市民化"状态，城镇内部出现新的二元矛盾。同时，市民化进程滞后导致城乡双重占地严重，2000~2012年农村人口减少了770万，农村居民点占地却增加了1100平方公里。

第二节 发展态势

随着外部条件和内在动力的深刻变化，广西城镇化进入了质量与速度并重、以提升质量为主的新阶段，呈现转型升级发展态势，面临新的趋势和新的要求。

经济转型推动城镇化转型发展。在全球经济再平衡和产业格局再调整的大背景下，我国经济增长更加注重质量和效益，更加注重转方式、调结构、扩内需，更加注重工业化、信息化、城镇化、农业现代化同步发展，进而打造经济升级版。主要依靠农村劳动力廉价供给、土地资源大量消耗等传统速度型的城镇化模式不可持续，必须推动城镇化发展由工业化驱动向四化同步、多元驱动转变，由粗放向集约、外延扩张向内涵提升转变。

社会转型推动城镇化转型发展。国家提出坚持走中国特色新型城镇化道路，推进以人为核心的城镇化，消除城乡二元结构，构建以工促农、以城带乡、工农互惠、城乡一体的新型工农城乡关系。主要以城乡分割、低水平和非均等化公共服务为特征的城镇化模式难以为继，必须推动城镇化发展由以物为本向以人为本、城乡割裂向城乡融合转变。

政府转型推动城镇化转型发展。党的十八届三中全会提出使市场在资源配置中起决定性作用和更好发挥政府作用，大幅减少政府对资源的直接配置和对市场的过多干预。主要依赖行政手段推动城镇化发展的模式不可持续，必须更加尊重市场规律，在充分发挥市场作用前提下，有效履行政府制定实施战略、规划、政策、标准等职责，推动城镇化健康发展，让城镇化真正成为一个自然历史过程。

战略转型推动城镇化转型发展。目前广西城镇化处于30%～70%的快速发展区间，步入了中等收入和工业化中期阶段，物质基础持续增强，产业体系日臻完善，经济社会加快转型，特别是面临加快建成我国西南中南地区开放发展新的战略支点、打造中国——东盟自贸区升级版、共建21世纪海上丝绸之路等历史性机遇，发展空间和潜力巨大。同时，广西城镇化仍处在追赶和缩小与全国差距的阶段，面临既要加快发展、缩小差距，又要转型发展、提升质量的双重任务，还要破解支撑城镇化发展的要素成本上升、资源环境制约、城乡发展不协调等难题。必须摆脱高投入、高消耗、高排放、低效率的传统粗放型城镇化模式，切实把城镇化转入到质量与速度并重、以提高质量为主的转型发展轨道上来。

第三节 发展道路

当前和今后一个时期，推进广西新型城镇化发展，必须以国家新型城镇化发展战略为指导，结合广西实际，走出一条以人为本、集约高效、绿色发展、四化同步、城乡一体、多元特色的新型城镇化道路。以人为本，即人的城镇化，走以人为核心的城镇化之路；集约高效，即布局优化的城镇化，走集约紧凑和大中小城市、小城镇协调发展的城镇化之路；绿色发展，即生态文明的城镇化，走人与自然和谐相处的城镇化之路；四化同步，即产城互动的城镇化，走产业和城镇融合发展的城镇化之路；城乡一体，即城乡融合的城镇化，走新型城镇与新农村建设双轮驱动的城镇化之路；多元特色，即特色鲜明的城镇化，走因地制宜和多样化发展的城镇化之路。

走广西特色的新型城镇化道路，是在现有基础上的继承与发展，是城镇化进入转型阶段的新要求，有利于转方式、调结构、扩内需，打造广西经济升级版，保持经济持续健康较快发展；有利于破解城乡二元结构，化解城镇二元矛盾，解决"三农"问题，促进城乡发展一体化；有利于推动区域协调发展，打造北部湾国家级城市群，提高西江经济带和桂西资源富集区城镇化水平，进一步完善"两区一带"布局；有利于破解资源环境制约，建设生态文明示范区，全面提高城镇化质量和水平。

第二章 新型城镇化发展的总体要求

广西城镇化是在人多地少、经济欠发达、发展不平衡、资源环境约束较强的背景下推进的，必须立足区情、因地制宜、顺势而为，积极稳妥扎实推进新型城镇化健康发展。

第一节 指导思想

以邓小平理论、"三个代表"重要思想、科学发展观为指导，深入贯彻落实党的十八大和十八届三中全会精神，转变发展理念，创新发展模式，加快推动城镇化转型发展，以人口城镇化为核心，有序推进农业转移人口市民化；以城镇群为主体形态，推动大中小城市和小城镇协调发展；以综合承载力为支撑，提升城镇可持续发展水平；以四化同步为载体，推动产城融合发展；以城乡一体化为导向，促进城乡统筹协调发展；以改革创新为动力，激发城镇化发展活力，走出一条具有时代特征、富有广西特色的新型城镇化道路，在稳步提高城镇化水平进程中提升发展质量，为广西与全国同步全面建成小康社会、加快建成西南中南地区开放发展新的战略支点，打下更加牢固的基础。必须坚持以下基本原则：

紧紧围绕以人为核心推进以人为本的城镇化。着力推进农业转移人口市民化和城镇基本公共服务均等化，促进社会进步和公平正义，让全体居民共享新型城镇化成果。

紧紧围绕优化布局推进集约高效的城镇化。着力推进大中小城市和小城镇协调发展，优化城镇化布局和形态，培育发展辐射作用大的城镇群。

紧紧围绕生态文明推进绿色发展的城镇化。着力把生态文明理念全面融入城镇化进程，加强资源节约和环境保护，实现城镇绿色、循环和低碳发展。

紧紧围绕四化同步推进产城融合的城镇化。着力推进城镇化与工业化、信息化、农业现代化同步发展，构建城镇现代产业体系，增强城镇产业支撑力。

紧紧围绕城乡融合推进城乡一体的城镇化。着力推进城乡统筹发展，促进要素平等交换和资源均衡配置，构建新型城乡关系，实现城乡互动、共同发展。

紧紧围绕文化传承推进多元特色的城镇化。着力发展有历史记忆、文化传承、地域风貌、民族特点的魅力城镇，形成形态多样、各具特色的城镇化发展模式。

紧紧围绕改革创新积极稳妥推进城镇化。着力全面深化改革，建立健全有利于新型城镇化发展的制度环境，使城镇化成为市场主导、自然发展，政府引导、科学发展的过程。

第二节 发展目标

城镇化水平和质量持续提升。常住人口城镇化率年均提高1.3个百分点，2020年达到54%，户籍人口城镇化率达到34.5%，户籍人口城镇化率与常住人口城镇化率差距缩小2个百分点左右。实现新增城镇人口700万左右，促进600万左右农业转移人口和其他常住人口落户城镇。

城镇布局更加优化。到2020年，形成1个城区人口超300万、1个超200万、3个超100万的大城市，4个50万～100万的城市，25个20万～50万的城市，以及一批超10万的县城和特色小城镇，现代城镇体系基本建立。北部湾城市群和桂中、桂东南、桂北城镇群，以及南崇、右江河谷和沿边城镇带基本形成。

城镇模式集约高效。到2020年，人均城镇建设用地严格控制在110平方米以内，城镇建设用地总规模控制在3000平方公里，国土空间开发强度控制在5.5%以内，生产空间集约高效、生活空间宜居适度、生态空间山清水秀的空间结构基本形成。密度较高、功能混用和公交导向的集约紧凑型城镇模式成为主导。

城镇综合承载力提升完善。到2020年，城镇污水处理率、生活垃圾无害化处理率均达到95%，城镇基础设施更加完善。绿色生产、绿色消费成为城市经济生活的主流。生态环境明显改善，自然景观和文化特色得到有效保护，城乡风貌特色突出。城镇管理更加智能化、精细化。

城镇公共服务均等化基本实现。城镇公共服务设施更加完善，稳步推进义务教育、就业服务、基本养老、基本医疗卫生、保障性住房等城镇基本公共服务覆盖全部常住人口。城乡居民生活质量显著提高，城乡发展差距明显缩小。

城镇公共服务均等化基本实现。城镇公共服务设施更加完善，稳步推进义务教育、就业服务、基本养老、基本医疗卫生、保障性住房等城镇基本公共服务覆盖全部常住人口。城乡居民生活质量显著提高&城乡发展差距明显缩小。

城镇化体制机制健全完善。户籍管理、土地管理、就业社保、财税金融、行政管理、生态环境等制度改革和统筹城乡发展，取得重大进展，阻碍城镇化健康发展的体制障碍基本消除。

专栏4　　　　　　　　广西新型城镇化主要指标

指标	2012年	2020年	2020年比2012年	
			总量增加	年均增加
城镇化水平和质量				
1. 常住人口城镇化率（%）	43.53	54.0	10.47	1.31
2. 户籍人口城镇化率（%）	21.93	34.5	12.57	1.57
3. 城镇常住人口（万人）	2038	2730	700左右	87.5
4. 农业转移人口落户城镇数量（万人）			600左右	75
基本公共服务				
5. 农民工随迁子女接受义务教育比例（%）		≥99		
6. 城镇失业人员、农民工、新成长劳动力基本职业技能培训覆盖率（%）		≥95		
7. 城镇新增就业人数（万人）			320	40
8. 城镇常住人口基本养老保险覆盖率（%）		≥90		
9. 城镇常住人口基本医疗保险覆盖率（%）	95	≥97	2	0.25
10. 城镇常住人口保障性住房覆盖率（%）	17.9	≥23	≥2.1	0.26
基础设施				
11. 设区城市公共交通占机动出行比例（%）		30		

续表

指标	2012年	2020年	2020年比2012年	
			总量增加	年均增加
12. 城镇公共供水普及率（%）	92.33	97	4.67	0.58
13. 城镇污水处理率（%）	85.09	95	9.41	1.18
14. 城镇生活垃圾无害化处理率（%）	88.59	95	6.41	0.8
15. 城市家庭宽带接入能力（Mbps）	8	50	42	5.25
16. 城市社区综合服务设施覆盖率（%）	88.33	98	9.67	1.21
土地利用率				
17. 城镇建设用地面积（平方公里）	2298	3000	702	87.75
18. 人均城镇建设用地面积（平方米）	112.8	≤110		
19. 国土空间开发强度（%）	4.58	≤5.5	0.42	
资源环境				
20. 城镇可再生能源消费比重（%）		≥20		
21. 城镇绿色建筑占新建建筑比重（%）	0.48	50	49.52	6.19
22. 城镇建成区绿化覆盖率（%）	34.15	40	5.85	0.73
23. 设区城市空气质量达到国家标准的比例（%）		75		
人民生活				
24. 城镇居民人均可支配收入（元）	21243	≥45500		10%
25. 农村居民人均纯收入（元）	6008	≥14000		11%

第三章　有序推进农业转移人口市民化

以农业转移人口为重点，兼顾异地就业城镇人口，按照尊重意愿、自主选择，因地制宜、分步推进，存量优先、带动增量的原则，统筹推进户籍制度改革和基本公共服务均等化，逐步解决符合条件的农业转移人口落户城镇，未落户的农业转移人口平等享有城镇基本公共服务。

附　录

第一节　推进符合条件的农业转移人口落户城镇

加快户籍制度改革，有序放宽落户条件，把有能力、有意愿并长期在城镇务工经商的农民工及随迁家属逐步转为城镇居民。

健全农业转移人口落户城镇制度。各类城镇要根据综合承载力和发展潜力，以就业年限、居住年限、城镇社会保险参保年限为基准条件，因地制宜制定具体的农业转移人口落户标准和办法，并向社会公布，引导落户预期和选择。

实施差别化落户政策。以合法稳定就业和合法稳定住所（含租赁）为户口迁移基本条件，以长期进城就业、新生代农民工和返乡农民工为重点，兼顾高校和职业技术院校毕业生、城镇间异地就业人员和城区城郊农业人口，调整完善户口迁移政策，合理放开南宁、柳州、桂林、梧州、玉林5个城区人口100万以上的大城市落户限制，合理确定落户条件，以参加城镇社会保险年限为落户条件的城市，最高年限不得超过5年；有序放开城区人口50万~100万的中等城市落户限制，进一步降低落户门槛；全面放开其他中心城市、县城和建制镇落户限制，取消落户门槛。对未落户的农业转移人口实行居住证制度。

促进农业转移人口融入城镇。以城镇社区为依托，建设农民工服务和管理平台，鼓励农民工及随迁家属参与社区建设和公共活动，有序引导参政议政和参与社会管理，畅通合理反映诉求和维权渠道。加强农民工技能培训和人文关怀，丰富精神文化生活，增强融入城镇的素质和能力。建设多元包容城市，积极推进农业转移人口个人融入企业、子女融入学校、家庭融入社区、群体融入社会。

专栏5　　全区及各市农业转移人口落户城镇预期目标

根据常住人口与户籍人口城镇化率缩小2个百分点的要求，到2020年，全区实现600万左右符合条件的农业转移人口落户城镇，其中：南宁100万人，柳州60万人，桂林50万人，梧州45万人，玉林85万人，贵港50万人，北海20万人，钦州40万人，防城港15万人，百色30万人，贺州30万人，河池25万人，来宾30万人，崇左20万人。

第二节　推进农业转移人口享有城镇基本公共服务

按照保障基本、循序渐进原则，积极推进城镇基本公共服务由主要对本地户籍人口提供向常住人口提供转变，把落户城镇的农业转移人口完全纳入城镇基本公共服务体系，逐步实现城镇基本公共服务覆盖已在城镇居住但未落户的农业转移人口。

提升公共就业服务水平。健全城乡统一的公共就业服务体系，提供免费就业信息、就业指导、政策咨询等服务，引导中介机构提供规范诚信服务。实施农业转移人口就业培训工程，全面提供政府补贴职业技能服务。强化企业开展农民工技能培训责任，足额提取并合理使用职工教育培训经费。鼓励高等院校、职业院校和培训机构开展职业教育和技能培训，推进职业技能实训基地建设。将未升入普通高中、高等院校的农村应届初高中生全部纳入职业教育。完善农民工职业技能认定体系，鼓励农民工取得职业资格证书和专项职业能力证书。完善小额担保贷款政策，加大创业政策扶持力度，支持符合条件的农民工特别是返乡农民工创业就业。保障农业转移人口与市民同工同酬、同城同待遇。

保障农民工随迁子女平等接受教育。将农民工随迁子女义务教育纳入各级政府教育发展规划和财政保障范畴。以全日制公办中小学接收和流入地政府管理为主，就近安排随迁子女入学，确保其平等接受义务教育。结合农民工分布和城镇发展需要，合理规划学校布局，足额拨付教育经费。公共义务教育资源暂时短缺的城镇，可采取政府购买服务等方式，保障随迁子女接受义务教育的权利。逐步将随迁子女纳入流入地免费中等职业教育、普惠性学前教育。完善随迁子女接受义务教育后在当地参加升学考试的办法。试行普通本科院校、高职院校、成人高校之间的学分转换，贯通中高职之间和职校到本科、研究生的人才成长通道。推进全区学生学籍信息管理系统建设。

提高农业转移人口社会保障水平。鼓励农民工积极参保、连续参保，参加城镇职工基本医疗保险，允许灵活就业农民工参加当地城镇居民基本医疗保险。加快建立统一的城乡居民基本养老保险制度，将与企业建立稳定劳动关系的农民工纳入城镇职工基本养老保险。完善社会保险关系转移接续政策，在农村参加的养老保险和医疗保险规范接入城镇社保体系，做好城镇职工基本医疗保险、城镇居民基本医疗保险、新型农村合作医疗保险的制度衔接。强化企业缴费责任，扩大农民工参加城镇职工工伤保险、失业保险、生育保险比例。健全商业保险与社会保险合作机制。健全被征地农民基本生活保障制度。

加强农业转移人口医疗卫生服务。优化医疗卫生资源配置，新增医疗卫生资源向城镇社区和新设中心城市倾斜。根据常住人口合理配置城镇基本医疗卫生服务资源，将居住半年以上的农业转移人口纳入城镇社区卫生服务范围，免费提供健康教育、妇幼保健、预防接种、传染病防控、职业病防治、避孕节育等公共卫生服务。加强农民工聚集地疾病监测、疫情处理和突发公共卫生事件应急处置能力建设，将符合条件的农业转移人口纳入医疗救助范围。

拓宽农业转移人口住房保障渠道。将进城落户的农业转移人口完全纳入城镇住房保障体系，逐步覆盖尚未落户的农业转移人口。"十三五"时期城镇保障性住房重点解决农业转移人口住房问题。采取廉租住房、公共租赁住房、租赁补贴等方式改善农民工居住条件。鼓励社会资本参与农民工集体宿舍和公共租赁住房建设。支持农民工集中的开发区和产业园区建设单元型或宿舍性公共租赁住房。鼓励农民工数量较多的企业建设员工宿舍。支持农民工自主购买住房，在首付比例、贷款利率和期限等方面给予政策优惠。逐步将建立稳定劳动关系的农民工纳入住房公积金制度覆盖范围。

第三节 建立健全农业转移人口市民化推进机制

强化政府责任，调动社会力量，合理分担公共成本，构建政府主导、多方参与、成本共担、协同推进的农业转移人口市民化推进机制。

建立政府、企业、个人成本分担机制。根据农业转移人口市民化成本性质，确定成本承担的主体和支出责任。政府主要承担农业转移人口在义务教育、就业服务、社会保障、医疗卫生、保障性住房以及市政设施等方面的公共成本。企业落实好农民工与城镇职工同工同酬制度，依法为农民工缴纳职工养老、医疗、工伤、失业、生育等社会保险费用。农业转移人口积极参加城镇社会保险和技能培训，提升素质融入城市。

合理确定各级政府职责。自治区人民政府制定实施农业转移人口市民化的总体安排和配套政策，提供政策支持和财政保障。市、县人民政府是农业转移人口市民化的直接责任主体，制定实施辖区农业转移人口市民化具体方案和实施细则，确定落户标准和工作时序，提供基本公共服务，承担相应财政支出。对吸纳较多农业转移人口的市、县，自治区加大财政转移支付力度，增强基本公共服务保障能力。

云南省新型城镇化规划
（2014-2020年）（节选）

（中共云南省委员会 云南省人民政府）

2014年4月14日

城镇化是全球经济社会发展的必然趋势，是现代化的必由之路，是破除城乡二元结构的重要依托。贯彻落实党的十八大、十八届三中全会、中央城镇化工作会议和省第九次党代会、省委九届七次全体（扩大）会议精神，深入推进云南新型城镇化进程，走以人为本、四化同步、优化布局、生态文明、传承文化的云南特色新型城镇化道路，是实现云南省科学发展和谐发展跨越发展的迫切需要，是解决云南省"三农"问题的重要途径，是推动新型工业化、信息化、农业现代化同步发展和区域协调发展的有力支撑，是扩大内需和促进产业升级的重要抓手，对于深入实施"两强一堡"战略、与全国同步全面建成小康社会、谱写中国梦云南篇章具有重大现实意义和深远历史意义。

本规划依据中国共产党第十八次全国代表大会报告、《中共中央关于全面深化改革若干重大问题的决定》《全国主体功能区规划》《国家新型城镇化规划（2014-2020年）》和中国共产党云南省第九次代表大会报告《中共云南省委关于贯彻落实〈中共中央关于全面深化改革若干重大问题的决定〉的意见》《云南省国民经济和社会发展第十二个五年规划纲要》《云南省主体功能区规划》《云南省城镇体系规划（2014-2030）》制定，是今后一个时期指导云南省城镇化健康、可持续发展的宏观性、战略性、基础性规划，是编制相关规划、制定相关政策、布局重大项目的重要依据。规划期限为2014年到2020年。

云南省新型城镇化是以科学发展为主题，以人为核心，不断优化城镇发展空间，不断提升城镇公共服务能力，促进大中小城市和小城镇协调发展，更加注重集约节约，重视城乡统筹，重视生态环境保护，重视地方优秀民族文化、历史文化的保护与传承，注重体制机制创新的具有云南特色的新型城镇化道路。

第一篇 规划背景

第一章 发展基础和存在的问题

云南省正处于经济转型升级、加快推进社会主义现代化的重要时期，也处于城镇化发展的关键时期，必须准确认识全省城镇化推进的基础条件，牢牢把握城镇化蕴育的巨大机遇，妥善应对城镇化发展面临的各种问题。第一章发展基础和存在问题我省提出走具有云南特色的城镇化道路以来，城镇化水平稳步提高，但我省城镇化水平还远低于全国平均水平，城镇化的质量和速度仍需进一步提高，尤其是大中城市发育程度低带动力弱、小城镇发展滞后、城乡公共服务差距大等问题亟待解决。如何在云南省独特的地理条件和文化背景基础上，促进全省城镇化建设的健康、高质，是目前我省城镇化"量""质"并重发展阶段的关键问题。

第一节 发展基础

一、城镇人口迅速增加，城镇化率大幅提高

围绕"守住红线、统筹城乡、城镇上山、农民进城"的云南特色城镇化发展新思路，我省"十二五"期间城镇化增速明显。

2001~2010年，全省常住人口城镇化率由23.36%增加到34.7%，提高11.34个百分点，年平均提高1.13个百分点；全省户籍人口城镇化率从16.23%上升到16.56%，提高0.33个百分点，年均上升0.03个百分点。

2011~2013年，全省常住人口城镇化率从36.8%上升到40.48%，年均上升1.23个百分点；户籍人口城镇化率从16.5%上升到27.2%，年均上升5.35个百分点。

2013年底，全省常住人口达4686.6万人，其中常住城镇人口为1897.1万人，常住人口城镇化率为40.48%；全省户籍总人口4604万人，其中城镇户籍人口达到1254万人，户籍人口城镇化率为27.24%。

二、城镇群的主体形态作用初步显现

我省初步形成了以滇中城市群为首的六大城市（镇）群。滇中城市群作为全省的核心城市群，引领带动全省的城镇化进程，群内城镇规模相对较大、经济发展水平相对较高，是全省城镇化率最高的区域。滇西、滇东南、滇西南、滇西北、滇东北五个城镇群正处在培育和发展阶段。

三、城镇综合承载能力持续增强

就业、住房、教育、医疗卫生、文化、体育、养老等公共服务设施不断完善，公共服务能力显著增强。2013年，全省建成区面积达1620平方公里，城市人均道路面积达11.8平方米，供水普及率达到93.5%，燃气普及率达60%，城镇绿化覆盖率和绿地率分别达到33.5%和29.4%，污水和垃圾处理率达到81%，建成和在建城镇保障性安居工程126.5万套。

四、农民进城工作稳步推进

省第九次党代会作出加快促进农业转移人口转变为城镇居民的战略决策，放宽城镇户籍管理，让转户进城人口"兼有两个身份，同享城乡待遇，享有五项保留，提供五项保障"，全省农民进城工作稳步推进。2011至2013年，全省转户总数已达496万人（其中：2012年转户286万人，2013年转户210万人），是"农民进城"战略实施前4年累计转户51.7万人的9.6倍。从分布情况看，在全省已转户的496万人中，建制镇转户428万人，占转户总数的86%；县城和县级市转户43.7万人，占转户总数的8%；州（市）政府所在地转户4.7万人，占转户总数的0.9%（其中，昆明主城区转户6512人，仅占转户总数的0.1%）。转户工作基本实现就近就地城镇化。

五、城镇上山全面启动

全省129个县（市、区）土地利用总体规划、城镇近期建设规划、林地保护利用规划的"三规"联合会审工作全面完成，城镇上山试点工作稳步开展。通过转变建设用地方式，调整完善土地利用总体规划，将坝区周边宜建山地、低丘缓坡土地优先纳入规划，引导城镇、村庄、产业项目向宜建山地发展，各类建设用地上山比例明显提高。

第二节 存在问题

在我省城镇化进程加快的过程中，也存在一些必须高度重视并着力解决的突出矛盾和问题。

一、城镇化整体发展水平滞后于全国平均水平

2013年，云南省常住人口城镇化率（40.48%）低于全国平均水平（53.73%）13.25个百分点，户籍城镇化率（27.24%）低于全国平均水平（35.7%）8.5个百分点。加快城镇化进程的同时重视城镇化质量的提高，是今后一段时期我省城镇化发展要解决的主要问题。

二、农业转移人口难以享有与城镇居民同等的基本公共服务

2013年我省户籍人口城镇化率低于常住人口城镇化率13.24个百分点。大量的农民工及其随迁家属、城中村居民、失地农民等尚未在教育、就业、医疗卫生、养老、保障性住房等方面享受城镇居民的基本公共服务。

三、土地城镇化快于人口城镇化

2001年至2012年全省城镇建成区面积增长134%，而城镇人口增长为68%，土地城镇化速度明显快于人口城镇化的速度，建设用地粗放低效。一些城镇"摊大饼"式扩张明显，城镇建成区快速增长，而集聚的人口则明显滞后；一些地方过度依赖土地出让收入和土地抵押融资推进城镇建设，加剧了土地粗放利用，浪费了大量耕地资源。

四、城镇规模结构不合理

我省城镇体系结构长期存在大中城市数量少、规模小的问题。全省有1个特大城市、1个大城市、7个中等城市、11个小城市、105个县城、1175个小城镇。建制市20个，在西部12个省区市中仅比西藏、青海、贵

州、宁夏多。城镇总体发展水平不高，聚集能力和辐射带动能力不足。

五、城镇规划建设管理水平有待提高

城镇建设中普遍存在重经济发展、轻环境保护，重城市建设、轻管理服务等问题，主要表现为交通拥堵问题日趋突出，城镇污水和垃圾处理能力不足，环境污染问题加剧，城市管理运行效率不高，公共服务供给能力不足，城中村和城乡结合部外来人口聚集区人居环境差等。同时，在城镇特色建设方面引导不够，我省良好生态环境、多民族、沿边的特色未能完全体现。

六、城镇产业发展支撑能力不足

全省大部分城镇普遍存在产业支撑能力弱的问题，尤其是有利于增加财税收入和扩大城镇就业的二、三产业发展相对滞后，导致城镇对农村富余劳动力的吸纳能力不强。园区建设相对缓慢，企业规模偏小，布局分散，产业集聚效应发挥不够，产城互动较弱。

七、配套体制机制不完善

现行城乡分割的户籍管理、土地管理、社会保障制度，以及财税金融、行政管理等制度，固化了已经形成的城乡利益失衡格局，对农业转移人口市民化、城乡一体化形成制约，阻碍了城镇化的健康发展。

第二章 面临形势

未来我省城镇化发展将面临更趋复杂的外部环境变化。从国际上看，全球经济正缓慢复苏，新兴的经济体发展势头普遍好于发达国家，但国际金融危机深层次影响仍在持续，表现为世界经济复苏动力不强，消费需求不旺，各国宏观经济政策取向不一致，全球经济复苏的不确定性增大。围绕市场、资源、技术的争夺加剧，抢占战略性新兴产业发展的制高点更加激烈。从国内看，今后一段时期是保持经济长期平稳较快增长的重要战略机遇期，是加快结构调整、转变发展方式的攻坚期，是经济向稳定增长转变的关键时期。

西南民族地区新型城镇化：政策认知与"进城"意愿

一、面临良好发展机遇

目前，我省城镇化发展面临难得机遇，建设中国面向西南开放重要桥头堡，为我省建设大通道、大窗口、大平台、大基地，打造具有内陆特点的开放型经济，大开放促大发展提供了历史机遇。国家实施新10年西部大开发战略，提出中国长江新经济支撑带的建设，为云南加快促进区域协调发展、基础设施建设、生态环境保护、社会事业建设、特色优势产业培育、逐步实现基本公共服务均等化、进一步改善民生等提供了重大机遇。随着国家"一带一路"战略的提出，中国—东盟自由贸易区的发展，澜沧江—湄公河次区域合作加强，孟中印缅经济走廊建设的不断推进，为我省承接产业转移和促进生产要素重组提供了有利条件。国家继续实施扩大内需战略，为全省加快结构调整，推进工业化、城镇化提供了难得机遇。国家加大对革命老区、民族地区、边疆地区、贫困地区扶持力度，更加重视边远、少数民族、贫困地区发展，为全省少数民族和民族地区加快发展提供了难得契机。

二、内在转型要求迫切

我省处于全国发展的较低水平，随着农业富余劳动力减少和人口老龄化程度提高，主要依靠劳动力廉价供给推动城镇化快速发展的模式不可持续；随着资源环境制约日益加剧，依靠土地等资源粗放消耗推动城镇化快速发展的模式不可持续；随着户籍人口和外来人口公共服务差距造成的城市内部二元结构矛盾日益凸显，主要依靠非均等化基本公共服务支撑城镇化的快速发展不可持续。存在工业化、信息化、城镇化和农业现代化发展不同步，城乡区域差距过大，产业结构不合理等问题。我省城镇化由注重发展速度向"量""质"并重发展转型势在必行。

三、转型条件日趋成熟

改革开放30多年来我省经济快速增长，在公共服务、基础设施、城镇化空间布局等方面的基础条件日趋成熟，城镇建设向"群""带"发展，管理水平不断提高，城镇化进入量质并重的转型发展期。全省着力推动的特色城镇化战略为基本公共服务均等化、农业转移人口市民化创造了较好条件。交通运输网络的不断完善，节能环保等新技术的突破应用，以及信息化的快速推进，为优化城镇化空间布局和形态、推动城镇可持续发展提供了有力支撑。全省各地在城镇化方面的改革探索，为创新机制积累了经验。

第二篇 发展思路与目标

云南省城镇化是在"山区、民族、边疆、贫困"四位一体的基本省情下推进的，全省"特色城镇化"建设取得了较好的成绩，但整体发展仍滞后于全国平均水平，这决定了必须从我省的特点和实际情况出发，遵循城镇化发展规律，走云南特色新型城镇化道路。

第三章 发展思路

以邓小平理论、"三个代表"重要思想、科学发展观为指导，全面贯彻落实党的十八大、十八届三中全会、中央城镇化工作会议、国家新型城镇化规划和省第九次党代会、省委九届七次全体（扩大）会议精神，紧紧围绕建设"两强一堡"战略目标，继续坚持"守住红线、统筹城乡、城镇上山、农民进城"的总体要求，按照"建设山地城镇、突出中小城镇、实现组团发展、推进城乡一体"的发展模式，坚持"人本、集约、智慧、绿色、特色"的理念，以人为核心，以人口城镇化为重点，推进农业转移人口就近就地落户城镇，稳步提升城镇化质量和水平；以城镇群为主体形态，优化城镇化布局，促进各级城镇协调发展；积极推进产城融合，注重产业支撑和增加就业，不断增强城镇综合承载力与可持续发展水平；坚持生态文明，强化城镇建设空间管控，提升城市人居环境，注重城乡区域协调发展；突出山水、沿边、多民族特色，强化特色城镇建设；创新城镇化的体制机制，释放发展潜力，走以人为本、四化同步、优化布局、生态文明、传承文化的云南特色新型城镇化道路。

第四章 基本原则

以人为本、幸福和谐。推进农业转移人口市民化，促进城镇基本公共服务常住人口全覆盖，全面提高城乡居民的生存质量和水平，传承民族文化，塑造时代精神，促进社会和谐，使人民群众享受到更多城镇化发展成果。

改革创新、转型发展。充分发挥市场在城乡资源配置中的决定性作用，更好发挥政府作用，着力破解制约城镇化发展的制度障碍，促进城镇化从追求规模速度向提升质量转变，城乡从二元结构向一体化转变。

产城融合、互促共进。充分发挥产业对城镇建设的支撑作用，增强城镇对产业发展的承载能力，以产兴城、以城促产、协调推进、增加就业，促进城镇化与产业化良性互动、与农业现代化相互协调。

节约集约、绿色低碳。强化生态文明理念，推进绿色发展、循环发展、低碳发展，坚持城镇上山，建设紧凑型城镇，强化耕地和生态保护，形成节约资源和保护环境的城镇格局、产业结构、生产方式、生活方式。

统筹城乡、协调推进。完善城乡协调发展的体制机制，推进城乡规划、基础设施、生产力布局一体化，促进城乡要素平等交换和公共资源均衡配置，形成以工促农、以城带乡、工农互惠、城乡互动的发展局面。

科学有序、因地制宜。坚持从云南基本省情出发，遵循城镇化发展规律，顺应生产力发展水平，强化规划引领作用，因势利导，实事求是，不急于求成，不大拆大建，突出地方特色，促进多样发展。

第五章 发展目标

立足我省基本省情，充分发挥独特的区位与资源优势，以山地城镇、沿边少数民族城镇等为特色，构建以人为核心、六大城市（镇）群为主体、大中小城镇协调发展的城镇发展新格局。

——城镇化水平稳步提高。城镇化进程进一步加速，2020年全省常住人口城镇化率达到50%左右，户籍人口城镇化率达到38%左右。户籍城镇化率与常住人口城镇化率差距缩小1.2个百分点左右，再新增500万以上农业转移人口和其他常住人口在城镇落户。

——城镇化布局进一步优化。"一区、一带、五群、七廊"的云南省城镇化战略格局基本形成，六大城市（镇）群聚集经济、人口能力明显增强，滇中城市群一体化水平和国际竞争力明显提高，滇西、滇东南城镇群成为我省区域发展的新的重要增长极；全省城镇规模结构更加完善，中心城市辐射带动作用更加突出，中小城市数量增加，小城镇服务功能增强，七个层次的城镇实现协调发展，城镇体系结构进一步优化，城镇承载能力和综合实力进一步增强。

——城镇化质量显著提升。农业转移人口市民化进程明显加快，产业支撑能力明显增强，产城融合发展态势良好，吸纳就业能力显著增强，城镇住房供应体系进一步完善；城乡居民收入水平持续提高，生活质量进一步提高，生态环境进一步改善，合法权益切实得到保障，多层次的精神文化需求得到有效满足，新型社会管理机制基本建立，社会更加和谐稳定。

——城镇可持续发展能力增强。城乡基础设施和公共服务设施显著改善，城乡居民生活品质和文明水平显著提高，城镇服务能力和保障能力不断增强，防灾减灾能力进一步提高；污染防治与生态环境保护取得有效进展，人居环境得到显著改善，绿色环保产业发展迅速；山地城镇建设成效显著，城镇建设集约紧凑，城镇特色进一步突出。

——城乡一体化成效显著。统筹城乡经济社会成效显著，以城带乡的能力进一步增强，城乡产业、生态保护融合联动，公共服务差距显著缩小，人才、技术、信息交流密切。统筹城乡综合配套改革取得积极进展，城乡一体的户籍、就业、社保、土地、投资和公共服务体制基本确立。

——城镇文化特色浓郁。各级历史文化名城名镇名村以及传统村落规划编制全部完成，城乡文化特色得到保护与传承，民族文化得到继承

西南民族地区新型城镇化：政策认知与"进城"意愿

与发扬，避免千城一面，城镇个性鲜明、形象突出、文化特色浓郁。

——城镇化体制机制改革取得重大进展。建立健全城乡劳动者平等就业制度，建立城乡统一的建设用地市场，户籍管理、土地管理、社会保障、住房保障、财税金融、就业创业、行政管理、生态环境等制度改革取得重大进展。

表1　　　　　　　　　　新型城镇化主要指标

序号	指标	2013年	2020年
一	城镇化水平		
1	常住人口城镇化率（%）	40.48	50左右
2	户籍人口城镇化率（%）	27.24	38左右
3	建制县级市占全省市区比重（%）	9.3	27左右
4	建制镇占全省乡镇比重（%）	53.2	60左右
二	基本公共服务		
5	农民工随迁子女接受义务教育比例（%）		≥99%
6	城镇失业人员、农民工、新成长劳动力免费接受基本职业技能培训覆盖率（%）		90左右
7	城镇新增就业人数（万人）	31.6	[290左右]
8	城镇常住人口基本养老保险覆盖率（%）	64	≥90
9	城镇常住人口基本医疗保险覆盖率（%）	97.6	≥95
10	城镇常住人口保障性住房覆盖率（%）	19.66	25
三	基础设施		
11	六大城市群内部高速公路路网密度（公里/平方千米）	0.0081	0.0154
12	百万以上人口城市公共交通占机动化出行比例（%）	37	60
13	城镇公共供水普及率（%）	94	98
14	城镇污水处理率（%）	81	87
15	城镇生活垃圾无害化处理率（%）	81	87
16	城镇互联网宽带接入普及率（%）	20.38	≥30

续表

序号	指标	2013年	2020年
17	城市社区综合服务设施覆盖率（%）	80.8	90
四	资源环境		
18	人均城市建设用地（平方米）	(139.36)	≤100
19	建设用地山（地）坝（区）比	1.54*	1.63
20	基本农田保护面积（万亩）		7531
21	粮食生产能力（万吨）	1824	2000
22	城镇绿色建筑占新建建筑比重（%）	5	40
23	城镇建成区绿地率（%）	29.85	33
24	地级以上城市空气质量达到国家标准比例（%）	100	100
25	九大高原湖泊水质优良率（%）	33.33	44.44
26	国家级园林城市、林园县城、园林城镇个数（个）	5/2/3	13/10/5
27	国家传统村落个数（个）	294	500
28	历史文化名城名镇名村名街个数（个）	78	106

注：1. 城镇保障性住房：包括廉租住房、公共租赁住房、经济适用性住房和棚户区改造等
2. 人均城市建设用地：国家《城市用地分类与规划建设用地标准》规定，人均城市建设用地
标准为 65.0~115.0 平方米，新建城市为 85.1~105.0 平方米
3. 城市空气质量国家标准：在 1996 年标准基础上，增设了 PM2.5 浓度限值和臭氧 8 小时平均
浓度限值，调整了 PM10、二氧化碳、铅等浓度限值。
4. 标*为 2009 年数据，（ ）为 2012 年数据，[ ] 为累计数据。

表2　　　　　　　　　　2020年城镇人口规模目标

人口规模	城市个数	城市名称
>200万	1	昆明（主城五区）
50万~100万	5	曲靖、昭通、玉溪、大理、保山
20万~50万	23	楚雄、宣威、蒙自、普洱、陆良、文山、景洪、个旧、镇雄、安宁、祥云、沾益、临沧、丽江、腾冲、会泽、砚山、芒市、罗平、弥勒、富源、耿马、瑞丽

249

续表

人口规模	城市个数	城市名称
10万~20万	26	寻甸、建水、开远、广南、宾川、宜良、鲁甸、禄丰、丘北、富宁、师宗、勐海、澜沧、普宁、石林、泸西、盈江、马关、勐腊、弥渡、马龙、景东、香格里拉、景谷、墨江、崇明
5万~10万	42	宁洱、石屏、麻栗坡、云县、孟连、水仁、海通、昌宁、水富、南华、江川、富民、大姚、牟定、龙陵、禄劝、永善、凤庆、鹤庆、巧家、武定、陇川、永胜、泸水、西畴、沧源、金平、彝良、姚安、元谋、双江、河口、施甸、峨山、元阳、绥江、玉龙、易门、江城、洱源、永德、东川
3万~5万	17	华宁、威信、镇沅、大关、巍山、澄江、镇康、兰坪、新平、华坪、宁蒗、屏边、梁河、剑川、元江、漾濞、南涧
1万~3万	9	云龙、盐津、永平、双柏、维西、红河、西盟、绿春、福贡
0.3万~1万	212	德钦、贡山、省级重点镇

注：1. 本表引自《云南省城镇体系规划（2014－2030年）》；
2. 表中地名均指各地中心城区范围，不包括整个行政辖区。

贵州省山地特色新型城镇化规划
（2016－2020年）（节选）

（中共贵州省委员会　贵州省人民政府）

2016年5月30日

第一章　规划背景

"十三五"时期，是贵州进入全面建成小康社会的决定性阶段，是城镇化加速发展的关键时期，必须深刻认识城镇化对全省经济社会发展的重大意义，准确判断城镇化发展的新趋势与新挑战，牢牢把握城镇化蕴含的发展机遇，有序推进山地特色新型城镇化稳步发展。

第一节　重要意义

长期以来，我省城镇化发展基础薄弱，与全国平均发展水平差距较大，面临既要"赶"又要"转"的双重任务。加快新型城镇化发展，与全国同步全面建成小康社会具有重大现实意义和深远历史意义。

推进山地特色新型城镇化，是实现党中央国务院对贵州发展愿景的重要途径。根据习近平总书记在我省视察时提出"积极适应经济发展新常态，守住发展和生态两条底线，培植后发优势，奋力后发赶超，走出一条有别于东部、不同于西部其他省份的发展新路"的指示精神和李克强总理在贵州视察时提出"希望贵州建设成为西部地区新型城镇化试验区和示范区、成为西部经济增长极"的重要要求，推进山地特色新型城镇化有利于落实党中央国务院对我省的定位要求，是助推我省经济社会持续快速健康发展的重要途径。

推进山地特色新型城镇化，是贵州与全国同步全面建成小康社会的

西南民族地区新型城镇化：政策认知与"进城"意愿

必由之路。我省在经济发展总量、结构和质量上都与全国存在较大差距，要实现2020年与全国同步全面建成小康社会任务艰巨。推进山地特色新型城镇化，有利于搭建发展平台，统筹组织一系列重大项目，明确具体抓手，夯实发展基础，促进全省经济社会全面协调可持续发展，实现同步小康。

推进山地特色新型城镇化，是破解城乡二元结构和解决农业农村农民问题的迫切要求。我省仍有60%左右的人口居住在农村，城乡二元结构明显，"三农"问题比较突出。推进山地特色新型城镇化，有利于促进城镇扩容提质，增强综合承载能力，引导人口有序转移；有利于城镇基础设施和公共服务设施向农村延伸，促进就地就近城镇化；有利于统筹城乡发展，解决"三农"问题，破解城乡二元矛盾，打赢脱贫攻坚战。

推进山地特色新型城镇化，是扩大内需、促进四化同步发展的重要举措。目前，我省产业发展规模偏小，吸纳就业能力不强，支撑经济发展能力依然较弱。推进山地特色新型城镇化，有利于城镇化水平持续提高，扩大城镇消费群体，释放消费潜力；有利于集聚城镇要素和优化配置城乡生产要素，大幅提高劳动生产率和资源利用效率，加快四化同步发展；有利于增强创新能力，促进产城融合和景城互动发展，实现经济转型升级和产业优化布局。

推进山地特色新型城镇化，是促进城镇化空间协调发展的有力支撑。我省城市群发展尚处于培育阶段，城镇体系结构仍不完善。推进山地特色新型城镇化，有利于形成体系健全、定位明确、分工合理的城镇化空间格局；有利于发挥黔中城市群和区域城镇组群的带动作用，促进区域一体化发展；有利于促进大中小城市、小城镇和新农村协调发展；有利于推动资源要素合理布局，促进生产空间、生活空间和生态空间协调发展。

推进山地特色新型城镇化，是促进社会全面进步的必然要求。城镇化作为人类文明进步的产物，既能提高生产效率，又能富裕农民、造福人民，全面提升生活质量。随着城镇经济的繁荣、城镇功能的完善、公共服务水平和生态环境质量的提升，人们的物质生活会更加殷实富裕，精神生活会更加丰富多彩。推进山地特色新型城镇化，有利于维护省域山水生态格局，传承和发展贵州多元文化，树立文化自信；有利于增强社会认同，维护社会公平正义，消除社会风险隐患；有利于促进人的全面发展与社会和谐进步。

第二节 主 要 成 效

从新中国成立初期至20世纪末，我省城镇化一直处于缓慢发展阶段，城镇化率仅从1949年的10%增加到1999年的23.6%。进入21世纪以来，我省城镇化发展速度逐步加快。2009年全省城镇化率达到30%，城镇化跨入加速发展阶段。2011年全省第一次城镇化推进大会召开后，城镇化发展速度和质量明显提升。

城镇化政策导向日趋清晰。省委、省政府高度重视城镇化发展，将工业强省和城镇化带动作为"十二五"时期发展主战略，省委十届九次、十次全会及全省第一次、第二次城镇化推进大会为城镇化工作作出系统安排。2014年5月，省委、省政府印发实施《关于深入实施城镇化带动战略加快推进山地特色新型城镇化的意见》。"十二五"时期，安顺市、都匀市、贵安新区、播州区（原遵义县）、玉屏县、湄潭县等列入国家新型城镇化综合试点。2015年10月，国家发展改革委同意我省设立"贵州山地特色新型城镇化示范区"。2016年1月，省第十二届人大第四次会议再次强调要坚持以人为本、道法自然，山为景、桥隧连、组团式，走具有贵州特色的山地新型城镇化道路。一系列政策措施支撑和推动贵州山地特色新型城镇化健康有序发展。

城镇化率快速增长。2015年全省常住人口城镇化率为42.01%，比2014年提高2个百分点，比2010年提高8.2个百分点，年均提高1.64个百分点，增速位于全国前列，进一步缩小了与全国平均水平的差距。

城镇化加快发展的经济基础不断夯实。2015年全省GDP达1.05万亿元，比2014年增长10.7%，增速居全国前列。"十二五"时期，全省地区生产总值每年均保持两位数增长，年均增长12.5%，高于同期全国平均水平4.7个百分点。2015年固定资产投资达到1.07万亿元，年均增长29.5%，城镇建设投入持续加大。一般公共预算收入达到1503.4亿元，年均增长23%。城镇、农村居民人均可支配收入分别达到24580元和7387元，年均增长11.8%和14.4%。经济发展基础不断夯实，有力支撑城镇化加快发展。

城镇化空间格局基本形成。以黔中城市群为主体、贵阳市和贵安新区为龙头、市（州）政府所在地城市为重点、小城市和县城为支撑、小城镇为基础、新型农村社区为补充的现代城镇化空间格局基本形成。其中，贵阳中心城区人口规模近300万，遵义中心城区人口规模近100万，六盘水、安顺中心城区人口规模为50万～80万，其他市（州）政府所在地城市中心城区人口规模30万～50万，人口规模超过10万的县城10余个，形成一批3万人左右的小城镇。

区域重大基础设施条件显著改善。"十二五"期间，全省交通条件极大改善。铁路通车里程达3037公里，其中高速铁路701公里。在西部地区率先实现县县通高速公路，通车里程达5128公里，实现乡乡通油路、村村通公路。启动贵州省水运建设三年会战，高等级航道达690公里，乌江基本实现通航。通航机场实现9个市（州）全覆盖，2015年进出港旅客达1563万人次。黔中水利枢纽一期主体工程、滋黔一期工程完成，夹岩水利枢纽及黔西北供水工程加快建设，马岭大型水库开工建设，新开工一批中型水库及小型水库等骨干水源工程。电力装机容量达5065万千瓦。中缅、中贵天然气管道和贵渝成品油管道投入使用。通信光缆达60万公里，出省带宽达3060Gbps，100%的建制村通宽带。支撑城镇化发展的区域性基础设施条件显著改善。

城镇市政基础设施建设力度进一步加大。"十二五"期间，出台了《贵州省关于加强城市基础设施建设的实施意见》，引导社会资本参与城镇基础设施建设。2015年，完成城市基础设施投资1680亿元。新增县城以上城市供水能力12.65万吨/日，设市城市供水普及率达95.05%，县城达88.13%。设市城市燃气普及率达83.6%，县城达54.94%。新增污水处理能力11.5万吨/日，设市城市生活污水处理率达94.91%，县城达78.1%。实现县县有垃圾无害化处理设施，设市城市生活垃圾无害化处理率达93.62%，县城达69.8%。城镇综合承载能力进一步增强，支撑城镇化的健康发展。

城镇公共服务设施体系不断完善。"十二五"期间，民生实事完成投资2897.7亿元。城镇新增就业267.14万人，"3个15万元"政策带动就业45.2万人。完成教育"9+3"计划，启动基本普及15年教育工程，19个县（市、区）实现义务教育发展基本均衡，中职"百校大战"基本完成，花溪大学城、清镇职教城和贵州大学新校区一、二期工程基本建成。新增三甲医院22所，医疗卫生服务体系逐步完善，基层群众就医条件不断改善。文化事业蓬勃发展，建成省博物馆新馆和贵阳孔学堂，实现县城数字影院全覆盖。全民健身和竞技体育协调发展，恢复举办省运会。城乡低保、基本医疗、基本养老等保障水平不断提高，城镇公共服务设施体系不断完善。

城镇化平台支撑持续壮大。"十二五"期间，以100个示范小城镇、100个城市综合体建设为抓手，加速推进贵州山地特色新型城镇化进程，"5个100工程"共完成投资1.4万亿元。实施工业"百千万"工程，新增规模以上企业1889户，规模以上工业增加值年均增长14.3%，形成6个千亿级产业。贵安新区、贵阳国家高新技术产业开发区、贵阳国家经济技术开发区、遵义国家经济技术开发区、贵阳综合保税区、贵安综合保税区、遵义综合保税区、贵州双龙航空港经济区等"1+7"国家级开放创新平台建设取得丰硕成果，支撑"五大新兴产业"快速发展。

城乡统筹工作稳步推进。"十二五"期间，"四在农家·美丽乡村"六个小康行动计划完成投资1100亿元，推动公共服务设施和基础设施不断向乡村延伸，"三农"面貌发生巨大变化。县城及中心镇带动周边多个村庄联动发展的"1+N"镇村联动模式得以逐步推广，有效改善农村地区生产生活条件，进一步缩小城乡生活水平和公共服务水平差距。

生态文明建设取得重大进展。"十二五"期间，加快生态文明先行示范区和绿色贵州建设，发出"多彩贵州拒绝污染"的生态环境保护强音。草海生态保护和综合治理规划获国家批复。八大河流实行"河长制"。赤水河、乌江、清水江流域生态文明制度改革取得实质性突破。生态文明贵阳会议上升为国家级国际性论坛。全省森林覆盖率由40.5%提高到50%，生态环境优势得到进一步巩固。

文化特色逐步彰显。"十二五"期间，全省加大文化载体建设，推动文化繁荣发展，以民族文化、历史文化、屯堡文化、土司文化、"三线"文化和红色文化为代表的多元文化特色逐步彰显，多彩贵州文化品牌知名度与影响力日渐扩大。9个市（州）的城市主题文化日趋成熟，城市定位趋于明确。历史文化名城名镇名村、历史文化街区、历史文物、传统村落等文化载体保护力度进一步加大。启动实施多彩贵州民族特色文化强省建设工程，文化保护和传承得以加强。

第三节 存在问题

我省在推进山地特色新型城镇化过程中，仍然存在一些突出问题和矛盾，亟需通过规划实施和建设发展逐步解决。

城镇体系结构亟待完善，中心城市带动能力不强。我省是全国唯一没有平原支撑的省份，山地和丘陵占国土面积的92.5%，城镇化建设难度大、成本高，城镇布局散、数量少、规模小。黔中城市群仍处于培育阶段，就业吸纳能力有待增强，区域辐射能力亟待强化。贵阳城市人口规模近300万，但城市综合实力仍然不强，尚处于聚集为主的城镇化发展阶段，辐射效益不明显。8个区域中心城市中，中心城区人口超过50万的仅有遵义市、六盘水市和安顺市，区域中心城市聚集作用和辐射能力有限。

产业基础薄弱，城镇化就业支撑不足。全省经济总量仍然较小，2015年地区生产总值仅占全国比重的1.55%、西部的7.2%。工业化程度不高，导致产业带动就业人口能力较弱，制约城镇化发展进程。产业结构上，就业吸纳能力弱的采矿业与传统能源产业比重较高，就业吸纳能力强的装备制造等新兴产业比重较低，不利于城镇化快速发展。

生态环境脆弱，资源环境约束城镇发展。贵州是全国石漠化面积最大、程度最深、危害最重的省份，也是我国南方石漠化集中连片区的核心地带。石漠化及潜在石漠化范围广、面积大，经济发展与生态环境保护矛盾突出。受喀斯特地貌影响，全省水资源分布不均，水利工程建设成本高，工程性缺水现象突出。

支撑体系仍需健全，城市管理水平亟待提高。公共服务供给总量仍然不足。全省部分中低收入家庭住房困难问题依然存在。医疗卫生资源仍然紧缺。优质教育资源分布不均，农民工子女入学难问题亟待解决。铁路网络体系尚未完全建成，水运航道建设仍待加强，普通公路技术等级还需提高。城镇基础设施建设与全国平均水平仍然存在较大差距，服务范围有限。全省仅贵阳、遵义、六盘水和安顺城区初步实现数字化城市管理，推广力度仍待加强，城市管理服务水平仍待提升。

城乡风貌特色不突出，文化传承亟需加强。部分城镇对历史文化遗产资源保护不够重视，重人造景观建设，轻历史文化遗产保护，重现代风貌塑造，轻特色风貌提升，甚至少数历史建筑受到一定程度破坏。部分农村地区简单地用城市元素和风格取代传统民居和田园风光，导致乡土特色和民俗文化流失。部分地区棚户区改造出现城区人口密度加剧、城市特色缺乏、基础设施负担过重等新问题。

城乡发展差距明显，脱贫攻坚任务艰巨。贵州有493万贫困人口，占全国贫困人口的7%，全省贫困发生率14.3%，贫困面广、贫困人口多、贫困程度深，脱贫攻坚任务艰巨，是全面小康任务最重的省份。2015年城乡居民收入差距3.3倍，比上年略有下降，但仍高于全国平均水平，城乡差距明显。城乡公共服务设施水平差距较大，优质公共服务资源主要集中在城市，农村文化、教育、医疗、卫生资源较为匮乏。农村基础设施配套水平薄弱，污水、垃圾处理设施亟待完善。

第二章 指导思想和发展目标

我省是典型的内陆山区省份，城镇化在多山地、多民族、欠发达、欠开发、贫困面广、贫困程度深的基本省情下推进。全省城镇化带动战略初见成效,但整体发展水平仍滞后于全国及周边省(区、市),要从全省特点和实际情况出发,遵循城镇化发展规律,走贵州山地特色新型城镇化道路。

第一节 指导思想

贯彻"创新、协调、绿色、开放、共享"五大新发展理念,按照省委、省政府部署,守住发展和生态两条底线,围绕加速发展、加快转型、推动新跨越主基调,深入实施工业强省、城镇化带动主战略,推进开放带动、创新驱动、后发赶超、全面小康。遵循山地发展规律,突出"山地"特色和优势,体现"新型"导向和要求,走以人为本、因地制宜、四化同步、生态文明、文化传承的城镇化道路。以建设贵州山地特色新型城镇化示范区为抓手,培植后发优势,奋力后发赶超,确保与全国同步全面建成小康社会。

第二节 基本原则

推进山地特色新型城镇化,应坚持以下基本原则。

以人为本,宜居宜业。围绕农业转移人口市民化和城镇建设品质提升,加强基础设施和公共服务体系建设,强化产城景文融合,以产兴城、以城促产,促进就业与居住、产业与城镇均衡发展,建设和谐包容、宜居宜业的城镇和乡村,推进城乡一体化发展。实现城镇发展与产业支撑、就业转化和人口聚集相统一。

因地制宜,因势利导。因山就势,从山地特色省情出发,根据资源禀赋和环境约束条件,加强山地建设用地模式研究,科学设定城镇目标、规模尺度、发展空间边界、建设时序和重大项目实施计划,做大做强中心城市,做优做特小城镇,做精做美新农村。紧紧抓住"一带一路"、长江经济带、珠江—西江经济带建设机遇,积极融入大区域发展,形成开放式城镇化发展新局面。

环境友好,生态文明。根据资源环境承载能力,坚持生态优先,优化城镇空间格局，节约集约利用资源。把生态文明理念融入城镇化全过程，大力发展节水、节地、节材、节能产业和循环经济，促进城镇发展方式转型升级，守住发展和生态两条底线。

传承文化，彰显特色。立足我省文化多元特色，加大对文化的保护和传承。积极建设有历史记忆、文化脉络、地域风貌、民族特点的城镇，在城镇化推进中传承和弘扬地方传统文化，在传承文化、彰显特色中推进城镇化，实现传统文化与现代文化融合。

四化同步，双轮驱动。深入推动新型城镇化与新型工业化、信息化、农业现代化相辅相成、融合互动、同步发展。尊重城镇化发展规律，充分发挥政府引导作用，发挥市场对资源配置的决定性作用，建立多元化投融资机制，确保城镇化进程持续快速健康有序推进。

第三节 特色内涵

新型城镇化不是简单的城镇人口增加和城市面积扩张，更重要的是实现产业结构、生活方式、人居环境、社会保障等一系列由"乡"到"城"的重要转变。我省新型城镇化发展立足山地条件，突出五个"新"和五个"特"的发展内涵，走出一条不同于东部、有别于西部其他省份的山地特色新型城镇化道路。

"新"的要求。一是新在目的上。更加注重以人为本，加快推进农民工市民化进程，使农业转移人口真正融入城镇。二是新在内涵上。更加注重集约高效，倡导绿色生产方式、生活方式和消费模式，充分挖掘地方传统文化、民族文化，传承历史文脉。三是新在路径上。更加注重城乡统筹，把小城镇作为"四化"的重要融合点，强化产业就业支撑，以"1+N"镇村联动模式促进就地就近城镇化，推动城乡发展一体化。四是新在机制上。更加注重市场调节、政府引导，充分发挥市场在资源配置中的决定性作用，推动人口自由迁徙、要素自由流动。五是新在体系上。更加注重优化布局，既要加快培育城市群，也要提升中小城市和小城镇功能，走大中小城市与小城镇协调发展道路。

"特"的内涵。一是特在自然生态。以人为本、道法自然，讲究生态保护。立足生态文明先行示范区建设，秉承"绿水青山就是金山银山"理念，守住山青、天蓝、水清、地洁的生态底线，实现百姓富与生态美有机统一。二是特在城镇形态。突出组团式、点状式、串珠式布局，多"蒸小笼"，不"摊大饼"，推动城镇紧凑发展、精明增长，实现山水、田园、林地、城镇有机融合。三是特在产业业态。突出绿色、新兴、高端、特色的产业定位，发展大数据、大健康、山地高效农业、文化旅游业、新型建筑建材业等战略性新兴产业，挖掘传统产业潜力，实现产业绿色化、绿色产业化，大力拓展就业渠道。四是特在民族文化。发挥多元文化优势，在保护中传承，在传承中创新，在创新中发展，推动民族文化、地域文化交相辉映，各美其美、美美与共。五是特在建筑风貌。推动建筑融于自然环境，显山露水，错落有致，色彩典雅质朴，风貌协调统一，不同时代建筑和谐共存，留住传统记忆。

第四节 发 展 目 标

到2020年，基本形成山水城市、绿色小镇、美丽乡村、和谐社区的多彩贵州格局，初步建成贵州山地特色新型城镇化示范区，走出一条有特色、集约型、多样化、可持续的贵州城镇化发展新路。

人口城镇化水平持续快速发展。到2020年，全省常住人口城镇化率达到50%以上，户籍人口城镇化率达到43%左右，城镇人口达到2000万左右，年均新增城镇人口80万左右。

基本公共服务实现城镇常住人口全覆盖。到2020年，住房、就业、医疗、文化、教育、养老等基本公共服务覆盖全部城镇常住人口。城乡公共服务水平全面提升，对城镇化质量提升的支撑作用进一步增强。

城镇化空间格局不断完善。到2020年，黔中城市群建设取得新进展，贵阳构建承载超过500万人的发展极核城市框架，遵义、贵安新区构建承载200万人的区域中心城市框架，六盘水市、安顺市、毕节市、铜仁市、黔东南州、黔南州、黔西南州等市（州）政府所在地城市构建承载100万城区人口的区域中心城市框架，建成20个左右10万～50万人的小城市或县城，示范小城镇和美丽乡村带动全省小城镇和新型农村社区全面提升。

城乡基础设施对城镇化支撑作用显著提升。到2020年，以交通、水利、能源为重点的区域性基础设施保障程度进一步提高，道路、给排水、电力、通信、燃气等城镇基础设施更加完善，"四在农家·美丽乡村"六个小康行动计划深入实施，城乡基础设施条件全面改善。

生态文明理念在城镇化领域全面推行。到2020年，以基本建成生态文明先行示范区为导向，全面推进绿色、循环、低碳的生产生活方式，资源利用效率大幅提升，绿色生活方式普遍推行，转型发展和绿色崛起的示范作用进一步增强。

城镇化发展体制机制基本完善。到2020年，贵州山地特色新型城镇化示范区初步建成，户籍管理、土地管理、社会保障、财税金融、行政管理、生态保护等体制机制改革创新取得重大突破，城乡政策有效衔接，城乡二元体制加快破除，以人为本、城乡一体的城镇化体制机制基本形成。

专栏2.1		新型城镇化指标体系		
序号		指标	2015年	2020年
一	城镇化水平			
1	常住人口城镇化率（%）		42.01	≥50
2	户籍人口城镇化率（%）		32.56	43
二	基本公共服务			
3	外来常住人口子女接受义务教育比例（%）		—	≥99
4	城镇失业人员、农民工、新成长劳动力免费接受基本职业技能培训覆盖率（%）		—	85左右
5	基本养老保险覆盖率（%）		80.5	≥90
6	基本医疗保险覆盖率（%）		90	≥95
7	城镇常住人口保障性住房覆盖率（%）		—	≥20
8	每千人口执业（助理）医师数（人/千人）		—	2.5
9	每千人口医疗卫生机构床位数（张/千人）		4.3	6

续表

序号	指标	2015年	2020年
三	基础设施		
10	全省公共交通占机动化出行分担率（%）	—	≥32
11	城镇公共供水普及率（%）	91.9	≥93
12	城镇污水处理率（%）	89.2	≥90
13	人均城市道路面积（平方米）	10	≥12
14	城镇生活垃圾无害化处理率（%）	82.7	≥85
15	城市家庭宽带接入能力（Mbps）	—	≥50
16	城市社区综合服务设施覆盖率（%）	—	90
四	资源环境		
17	人均城市（县城以上）建设用地（平方米）	119	≤100
18	城镇可再生能源消费比重（%）	—	10
19	新建建筑中绿色建筑占比	—	50
20	人均公园绿地面积（平方米）	8.9	10
21	县级以上城市空气质量优良天数比例（%）	80	≥85

备注：1. 城镇常住人口基本养老保险覆盖率指标中，常住人口不含16周岁以下人员和在校学生。
2. 城镇保障性住房：包括公租房（含廉租房）、政策性商品用房和棚户区改造安置住房等。
3. 城市空气质量国家标准：在1996年标准基础上，增设了PM2.5浓度限值和臭氧8小时平均浓度限值，调整了PM10、二氧化碳、铅等浓度限值。

第五节 远景发展

到2030年，全省城镇化发展进入相对稳定阶段，常住人口城镇化水平稳步提升，户籍人口城镇化率大幅提高，常住人口城镇化率达到60%以上，省域城镇人口达到2700万左右。

城镇化空间格局趋于合理，与新型城镇化发展相适应的产业发展空间逐步完善，以黔中城市群为引领的多层次、多向开放的城镇化空间格局全面形成，实现大中小城市、小城镇和新农村协调发展。

城镇化发展质量全面提升，支撑城镇化发展的城乡交通、水利、通信、能源、环保、综合防灾等基础设施体系趋于完善，教育、医疗、文化、体育、住房等公共服务体系趋于完善，实现城乡基本公共服务均等化。

地域文化和山地特色更加彰显，环境质量优良的绿色生态安全格局不断优化，地域多元文化特色进一步彰显，生态产业化与文化产业化深入推进，实现发展和保护的协同共进。

城镇化体制机制趋于健全，贵州山地特色新型城镇化示范区建设成效显著，推动城镇化持续健康发展的体制机制保障基本成熟。

西南民族地区农村居民对新型城镇化政策的认知与"进城"意愿调查问卷

亲爱的朋友：

您好，我们是桂林理工大学"西南民族地区农村居民对新型城镇化政策的认知与'进城'意愿调查研究"课题组。为了了解西南民族地区农村居民对新型城镇化政策的了解情况和是否愿意迁入城镇生活的意愿情况，为政府的政策制定提供依据，我们开展此问卷调查。

本次问卷调查的问题分为选择题和填空题两种。选择题中除有备注"多选"的问题外均为单项选择题，请您在看完题后，选出符合您情况的选项，并在选项的序号前打"√"（如√A），单项选择题只能选择一个选项，多项选择题可以选择多个选项，问卷中的备选项无对错之分，如果其中没有符合您情况的选项或者您有其他疑问请补充在问卷旁边的空白处。填空题请您在"＿＿＿＿"处填上符合您实际情况的内容。在填写问卷过程中如果对问题的意思不太清楚，请咨询我们的调查人员。

本问卷仅用于我们的课题调查研究，您的个人信息我们会严格保密，请放心作答。

衷心感谢您的支持！

"西南民族地区农村居民对新型城镇化政策的
认知与'进城'意愿调查研究"课题组
2016 年 1 月 1 日

附 录

第一部分：您个人及家庭的基本情况（1~16题）

1. 您的性别

   A. 女　　　　　　　B. 男

2. 您的年龄

   A. 18岁以下　　　　B. 19~35岁　　　　C. 36~45岁

   D. 46~60岁　　　　E. 60岁以上

3. 您是哪一个民族？

   A. 汉族　　　　　　B. _____族（非汉族填写）

4. 您的学历？

   A. 小学　　　　　　B. 初中　　　　　　C. 高中或者中专

   D. 大专（高职）　　E. 本科及以上

5. 近两年您是否外出到城镇务工？

   A. 否（跳过第6题）　　　　　　　　　B. 是（回答第6题）

6. 您外出务工的地点是？（说明：本问卷中的中等城市和大城市并非严格依据现有城市标准划分，而是根据农村居民的习惯将一线城市和公认的重点城市称为大城市，将一般省会城市和地级市称为中等城市）

   A. 镇上　　　　　　B. 县城

   C. 中等城市（如南宁、昆明、贵阳）

   D. 大城市（如北京、上海等）

7. 您现在家里多少人住在一起？_____人

8. 您家中有多少土地？_____亩（包括水田和旱地）

9. 您家里土地当前的状况是？

   A. 自己种植　　　　B. 转租承包　　　　C. 放置荒废

   D. 政府征收　　　　E. 其他_____

10. 您的家庭主要来源是_____？

    A. 务农收入　　　　B. 打工收入　　　　C. 个体经营收入

    D. 创办企业收入　　E. 财产收入（股票、租金、利息等）

F. 其他_____

11. 您的家庭全年收入有_____元。
12. 您的家庭成员是否参加了新型农村合作医疗保险？

    A. 都没参加　　　　B. 部分参加　　　　C. 都参加了

13. 您的家庭成员是否参加了新型农村养老保险？

    A. 都没参加　　　　B. 部分参加　　　　C. 都参加了

14. 您的家庭成员是否购买商业了保险（不包括车险）？

    A. 没有　　　　　　　　　　　　　　B. 有

15. 您家中是否有子女在上幼儿园或中小学？

    A. 没有　　　　　　　　　　　　　　B. 有

16. 您现在居住在哪里？

    A. 村庄　　　　　　B. 镇近郊　　　　　C. 镇上

    D. 县城近郊　　　　E. 中等城市近郊

第二部分：您对新型城镇化政策的了解情况（17~33题）

17. 您是否愿意了解新型城镇化方面的政策？

    A. 不愿意（跳过32题）　　　　　　B. 愿意

18. 您主要是通过什么途径了解新型城镇化相关方面的政策的？

    A. 没有途径　　　　B. 电视　　　　　　C. 报纸杂志

    D. 网络　　　　　　E. 公益短信　　　　F. 政府标语

    G. 政府人员宣讲　　H. 村干部宣传　　　I. 其他_____

19. 您主要想通过什么途径了解新型城镇化方面的政策？

    A. 网络　　　　　　B. 电视　　　　　　C. 报纸杂志

    D. 村干部宣传　　　E. 政府人员宣讲　　F. 公益短信

    G. 政府标语　　　　H. 其他_____

20. 您对《国家新型城镇化规划（2014-2020年）》这一文件是否了解？

    A. 完全不了解　　　　　　　　　　　B. 了解一些

C. 大概了解 D. 非常了解

21. 您对所在省区的新型城镇化规划文件（说明：广西壮族自治区为《广西壮族自治区新型城镇化规划（2014－2020 年）》；云南省为《云南省新型城镇化规划（2014－2020 年）》；贵州省为《贵州省山地特色新型城镇化规划（2016－2020 年）》）是否了解？

A. 完全不了解 B. 了解一些
C. 大概了解 D. 非常了解

22. 您对当地（说明："当地"是指所在市州和县区）的新型城镇化政策文件是否了解？

A. 完全不了解 B. 了解一些
C. 大概了解 D. 非常了解

23. 您是否了解新型城镇化政策中关于户籍迁往城镇的条件有哪些？

A. 完全不了解 B. 了解一些
C. 大概了解 D. 非常了解

24. 您是否了解新型城镇化政策中关于户籍迁往城镇之后享受的权益有哪些？

A. 完全不了解 B. 了解一些
C. 大概了解 D. 非常了解

25. 您是否了解新型城镇化政策中关于居住证办理的条件有哪些？

A. 完全不了解 B. 了解一些
C. 大概了解 D. 非常了解

26. 您是否了解新型城镇化政策中关于居住证办理之后享受的权益有哪些？

A. 完全不了解 B. 了解一些
C. 大概了解 D. 非常了解

27. 你认为户口迁往城镇的难易程度如何？

A. 非常难 B. 难
C. 不太难 D. 非常容易

28. 您是否了解新型城镇化政策中关于就业方面的政策？
    A. 完全不了解　　　　　　　　　　B. 了解一些
    C. 大概了解　　　　　　　　　　　D. 非常了解

29. 您是否了解新型城镇化政策中关于土地方面的政策？
    A. 完全不了解　　　　　　　　　　B. 了解一些
    C. 大概了解　　　　　　　　　　　D. 非常了解

30. 您是否了解新型城镇化政策中关于义务教育方面的政策？
    A. 完全不了解　　　　　　　　　　B. 了解一些
    C. 大概了解　　　　　　　　　　　D. 非常了解

31. 您是否了解新型城镇化政策中关于医疗卫生方面的政策？
    A. 完全不了解　　　　　　　　　　B. 了解一些
    C. 大概了解　　　　　　　　　　　D. 非常了解

32. 您是否了解新型城镇化政策中关于社会保障方面的政策？
    A. 完全不了解　　　　　　　　　　B. 了解一些
    C. 大概了解　　　　　　　　　　　D. 非常了解

33. 您是否了解新型城镇化政策中关于住房方面的政策？
    A. 完全不了解　　　　　　　　　　B. 了解一些
    C. 大概了解　　　　　　　　　　　D. 非常了解

第三部分：您的迁入城镇生活的意愿情况（34～38题）

34. 您是否愿意迁入城镇生活？
    A. 不愿意（回答34题）　　　　　　B. 愿意（回答第35～37题）

35. 您不愿意迁入城镇，原因是什么？（多选）
    A. 落叶归根，老了还是想回来
    B. 在村子里生活久了有感情，不想离开
    C. 村里的福利越来越好
    D. 在城镇里没有房子
    E. 农村生活环境舒适，水、空气质量好

F. 城镇生活邻里关系冷淡

G. 村里也在发展,各项基础建设正在实施

H. 城镇生活比较受约束

I. 在城镇里没有工作

J. 村子处于城镇近郊

K. 从村子到城里,交通便利

L. 亲朋好友都在农村,进城生活会觉得孤单

M. 在城镇生活与迁户口两者没有太大的矛盾

N. 家里世代都在农村生活,想传承家族文化

O. 其他原因_____

36. 您愿意迁入哪一个地方生活?

 A. 镇上   B. 县城

 C. 小城市   D. 大中城市

37. 您愿意迁入城镇生活的原因是什么?(多选)

 A. 农村劳动力过剩   B. 城镇生活条件好   C. 城镇医疗条件好

 D. 城镇教育条件好   E. 城镇交通便利   F. 城镇公共服务好

 G. 城市就业机会多   H. 家人在城镇工作,进城与家人一起生活

 I. 其他原因_____

38. 您迁入城镇生活最关心的问题是什么?(多选)

 A. 住房   B. 就业   C. 社会保障

 D. 医疗   E. 教育   F. 户籍

 G. 环境   H. 交通

 I. 迁入城镇后土地的归属问题   J. 其他问题_____

问卷调查到此结束,再次感谢您的支持!

参 考 文 献

一、著作

[1] [美] 艾尔·巴比著、邱泽奇译：《社会研究方法》（第10版），华夏出版社2005年版。

[2] 陈庆云：《公共政策分析》，北京大学出版社2014年版。

[3] 陈振明主编：《政策科学教程》，科学出版社2015年版。

[4] [英] 凯西·卡麦兹著、边国英译：《建构扎根理论：质性研究实践指南》，重庆大学出版社2009年版。

[5] 李钢、蓝石：《公共政策内容分析法：理论与应用》，重庆大学出版社2007年版。

[6] 谭祖雪、周炎炎编著：《社会调查研究方法》，清华大学出版社2013年版。

[7] [韩] 吴锡宏、金荣秤著，金东日译：《政策学的主要理论》，复旦大学出版社2005年版。

[8] 赵心愚、罗布江村：《西南民族地区面具文化与保护利用研究》，民族出版社2013年版。

[9] 朱光喜：《政策粘嵌：形成、功能与分离——基于中国"大户籍"政策变迁的研究》，经济科学出版社2015年版。

二、中文论文

[1] 白先春、柯婧、李一忱：《农村居民个体特征对其就地城镇化意愿的影响——基于安徽省的调查》，载《江苏农业科学》，2016年第12期，第631~635页。

[2] 陈风波、刘晓丽、冯肖映：《水稻生产补贴政策实施效果及农

户的认知与评价——来自长江中下游水稻产区的调查》,载《华南农业大学学报(社会科学版)》,2011年第2期,第1~12页。

[3] 陈蕾、师昭慧、李凤琴:《社会分层视角下农村居民城镇化意愿及其原因分析——以皖南地区为例》,载《湖南农业科学》,2016年第7期,第93~96页。

[4] 陈庆鹏、刘澈元:《影响"新生代农民工"进城意愿的内源因素分析——基于泛北部湾中国区域广西全州、荔浦两县农村的调研》,载《开发研究》,2013年第6期,第84~87页。

[5] 陈炜:《近代西南民族地区宗教与圩镇经济发展关系探析——以广西为例》,载《宗教学研究》,2009年第5期,第129~135页。

[6] 陈心之、刘小珉:《民族地区城乡居民对外来人员态度研究——以内蒙古、青海、甘肃、云南、新疆、贵州16个(市、旗)为例》,载《黑龙江社会科学》,2015年第2期,第99~106页。

[7] 成艾华、田嘉莉:《农民市民化意愿影响因素的实证分析》,载《中南民族大学学报(人文社会科学版)》,2014年第1期,第133~137页。

[8] 程令国、张晔、沈可:《教育如何影响了人们的健康?——来自中国老年人的证据》,载《经济学(季刊)》,2014年第1期,第306~330页。

[9] 仇晓光:《网络民意规范化研究——推动民间借贷立法进程为视角》,载《社会科学研究》,2014年第3期,第73~78页。

[10] 戴光全、梁春鼎:《基于网络文本分析的重大事件意义研究——以2011西安世界园艺博览会为例》,载《旅游学刊》,2012年第10期,第36~45页。

[11] 邓大松、李玉娇:《制度信任、政策认知与新农保个人账户缴费档次选择困境——基于Ordered Probit模型的估计》,载《农村经济》,2014年第8期,第77~83页。

[12] 邓道才、蒋智陶:《知沟效应、政策认知与新农保最低档次缴费困境——基于安徽调查数据的实证分析》,载《江西财经大学学

报》，2014 年第 1 期，第 90~97 页。

[13] 傅新红、李君、许蕾：《农业科技特派员继续从事特派员工作意愿的影响因素分析——基于四川省 254 名农业科技特派员的调查》，载《中国农村经济》，2010 年第 6 期，第 58~66 页。

[14] 甘宇：《农民工家庭的返乡定居意愿——来自 574 个家庭的经验证据》，载《人口与经济》，2015 年第 3 期，第 68~76 页。

[15] 高静、于保荣、孟庆跃：《山东省新农合政策调整后农民的认知及评价研究》，载《中国卫生政策研究》，2010 年第 3 期，第 24~29 页。

[16] 龚虹波：《中国公共政策执行的理论模型述评》，载《教学与研究》，2008 年第 3 期，第 92~96 页。

[17] 苟钰姣、刘兴元、张伟明等：《祁连山牧区妇女社会地位及其对草地政策的认知度》，载《生态学报》，2015 年第 10 期，第 3472~3479 页。

[18] 古小波：《新型城镇化进程中农民进城意愿影响因素研究——以延安市为例》，载《商业时代》，2015 年第 11 期，第 44~45 页。

[19] 郭炜：《少数民族农民城镇迁居意愿分析》，载《民族论坛》，2016 年第 5 期，第 79~83 页。

[20] 胡杰成：《流动人口的计划生育政策认知与服务需求——武汉、黄石、广水三地问卷调查研究》，载《人口与经济》，2007 年第 6 期，第 17~23 页。

[21] 胡晓书、许传新：《新生代农民工进城意愿及相关因素分析》，载《中国劳动》，2015 年第 4 期，第 26~30 页。

[22] 黄振华、万丹：《农民的城镇定居意愿及其特征分析——基于全国 30 个省 267 个村 4980 位农民的调查》，载《经济学家》，2013 年第 11 期，第 86~93 页。

[23] 黄宗贵、潘文君、刘琼：《天主教在西南民族地区传播与发展问题的思考——基于广西贺州、贵州凯里的调查》，载《中南民族大学学报》（人文社会科学版），2010 年第 4 期，第 40~43 页。

[24] 蒋占峰、张应阳：《农民土地意识对其市民化意愿的影响——基于河南省的实证研究》，载《安徽师范大学学报》，2015年第6期，第718~723页。

[25] 焦玉良、龙晓添：《农民流动决策及其特点之实证分析——基于对山东省高密市的调查》，载《西北人口》，2005年第3期，第29~32页。

[26] 乐媛、杨伯溆：《网络极化现象研究——基于四个中文BBS论坛的内容分析》，载《青年研究》，2010年第2期，第1~12页。

[27] 李宝仪、杨龙、吴本健：《经济状况、人力资本与贫困农民城镇定居意愿》，载《开发研究》，2017年第1期，第26~31页。

[28] 李超、孟庆国、郗希：《农户定居城镇意愿及其财产性影响因素差异——基于一般、小康、富裕三类农户的比较分析》，载《湖南农业大学学报（社会科学版）》，2015年第6期，第58~64页。

[29] 李飞、杜云素：《阶层分化与农民乡城永久迁移——基于CGSS 2010数据分析》，载《人口与经济》，2017年第3期，第66~76页。

[30] 李练军：《中小城镇新生代农民工市民化意愿影响因素研究——基于江西省1056位农民工的调查》，载《调研世界》，2015年第3期，第36~41页。

[31] 李孟波、郭海霞、程旭：《基于农民进城定居意愿调查的城乡统筹发展规划研究——以崇礼区高家营镇为例》，载《农业与技术》，2016年第19期，第147~149页。

[32] 李琬、孙斌栋：《"十三五"期间中国新型城镇化道路的战略重点——基于农村居民城镇化意愿的实证分析与政策建议》，载《城市规划》，2015年第2期，第23~30页。

[33] 李晓阳、黄毅祥、许秀川：《农民工"候鸟式"迁移影响因素分析——基于重庆市9个主城区的农民工调查》，载《中国人口·资源与环境》，2015年第9期，第70~80页。

[34] 李兴华、戴健华、曾福生：《湖南农民工市民化意愿倾向分

析及对策选择》，载《华中农业大学学报（社会科学版）》，2007年第6期，第32~36页。

[35] 李佑静：《新型城镇化进程的农民工市民化意愿》，载《重庆社会科学》，2016年第8期，第41~47页。

[36] 刘超、张婷、文勇智：《家电下乡背景下农村居民创新性产品购买的影响因素与作用机制——创新意识、政策认知的影响与感知价值的中介》，载《广东外语外贸大学学报》，2014年第2期，第22~26页。

[37] 刘晋飞：《三峡库区移民的政策认知与评价：对298名青年移民的调查》，载《重庆社会科学》，2010年第11期，第74~79页。

[38] 刘晓丽、戴文浪：《城市化进程中农民迁移意愿影响因素研究——基于广东298位农民的实证分析》，载《广东农业科学》，2011年第1期，第232~234页。

[39] 卢小君、张宁、王丽丽：《农业转移人口城市落户意愿的影响因素》，载《城市问题》，2016年第11期，第99~103页。

[40] 陆益龙：《向往城市还是留恋乡村？——农民城镇化意愿的实证研究》，载《人文杂志》，2014年第12期，第94~101页。

[41] 罗其友、张萌、郑华伟：《经济发达地区城郊农民市民化意愿调查与思考——以江苏省溧阳市为例》，载《中国农业资源与区划》，2015，第1期，第71~78页。

[42] 吕鸿强、熊彩云：《中国农民城镇居住意愿影响因素研究——基于全国3705个农户的调查》，载《调研世界》，2016年第6期，第3~7页。

[43] 吕晓、肖慧、牛善栋：《农户的土地政策认知差异及其影响因素——基于山东省264户农户的调查数据》，载《农村经济》，2015年第2期，第31~36页。

[44] 马琳：《农民的城镇定居意愿及其影响因素分析——基于河南省10县（区）40村的调查》，载《郑州大学学报》，2015年第2期，第88~90页。

[45] 马艳:《少数民族地区新型城镇化建设浅析》,载《人民论坛》,2015年第4期,第164~166页。

[46] 孟兆敏、吴瑞君:《城市流动人口居留意愿研究——基于上海、苏州等地的调查分析》,载《人口与发展》,2011年第3期,第11~18页。

[47] 聂弯、王宾、于法稳:《新型城镇化背景下少数民族农民进城意愿影响因素:以云南省峨山县为例》,载《贵州农业科学》,2017年第7期,第154~158页。

[48] 聂伟、王小璐:《人力资本、家庭禀赋与农民的城镇定居意愿——基于CGSS2010数据库资料分析》,载《南京农业大学学报(社会科学版)》,2014年第5期,第53~61页。

[49] 宁静、王静、赵伯飞:《网络民意表达的现实性分析及其意义》,载《山西财经大学学报》,2011年第4期,第220~221页。

[50] 潘林、郑毅:《农民对新农保政策的认知问题研究——基于安徽省四县的问卷调查》,载《兰州学刊》,2013年第9期,第198~202页。

[51] 潘泽泉、杨莉瑰:《社会政策认知、行动逻辑与生存策略——基于长沙市农民工的实证研究》,载《学习与实践》,2010年第4期,第100~111页。

[52] 彭小辉、王常伟、史清华:《城市农民工生命统计价值研究:基于改进的特征工资模型———来自上海的证据》,载《经济理论与经济管理》,2014年第1期,第52~61页。

[53] 彭长生:《城市化进程中农民迁居选择行为研究——基于多元logistic模型的实证研究》,载《农业技术经济》,2012年第8期,第15~25页。

[54] 钱龙、钱文荣、洪名勇:《就近务工提升了农民工城镇化意愿吗——基于贵阳市的调查》,载《农业现代化研究》,2016年第1期,第102~109页。

[55] 邱红、许鸣:《从社会性别视角探析农村妇女向非农产业转

移》，载《人口学刊》，2009年第5期，第54~57页。

[56] 邱慧：《农民城镇化意愿及其保障机制研究——以河南省为例》，载《调研世界》，2016年第5期，第26~30页。

[57] 任丽：《从意见表达看网络新闻跟帖存在的问题及对策》，载《新闻世界》，2012年第1期，第80~81页。

[58] 石智雷、杨云彦：《家庭禀赋、家庭决策与农村迁移劳动力回流》，载《社会学研究》，2012年第3期，第157~181页。

[59] 王桂新、陈冠春、魏星：《城市农民工市民化意愿影响因素考察——以上海市为例》，载《人口与发展》，2010年第2期，第2~11页。

[60] 王华：《广州城市化进程中郊区农民迁移意愿分析》，载《地理与地理信息科学》，2009年第2期，第75~78页。

[61] 王建兵、张德罡、田青：《甘肃中西部干旱半干旱地区牧民对草原政策认知分析》，载《草地学报》，2013年第1期，第11~17页。

[62] 王兰鹏：《农民对农村公共政策认知的研究现状与提升策略》，载《中央社会主义学院学报》，2012年第2期，第106~108页。

[63] 王丽红：《京郊农村城镇化路径研究——基于京郊农民城镇化意愿调查》，载《聚焦三农》，2014年第9期，第36~39页。

[64] 王丽丽、杨晓风、梁丹妮《代际差异下农民工市民化意愿影响因素研究》，载《调研世界》，2016年第12期，第45~49页。

[65] 王铭、滕玉成、马超俊等：《新型城镇化过程中农民的认知与评价研究》，载《中共济南市委党校学报》，2014年第2期，第115~120页。

[66] 王欣、孔荣：《影响农民工收入质量的因素研究——基于10省份调查数据的实证分析》，载《统计与信息论坛》，2013年第4期，第91~97页。

[67] 王友华、吴玉锋、郑美雁：《城镇化背景下的农村居民城镇定居意愿研究——基于成渝统筹城乡综合配套改革试验区的实地调查》，

载《经济体制改革》，2013年第3期，第81~85页。

[68] 韦吉飞、李录堂：《农民创业认知及影响因素研究——基于杨凌农高会参会农民的调查实证分析》，载《软科学》，2008年第11期，第133~139页。

[69] 卫龙宝、储德平、伍骏骞：《农村城镇化进程中经济较发达地区农民迁移意愿分析——基于浙江省的实证研究》，载《农业技术经济》，2014年第1期，第91~98页。

[70] 卫龙宝、胡慧洪、钱文荣等：《城镇化过程中相关行为主体迁移意愿的分析——对浙江省海宁市农村居民的调查》，载《中国社会科学》，2003年第5期，第39~48页。

[71] 未萌、张燕、陈志刚：《基于农民进城定居意愿调查的城乡统筹发展规划研究——以崇礼区高家营镇为例》，载《农业与技术》，2016年第19期，第147~149页。

[72] 魏后凯、王业强、苏红键、郭叶波：《中国城镇化质量综合评价报告》，载《经济研究参考》，2013年第31期，第3~32页。

[73] 翁贞林、熊小刚、朱红根等：《江西种稻大户对粮食补贴的政策认知、行为意愿及其对策建议》，载《经济问题探索》，2008年第1期，第187~190页。

[74] 夏永久、储金龙：《基于代际比较视角的农民城镇化意愿及影响因素——来自皖北实证》，载《城市发展研究》，2014年第9期，第12~17页。

[75] 夏正智：《推进新型城镇化应充分尊重农民意愿》，载《中共山西省委党校学报》，2015年第5期，第61~65页。

[76] 许恒周、郭忠兴：《农村土地流转影响因素的理论与实证研究——基于农民阶层分化与产权偏好的视角》，载《中国人口·资源与环境》，2011年第3期，第94~98页。

[77] 严瑞河、刘春成：《北京郊区农民城镇化意愿影响因素的实证分析》，载《中国农业大学学报（社会科学版）》，2014年第3期，第22~29页。

[78] 杨维鸽、陈海、高海东等:《农户对退耕政策的认知及其影响因素研究——以米脂县杨家沟镇为例》,载《水土保持通报》,2010年第1期,第214~218页。

[79] 殷红敏、班永飞:《农民城镇化意愿与相应能力及其影响因素——基于贵州1796名农民的调研数据》,载《湖南农业大学学报(社会科学版)》,2012年第3期,第44~48页。

[80] 张华、仝志辉、刘俊卿:《"选择性回应":网络条件下的政策参与——基于留言版型网络问政的个案研究》,载《公共行政评论》,2013年第3期,第101~126页。

[81] 张俊:《新生代农民工对市民化支持政策的认知度及其影响因素》,载《农村经济》,2015年第6期,第101~105页。

[82] 张馨月、伊庆山:《理性选择视角下农村人口进城定居意愿研究——基于CGSS2010的实证研究》,载《辽宁农业科学》,2015年第4期,第38~42页。

[83] 张占斌:《新型城镇化的战略意义和改革难题》,载《国家行政学院学报》,2013年第1期,第48~54页。

[84] 赵强:《制度压力如何影响地方政府公共服务创新的扩散?——以城市网格化管理为例》,载《公共行政评论》,2015年第3期,第103~119页。

[85] 赵雯雯、韩芳:《新型城镇化背景下农村人口移居城镇意愿的影响因素研究——以新疆昌吉州为例》,载《山东农业科学》,2016年第8期,第159~166页。

[86] 赵学敏:《关于教育政策的网络民意的幂律分布研究——以〈国家中长期教育改革和发展规划纲要〉公开征集意见为政策样本》,载《首都师范大学学报(社会科学版)》,2011年第6期,第50~60页。

[87] 赵翌、郝明松、悦中山:《制度与非制度因素对农民工落户城镇意愿的影响》,载《西北农林科技大学学报》,2016年第4期,第88~95页。

［88］周春芳：《发达地区农村劳动力迁居意愿的影响因素研究——以苏南地区为例》，载《调研世界》，2012年第8期，第33~37页。

［89］朱光喜：《公共政策执行：目标群体的遵从收益与成本视角》，载《云南行政学院学报》，2011年第2期，第41~46页。

［90］朱琳、刘彦随：《城镇化进程中农民进城落户意愿影响因素——以河南省郸城县为例》，载《地理科学进展》，2012年第4期，第461~467页。

［91］朱明芬：《农民工家庭人口迁移模式及影响因素分析》，载《中国农村经济》，2009年第2期，第67~76页。

三、报纸文章

［1］蔡继明：《我国城镇化率被高估：2.5亿农民工算入城镇人口》，载《经济参考报》，2015年3月9日。

［2］国家发展和改革委员会发展规划司：《国家新型城镇化规划（2014-2020年）》，载《人民日报》，2014年3月17日。

［3］民宗：《切实提高民族地区城镇化建设水平》，载《人民政协报》，2013年12月9日。

［4］宋洁：《省统计局调查显示——陕西四成农民工有进城落户意愿》，载《西安晚报》，2017年2月15日。

［5］张然：《中国真实城镇化率被高估10个百分点》，载《京华时报》，2013年7月31日。

［6］张晓松、清新、黄小希：《筑就民族团结进步的中国梦——十八大以来以习近平同志为总书记的党中央关心少数民族和民族地区纪实》，载《中国青年报》，2014年9月28日。

四、文件汇编

［1］国务院人口普查办公室编：《第三次全国人口普查手工汇总资料汇编》，中国统计出版社1983年版。

［2］国务院人口普查办公室编：《中国1990年人口普查资料》，中国统计出版社1993年版。

［3］国务院人口普查办公室编：《中国2000年人口普查资料》，中

国统计出版社 2002 年版。

［4］ 国务院人口普查办公室和国家统计局人口与就业统计司编：《中国 2010 年人口普查资料》，中国统计出版社 2012 年版。

［5］ 中华人民共和国国家统计局编：《中国统计年鉴 2016》，中国统计出版社 2016 年版。

五、外文文献

［1］ Bandura A. The Self Cognitive Theory of Self-regulation. Organizational Behavior and Human Decision Processes, 1979, Vol. 50, No. 2: 248~287.

［2］ Denise Hare. 'Push' Versus 'Pull' Factors In Migration Outflows and Returns: Determinants of Migration Status and Spell Duration Among China's Rural Population. The Journal of Development Studies, 1998, Vol. 35, No. 3: 45~72.

［3］ Donohue G A, Tichenor P J, Olien C N. Mass Media and the Knowledge Gap A Hypothesis Reconsidered. Communication Research, 1975, Vol. 2, No. 1: 3~23.

［4］ Greenwood M J. Research on Internal Migration in the United States: A Survey. Journal of Economic Literature, 1975, Vol. 13, No. 2: 397~433.

［5］ J. L. Pressman, A. Wildavsky. Implementation: How Great Expectation in Washington Are Dashed in Oakland. Berkley: University of California, 1973: 1~10.

［6］ Lee E S. A Theory of Migration. Demography, 1966, Vol. 3, No. 1: 47~57.

［7］ M. Hill. The Policy Process: A Reader (2nd ed). Hemel Hempstead: Prentice Hall&Harvester Wheatsheaf, 1997: 43.

［8］ Malcolm Goggin, Ann O'M. Bowman, James Lester, L. J. O' Tools. Implementation Theory and Practice: Towards a Third Generation. Glenview: Scott Foresman, 1990: 102.

[9] P. A Sabatier. Top – Down and Bottom – Up Approaches to Implementation Research: A Critical Analysis and Suggested Synthesis. Journal of Public Policy, 1986 (1): 21~48.

[10] Ravenstein, E. G. The Laws of Migration. Journal of the Statistical of London, 1885, Vol. 48, No. 2: 167~235.

[11] Stark O, Bloom D E. The New Economics of Labor Migration. American Economic Review, 1985, Vol. 75, No2: 173~178.

[12] Todaro M. P. A Model of Labor Migration and Urban Unemployment in Less Developed Countries. American Economic Review, 1985, Vol. 59, No. 1: 105~133.

[13] Whiting G C、Stanfield J D. Mass Media Use and Opportunity Structure in Rural Brazil. Public Opinion Quarterly, 1972, Vol. 36, No. 1: 56~68.

[14] Woodrow Wilson. The Study of Administration. Political Science Quarterly, 1887, Vol2, No1: 197~222.

[15] Zhu N. The Impacts of Income Gaps on Migration Decisions in China. China Economic Review, 2002, Vol. 13, No. 2: 213~230.

六、网络数据库

[1] 多彩贵州网: http://www.chinaguizhou.gov.cn.

[2] 凤凰网: http://news.ifeng.com.

[3] 广西壮族自治区发展和改革委员会网站: http://www.gxdrc.gov.cn.

[4] 广西壮族自治区统计局网站: http://www.gxtj.gov.cn.

[5] 贵州省人民政府网站: http://www.gzgov.gov.cn.

[6] 国家互联网信息办公室、中央网络安全和信息化领导小组办公室网站: http://www.cac.gov.cn.

[7] 国务院网站: http://www.gov.cn.

[8] 国家民委网站: http://www.seac.gov.cn.

[9] 和讯网: http://opinion.hexun.com.

［10］华夏经纬网：http://www.huaxia.com.

［11］焦作市委农村工作办公室网站：http://www.jzswnb.gov.cn.

［12］内蒙古新闻网：http://inews.nmgnews.com.

［13］宁夏统计信息网：http://www.nx.gov.cn.

［14］蒲城县人民政府网站 http://www.pucheng.gov.cn.

［15］青海统计信息网：http://www.qhtjj.gov.cn.

［16］世界银行网站：https://data.worldbank.org.

［17］腾讯财经网：http://finance.qq.com.

［18］天山网：http://www.xinjiang.gov.cn.

［19］网易网：http://money.163.com.

［20］西安乐居网：http://sx.leju.com.

［21］新华网：http://news.xinhuanet.com.

［22］云南省人民政府网站：http://www.yn.gov.cn.

［23］中国法院网：：http://www.chinacourt.org.

［24］中国经济网：http://www.ce.cn.

［25］中国西藏网：http://www.ksks001.com.

后　记

　　城市户口和农村户口，准确地说是非农业户口和农业户口，以及由此带来的城乡二元社会结构，是大多数中国人头脑中不可磨灭的记忆。新中国成立后，为了实现重工业优先发展战略，国家逐渐实行了计划经济体制，而计划经济体制得以实行的基础则是城乡二元分立并且严格限制人口流动特别是严格限制从农村迁往城市的户籍制度。然而，这种户籍制度并非是单纯的户籍制度，而是在户籍制度之上粘嵌有粮油、就业、住房、教育、计划生育、社会保障等多个领域的政策，并在很长时间里深刻影响着每个中国人的生活状况。为了考察户籍及相关制度的来龙去脉及对个人生活和社会发展的具体影响，本书作者朱光喜曾在其专著《政策粘嵌：形成、功能与分离——基于中国"大户籍"政策变迁的研究》中进行了专门的分析。

　　尽管严格限制人口流动的户籍制度是新中国特定历史时期经济社会发展的需要，但在很多人的记忆里直观的印象就是城市相对于农村生活的巨大优越性，因而"进城"或者说是"跳农门"来改变自己的命运，就成为当时农村青少年的最高梦想，甚至以此为题材产生了许多文学影视作品，例如我曾经工作过的延安大学文学院著名校友路遥的中篇小说《人生》和长篇小说《平凡的世界》，以及前几年还有一部25集的电视剧《户口》等等。由于个人从农村迁往城市的渠道极其狭窄，在很长时间里我国的城镇化处于非常低的水平，尤其是西部边疆地区和民族地区，由于地理位置、资源禀赋、经济结构等方面的原因，城镇化的程度处于更低的水平。

　　随着改革开放和市场经济体制将近40年的发展，我国的社会要素和结构发生了很大的变化，并由此进入快速城镇化阶段。2012年底以来，新一届党和国家领导人提出新型城镇化理念，并将其作为我国今后经济和社会发展的重大战略举措。新型城镇化的本质特征就是要实现"人"的城镇化，消除因户口差异而带来的经济社会地位差异，实现外来人口与城镇本地户籍人口基本公共服务的均等化和城乡一体化。然而，当我们的城市"敞开大门"时，却发现农村居民"进城"的状况并不十分理想，特别是在民族地区，由于历史传统、民族文化等原因，近年来的"进城"人口规模很多地方没有达到政府规划的目标。因此，我们决定在西南民族地区进行调查，分析社会民众和农村居民对新型城镇化政策的认知情况和"进城"意愿情况及其原因和影响因素，以为新型城镇化战略的后续实施提供参考。当然，由于水平有限，书中的错误之处敬请同仁指正。

感谢桂林理工大学公共管理与传媒学院大学生创新创业训练项目组的黄媛媛、王燕妮、廖有泉、卢伟妮、朱雨雨、赵文滨等同学，以及贵州民族大学文学院周军博士和2016级汉语言文学90多名同学在本项目研究的问卷发放、回收和数据录入过程中给予的大力支持！感谢桂林理工大学屏风学者及创新团队计划基金、桂林理工大学公共管理与传媒学院公共管理学科建设基金的出版资助。

作者
2017年9月